発達科学
の
最前線

板倉昭二
[編著]

ミネルヴァ書房

は じ め に
――発達科学の最前線であること――

　発達科学は，ユニークで広範囲，かつ重要な知的世界を構成する。それは，以下の3つの理由によると考えられる（Bornstein & Lamb, 2011）。

　①　発達科学は，心理学の理論や研究に関して，本質的な視点を提供する。たとえば，心理学者が知覚の実験や言語に関する研究，またパーソナリティの研究などを計画するとき，乳児期，幼児期，児童期，少年期，青年期，および老年期といった，さまざまな年齢群から特定の年齢群の知覚，言語，パーソナリティに焦点が当てられる。それはそれで重要な知見を得ることになるのであるが，心理学的な現象を捉えようとする場合，ライフサイクルの中の一時点に焦点を当てるだけでは，発達研究の重要な領域である時間軸を通した普遍性や連続性が見えてこないことがある。いかなる心理的現象にも，複合的な発達的視点を組み込むことはきわめて重要なことなのである。本書は，こうした視点を意識しながら，物の世界の認識の進化と発達（第1章），他者の行為を理解すること（第2章），乳幼児期の学習のうち，特に社会的学習の様相（第3章），乳幼児期のコミュニケーションの特徴（第4章），自己を制御すること（第5章），乳幼児との相互作用をめぐる大人のあり方（第6章），社会性の発達と障害（第7章），などについて書かれたものである。本書の目的の1つは，ライフサイクルの中におけるこうした現象を，発達的視点から科学的に捉えることを試みた新しい研究を紹介することである。

　②　発達科学は，それ自体が，心理学を構成する大きな下位領域である。発達科学は，独自の歴史やシステム，それ自体の視点・観点，発達現象を分析するための計測やアプローチのための独自の方法を有している。本書でも，それぞれの章において，このような独自の特徴をもつ方法を用いた研究が多数紹介

されている。

　③　発達科学の多くの側面は，実世界の問題と明確にまた迅速に結びついている。本書の各章においても，実社会に関係する問題にも触れつつ新しい研究を紹介した。さらに，本書では，1章を割いて，若き俊英の哲学者が発達科学の成り立ちを，科学史・科学哲学的な観点から描き出している。

　結局のところ，発達科学は，ライフスパンを通して適用される，心理学における実体的な現象に光を当てる視点を与えるものということができる。

　では，「発達科学の最前線」はどこにあるのだろうか。編者は，2つの視点から「最前線」ということばを用いた。1つは，第8章でも指摘されているように，学際的領域との融合の中に認められる。その目論見が古いか新しいかはともかく，そうした融合が目に見えた形で提示されはじめたのは，近年のことである。心理学では，実に多くの行動が研究対象となる。社会性，認知，感情の機能，そのようなことと関わる神経基盤，知覚や感情などの多様な側面における主観的な経験，パーソナリティの個人差などである。当然のことながら，こうした心理学的な事象は，脳の活動，遺伝，個人が受けた強化のヒストリー，さらには社会文化的な文脈，社会経済的な状態，仲間や両親との関係などと，多岐にわたって強く結びついている。そしてやはり，当然ながら，発達におけるこのような事象も同様に，他の領域との強い結びつきがある。こうしたことを鑑みると，行動はさまざまな分析レベルで記述できるということである。たとえば，現象学的レベル，機能的レベル，神経的レベル，そして遺伝的レベルといった具合である。そういった意味では，学際的な融合は，本来，発達科学に内包されている特質かもしれない（第8章参照のこと）。

　発達科学は，年齢に伴う心理学的な変容を探る学問であるが，その行動特性を，シングルレベルの現象としてではなく，複雑でマルチレベルの総体として捉えることが試みられるようになった。こうした動きを，ゼラゾー（Zelazo, 2013）は，「新しい統合（New Synthesis）」と呼んだ。これについては，序章で触れることにする。

はじめに

　もう1つの「最前線」は，それぞれの研究の方法論の中にあると考えている。発達研究にはさまざまな困難が伴う。特に乳児を対象とした研究では，言語や複雑な反応を介する研究は不可能である。乳児の認知発達研究でもっともよく用いられるのが，選好注視法や馴化法といった注視時間を利用する方法である。最近では，馴化法の変形である期待違反法がきわめてよく用いられる。これは，乳児は，自分の予期・期待しないことに対する事象を長く注視するという性質を利用したもので，乳児の心の中を垣間見ることに，大いに貢献した方法である。

　さて，乳児の注視行動に関して，最近特に目立つのがアイトラッカー（視線計測機）の活用である。アイトラッカー自体は，それほど新しいものではないが，乳児用に簡便にキャリブレーションが可能な機器が出てから，急激にそれを使用した研究が増えた。学会と連動した形で，そうした機器を販売している会社がワークショップを開催するほどである。これは，乳児の注視行動を利用した研究にとっては画期的なものとなった。選好注視法や馴化法では，乳児が実際に刺激を注視した時間が計測される。つまり，乳児の行動の結果である。これに対して，アイトラッカーでは，乳児が刺激を注視する前の眼球の動きを捉えることができるのである。すなわち，乳児が何を予期・予測しているかを調べることができるというわけである。本書でも，第2章や第3章でアイトラッカーを用いた研究が報告される。

　テクノロジーの発展と発達研究の連携で大きな位置を占めるのは，アイトラッカーのほかに，非侵襲的な脳活動計測機器があげられるであろう。脳波や光トポグラフィーを用いて，乳幼児に，ある課題を与えたときの脳の活動部位を特定する。第5章では，光トポグラフィーを用いた自己抑制に関する研究が紹介される。脳と発達の関係の重要性はそれほど新しくはない時代にも認識されており，われわれを取り巻く環境の中で，入力される情報と脳の発達との関係はよく知られている。端的に言うと，豊富な環境はリッチな脳を作り上げるということである。大事なことは，単に新しいテクノロジーを使用することに

よって，実験が容易になったというだけではなく，これまで見えていなかったものが見えるようになるというような質的転換を期待できることである。

　さて，本書は，編者の研究室にゆかりのある若手研究者に執筆をお願いした。いずれも，国際的レベルで活躍する精鋭であり，各地で十二分に活躍している方々である。大学の教員として後進の指導や研究を行っている人，研究員として研究に邁進している人，さまざまであるが，共通するのは，いずれもその分野では"最前線"で活躍しているということだろう。若い人の執筆したものには，独特の熱気と香りがあるような気がする。本書で，その熱気や香りを読者に伝えることができれば，編者にとっては望外の喜びである。

　発達科学には，多くの目的がある。われわれ執筆者一同は，本書により，読者が心理学を構成する多様な現象のよりよい理解や心理学の新しい視点を手にする実感をもっていただくことを期待している。

引用文献

Bornstein, M. H., & Lamb, M. E. (2011). *Developmental Science*. 6th ed. Psychology Press.

Zelazo, P. D. (2013). Developmental Psychology: A new synthesis, In P. D. Zelozo (Ed.), *The Oxford Handbook of Developmental Psychology*. Vol. 2. Oxford University Press.

発達科学の最前線

目　　次

はじめに——発達科学の最前線であること

序　章　発達科学の現在 ………………………………… 板倉昭二…1
　1　発達科学が扱うヒトの発達 ……………………………………… 1
　2　発達科学の新しい融合または共生 ……………………………… 2
　3　発達科学と学際領域との連携 …………………………………… 3
　4　発達科学の新しい方法 …………………………………………… 6
　5　本書の構成 ……………………………………………………… 13

第1章　発達と進化からみる物の世界 …………………… 村井千寿子…17
　1　物の世界を知るということ …………………………………… 17
　2　物体知識と認知の領域固有性 ………………………………… 22
　3　物理的知識に関する発達的・進化的研究 …………………… 30

第2章　乳児期における他者理解 ………………………… 鹿子木康弘…43
　　　　——知覚と行為の関係性から——
　1　他者理解とそのメカニズム …………………………………… 43
　2　ダイレクトマッチング過程の個体発生 ……………………… 47
　3　ミラーニューロンシステムの発達 …………………………… 48
　4　他者への共感・同情的理解 …………………………………… 57
　5　他者理解の発現メカニズム——今後の方向性 ……………… 62

第3章　乳幼児における社会的学習 ……………………… 奥村優子…73
　1　乳幼児における知識獲得 ……………………………………… 73
　2　乳幼児期における社会的学習 ………………………………… 75
　3　乳児期のコミュニケーションに基づく学習メカニズム …… 78
　4　乳幼児は誰から学ぶのか ……………………………………… 82
　5　新しい学習科学への展望 ……………………………………… 94

目　次

第 4 章　質問のやりとりというコミュニケーション… 大神田麻子…101
  1　言語的コミュニケーションの発達…………………………………101
  2　肯定バイアスとは……………………………………………………103
  3　なぜ「うん」と答えるのか…………………………………………107
  4　なぜ文化差が生じるのか……………………………………………117
  5　コミュニケーション研究の未来……………………………………122

第 5 章　乳幼児期の自己制御と実行機能……………… 森口佑介…127
  1　実行機能………………………………………………………………127
  2　実行機能の発達の脳内基盤…………………………………………130
  3　社会的世界における実行機能の発達………………………………134
  4　ふり遊びと実行機能の発達…………………………………………138
  5　実行機能の訓練………………………………………………………142
  6　実行機能研究の今後に向けて………………………………………145

第 6 章　成人による乳児の身体と心への注目………… 篠原郁子…151
　　　　――乳幼児との相互作用を支えるものとは――
  1　魅惑する乳児…………………………………………………………151
  2　乳児と大人の相互作用………………………………………………156
  3　乳児の顔を見ることは、心を見ることか…………………………160
  4　「乳児と大人の組み合わせ」へのこだわり――結びにかえて………165

第 7 章　子どもの社会性の発達と障害………………… 浅田晃佑…169
　　　　――自閉症スペクトラム障害とウィリアムス症候群――
  1　自閉症スペクトラム障害とは………………………………………170
  2　自閉症スペクトラム障害の初期徴候………………………………171
  3　自閉症スペクトラム障害のコミュニケーション能力とその発達……174
  4　自閉症スペクトラム障害の社会的知覚と社会的認知……………175

  5 正反対の症候群？　ウィリアムス症候群……………………………………… 178
  6 社会性の障害の発生過程 ………………………………………………………… 182

第8章　発達科学はいつから発達科学なのか……………… 中尾　央…189
    ――発達科学のこれまでとこれから――
  1 発達心理学から発達科学へ？ ………………………………………………… 189
  2 発達心理学の主要ジャーナルからみる学際的発達研究の歴史 ………… 191
  3 学際領域としての発達心理学……………………………………………………… 195
  4 細分化と総合化――「発達科学」の意義 ……………………………………… 201
  5 「発達科学」のメタ科学のこれから――結語 …………………………………… 204

おわりに　209

索　引　215

序　章
発達科学の現在

板倉昭二

1　発達科学が扱うヒトの発達

　科学的に探究しようとする世界は，2つの構成要素に分けられる。観察と理論である。科学的な観察は生じている事実を記述する。科学的な理論は，生起する事象の，「どのように」と「なぜ」に関する説明を与える。発達における科学的探究も同様である。生起した発達的事象を観察し，それを説明しようとする理論と事象とがどのようにつながっているかを考察しなければならない。理論は，発達研究において，行動の意味に関する考え方を形成する，ヒトがもつ複雑な機能の潜在性やスコープを拡張する，新しい研究の扉を開く，そして介入をガイドする，といったことのために，きわめて大きな力をもつ。人間の発達に関する理論は散見されるが，いずれも単一の理論で発達自体を説明できるものではない。われわれもまた，発達事象をよりよく説明する理論を構築するために，日々研究を重ねているのである。

　それでは，そもそも発達科学が扱うヒトの発達とはどのようなものなのであろうか。ヒトの発達研究では，生涯を通した一貫性や変化のパターンの記述，またそれらのパターンを説明する根本的なプロセスの特定に焦点が当てられる。「発達」という言葉は，時間軸にそって起こる，ある方向性をもつ変化を意味する。発達の方向性は，通常は単純なものからより複雑なものへ，秩序のない

ものからより秩序だったものへ，そして非統合的なものからより統合されたものへという道筋が想定される。ある変化が発達的であるかどうかを決定するためには，その変化が個人内で生起するパターンかどうか，またそれが新しいレベルの複雑性や統合性をもつかどうかを検証しなければならない。

たとえば，その一例として，歩行行動について考えてみよう。歩行は，個人内で生起する変化であり，ハイハイから立って歩くことへの変化は，身体のバランスの協応の新しいレベルや，感覚情報と運動情報の統合の新しいレベルを含む新規な移動の形態である。すなわち，ハイハイから歩行へというロコモーションの変化は，個人内で生起する，そして確かな方向性が存在するという点から発達的なのである。

発達科学は，当然のことながら，こうした変化のパターンや方向性を客観的な手法で明らかにすることを目指している。

2　発達科学の新しい融合または共生

発達科学は，21世紀になって大きな変化を遂げてきている。多様な方法論的進展や領域を超えた学際的な交流などが，この領域における研究の新たな融合や共生を生み出してきた。このアプローチの特徴は，心理現象を，複合的かつ相互作用的なレベルで分析し，あらゆる時間のスケール上で展開され，再構成されるプロセスの説明を求めるということにある。このような考え方は，個体発生的な変化，つまり発達科学によく適していると思われるが，それだけではなく，心理学，認知科学，神経科学，教育，ソーシャルワークほか，多くの研究に大きな意義をもつと思われる。なぜならば，人間自体を，複雑で多次元的でダイナミックなプロセスとしてみなすことは，原因論的な視点を与えることになるし，また認識論的かつ存在論的な意味をもつことになるからである。認識論的には，人間行動理解の新たな方法が求められる。新しい計測の方法や異なるレベルで生起する事象間のダイナミックな相互作用のモデルを構築するこ

とも含む。存在論的には，われわれが対象とする事象の再概念化や実体的な説明を含むものである。こうした研究は，社会的関係や文化といった環境因子が，遺伝子や発達するヒト自身が有しているもろもろの要因とどのように相互作用するのかを理解することである。発達科学は，未だ発展途上の科学であり，広範な発達システムを受け入れながらさらに発展するものと考えられる。それを，ここでは，新しい融合もしくは共生と呼ぶ。

3 発達科学と学際領域との連携

（1）脳科学

　脳科学との連携では，非侵襲的方法を用いて，乳幼児の脳活動を計測し，行動と活動部位の関係を探る作業が行われる。しかしながら，単なる機能局在の実験だけではなく，「可塑性（plasticity）」ということが重要となる。神経レベルの分析では，発達過程は，脳における適応と対応づけられる。神経の可塑性は，環境要因との関連で研究されてきており，特に新しいものではない。たとえば，ラットを対象にした研究では，豊かな環境要因がより適応的な脳を作り出すことがわかっている。しかしながら，近年の研究では，より直接的に，環境要因と脳の変容について調べることが可能となった。その代表的なものは，マグワイヤーらの研究である（Maguire et al., 2000）。彼らは，ロンドンのストリートに関して卓越した知識をもつタクシードライバーの後部海馬が，同世代のそれよりも大きいことを見出した。すなわち，日々の経験による空間記憶と脳の変容の関係が示されたのである。このような，脳部位の変容は，発達的にも十分想定されることである。いかなる経験が，いかなる脳の変容を生み出し，必要な行動を獲得するのか。発達プロセスが，脳のレベルで解明されることが十分に期待できることとなった。

（2）ロボティクス

われわれの研究室では，「ディベロップメンタル・サイバネティクス」という研究領域を提唱しており，その定義は，「子どもとヒト以外のエージェント（たとえば，コミュニケーション可能な機械，あるいはヒューマノイドロボットやアンドロイドロボットといった各種ロボット）とのインタラクションや統合に関する研究」である。編者は，2013年9月に，『ロボットを通して探る子どもの心――ディベロップメンタル・サイバネティクスの挑戦』（板倉昭二・北崎充晃編著，ミネルヴァ書房）という書籍を出版した。そこから以下の部分を引用して，ロボティクスとの連携の紹介に代えたい（同書，p. 4）。

「子どもの発達とロボット工学のコラボレーションは，近年特に盛んになっているように思われる。浅田らは，認知発達ロボティクスを提唱し，ヒトの発達をロボットの中に実現しようと試みている。そして，そのロボットは，ヒトの子どものように，養育者とのインタラクションにより，さまざまな行動を獲得することが想定されている（浅田，2004）。浅田は，認知発達ロボティクスを，次のように定義している。「認知発達ロボティクスとは，従来，設計者が明示的にロボットの行動を規定してきたことに対し，環境との相互作用からロボットが自ら行動を学習し，それらを発達させていく過程に内包される抽象化，シンボル化を実現するためのロボット設計論である（浅田，2004，p. 4）。」つまり，従来からの認知ロボティクスの焦点は，自立エージェントが環境との相互作用を通して，世界をどのように表現し行動を獲得していくかといった，ロボットの認知発達過程にある。特に，環境因子としての他のエージェントの行動が自分の行動をどのように規定していくかということに焦点を当てる。すなわち，環境との相互作用をベースに，時間的発展に焦点を当て，環境の設計問題を主に扱う研究分野が認知発達ロボティクスということである（浅田，2004，p. 4）。こうした理論的枠組みから，母子間相互作用モデルに基づくロボットによる音声模倣など，素晴らしい業績を積み重ねている（Yoshikawa et al., 2003）。

ここで，認知発達ロボティクスとディベロップメンタル・サイバネティクス

の差別化をしておく。認知発達ロボティクスでは，あくまでも，ロボットを製作することに主眼が置かれるが，これに対し，ディベロップメンタル・サイバネティクスでは，そうして，製作されたロボットを含む，さまざまなエージェントとの相互作用やエージェント自体に対する理解を検討するものである。したがって，先に定義したエージェントをどのように理解するのか，またどのような条件下で，それを社会的エージェントとみなすのか，といったことが主な研究対象となる。

　子どもの発達とロボットに関する研究グループは，日本だけに留まらない。海外でも，最近こうした関連領域で，発達関係の学術雑誌や神経科学関係の雑誌に特集が組まれたりしている。また，大きな規模ではないが，International Conference on Development and Learning や Epigenetics Robotics といった国際学会も開催されている。また，発達関係の大きな学会でも，ロボット研究と発達研究の融合による特別シンポジウムが開催されたりしている。こうした流れは今後ますます大きなうねりとなっていくことは間違いないと思われる」。

　また，ロボティクスとの関連で，情報科学との連携も強くなっている。それは，発達のシミュレーションやモデル化であろう。そこでは，洗練されたテクノロジーを用いて，発達的変化のシミュレーションをおこなったりモデルを構築したりするということに力が割かれる。

（3）遺伝学

　ヒトの成り立ちを規定する要因として，遺伝か環境かという問題は古くて新しく，なおかつ大きな問題である。近年は，ヒトに影響を与える要因として，その両者の複雑な相互作用であることが共通認識となった。このような認識が共有されてきたにもかかわらず，実際には環境因子ばかりが研究対象として扱われてきた。ところが，分子生物学の発展に伴い，遺伝子の解析も急激に進んで，遺伝子の側からの行動特性の研究が進められるようになった。安藤は，世界的な規模での双生児研究を展開しており，優れた成果をあげている（安藤，

2012参照)。遺伝学は，行動特性の発達を，遺伝と環境の極めて複雑なインタラクションの解析によって解き明かすため，そして新たな事実を発見するための重要な融合領域となる。

　現在の発達科学の考え方に影響を与える研究分野として，他にも以下のものがあげられる。コネクショニスト・モデル，運動発達から認知へとつなぐダイナミックシステムズアプローチ，進化心理学と生物心理学の融合，そして発達障害からの視点，などである。しかしながら，このような新しい融合的アプローチは，21世紀になってから初めて，重要なカギとなる側面が，発達科学の中で十分な広がりをみせるようになったのである。

4　発達科学の新しい方法

(1) 視線の計測

　発達科学を実現する上ではさまざまな制約がある。特に，乳幼児を対象にする研究においては，言語的な反応や複雑な行動を指標として用いることはきわめて難しい。発達科学では，乳幼児の「見る」行動を反応指標としてきた。そ

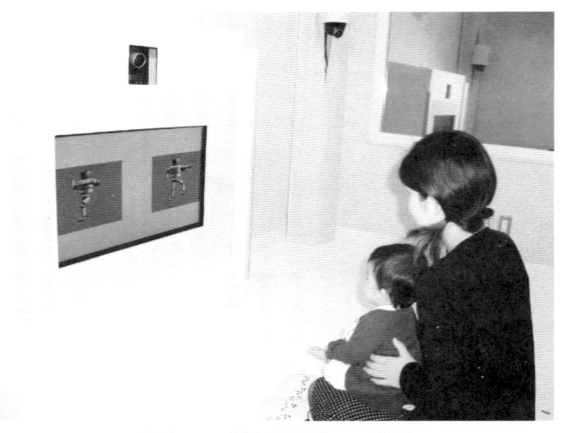

図序－1　選好注視法の一場面

図序 - 2　アイトラッカーの一場面

れらは，選好注視法（図序 - 1）や馴化法，その変形である期待違反法に代表される。

　一般的に，われわれは，見ているところや物に注意を向けていると考えられる。どこを見ているかを特定することは，どこに注意が向けられているかを特定する上で非常に重要な手がかりとなる。乳児にも同様のことが当てはまると思われる。アイトラッカー（図序 - 2）はこのことを可能にした。すなわち，ヒトが見ているところ，実際の視線の動きを可視化して見せてくれるのである。アイトラッカー自体はそれほど新しいものではないが，近年，乳児のキャリブレーションが簡便にできる装置が開発されてから，その使用が急激に増加した。われわれの研究室で実施されたアイトラッカーを用いた研究も，第2章，第3章で紹介されている。リアルタイムで視線行動を計測することの利点は，乳児が，今観察している事象の次に起こることを予測している瞬間を捉えられる点にある。こうしたことの実際については，各章の論述に任せることにして，ここでは，アイトラッカーのもう1つの機能を利用した実験を簡単に紹介する（Morita et al., 2012）。これも，われわれの研究室で行われたものである。

　瞳孔の大きさは，情動を反映すると言われてきた。一般的に，ネガティブな情動状態のときには，瞳孔が拡張すると言われている。以下に紹介する実験で

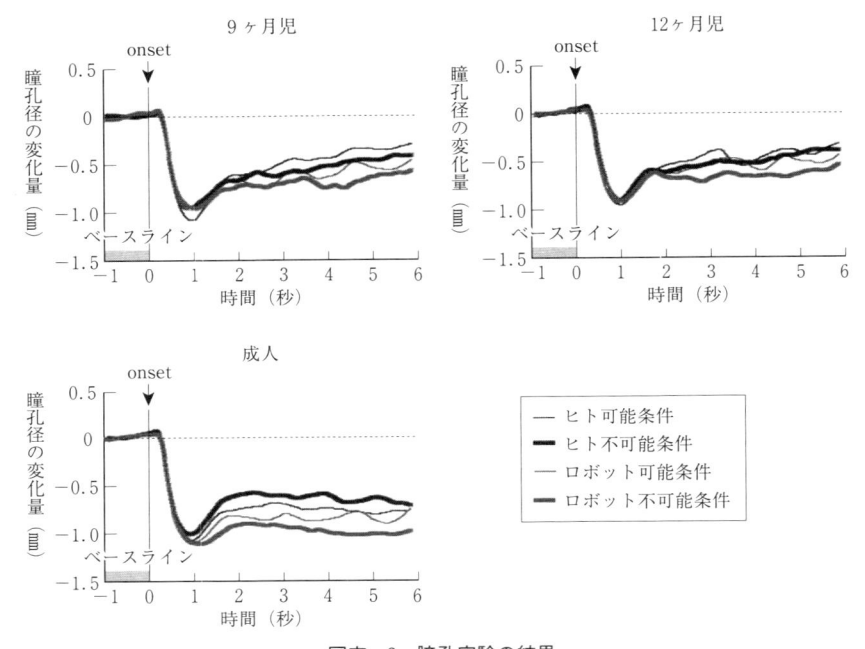

図序-3　瞳孔実験の結果

出所：Morita et al. (2011) を和訳。

は，乳児の身体運動に関する理解の検討を行ったものである。乳児は，いつ頃から，ヒトの身体の動きに対する理解を示すようになるのだろうか。実験では，ロボットとヒトのＣＧの関節が正常に曲がるＣＧ刺激と正常とは逆に曲がるＣＧ刺激を見せて，アイトラッカーを用いて瞳孔径の大きさを測定した。対象は，9ヶ月児，12ヶ月児，および成人であった。結果のグラフを図序-3に示した。

　結果は，9ヶ月児と12ヶ月児のいずれの条件でも瞳孔径の大きさに変化はなかったが，成人では，ヒトの肘の関節が正常の場合とは逆に曲がる条件のときにのみ，瞳孔径が有意に拡張した。実際に質問紙でも，そのような刺激に対しては，「不快」だとか「気持ち悪い」という反応が多かった。瞳孔径と情動の関係は昔から言われてきたが，計測が簡便になり乳幼児にも簡単に適用できる

ようになったのである。今後は，ますます，そうした研究が報告されるようになると思われる。

（2）脳活動の計測

　脳のある機能が活動しているときに，どのような脳の部位が関与しているのかを調べる方法が脳機能イメージングである。すなわち，脳機能イメージング法は，脳の活動を画像として計測する方法であり，脳活動に伴う微弱な電磁界変化を計測する方法と，局所的な血行動態変化を測定する方法とに大別される。近年の脳機能イメージングの方法，特に非侵襲的な方法の発展により，乳児の脳活動が容易に計測できるようになった。以下，乳幼児に限らず，成人でも用いられている方法について概略しておく（村上，2010）。

・経頭蓋磁気刺激（transcranial magnetic stimulation：TMS）：経頭蓋磁気刺激は，大脳皮質局所を磁場変化による誘導電流で刺激する，または不活化して，その効果を調べるものである。他の脳機能計測で得られた知見と融合することにより大脳局所の神経活動と脳機能の因果関係を非侵襲的に調べることが可能となる。単発刺激のTMSの安全性は広く認められているということであるが，実験者はガイドラインに習熟して行うことが推奨される。これは，乳幼児を対象に行うのは今のところ不可能だと思われる。

・機能的磁気共鳴画像法（functional magenetic resonance imaging：fMRI）：磁気共鳴画像法（magnetic resonance imaging：MRI）は，磁気共鳴という現象を用いたイメージング法である。1980年代に脳の活動に伴って信号強度が変化することが確認されて，現在では，広くヒトの脳機能測定法として利用されている。このような方法で，脳活動を可視化する方法を機能的磁気共鳴画像法と呼ぶ。ただし，この方法は，さまざまな理由から乳児には適用できない。筆者の知る限りでは，10歳前後の児童まで，適用された例がある。

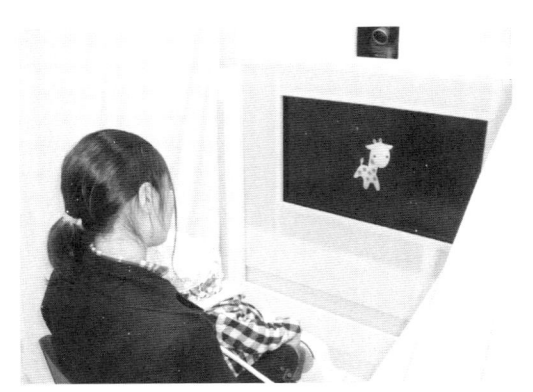

図序 - 4　脳波実験の一場面

• 近赤外光トポグラフィー（Near Infra-Red light Spectroscopic Topography：NIRST）：生体透過性の高い 800 nm 近傍の近赤外光を用いて血行動態変化を計測する方法であり，大脳皮質機能を脳表面に沿ってマッピングすることを目的として開発されたのが近赤外光トポグラフィーである。この手法は，日常的な環境下で計測することができるため，従来では想定されなかったさまざまな場面での発達研究に適用可能である。

• 脳磁図（magnetoencephalography：MEG）：脳の活動に伴って発生する微弱な磁場を測定する方法を脳磁図という。脳波と同じように，ヒトの脳活動の変化を非侵襲的にかつミリ秒単位の高い時間解像度で測定できるのが特徴である。さらに，脳波が測定する電場は，脳脊髄液で平坦化されてしまうが，磁場はそのようなことがないので信号の空間分布の特定に優れた威力を発揮する。

• 脳波（electroencephalography：EEG）：頭皮場には，脳の活動を反映した電場が生じる。この電場の時間的変化のことを脳波といい，その頭皮の上の空間的分布から脳機能を調べようとする方法が脳波測定である。非侵襲的方法であり，安静時はもちろんのこと行動しているときでも脳活動の計測が可能である。また，外部からの刺激そのものではなく，被験者に与えられた精神作業のような

高次な脳機能を反映する内因性を含んだ事象関連電位（event-related potential：ERP）もよく利用される。乳児にもよく用いられており，編者の研究室でも，共同研究ではあるが，実際に乳児の脳波計測を実施している。今のところ，乳幼児の脳活動に関しては，脳波を用いた研究がもっとも多いように思われる（図序 - 4）。

（3）サーモグラフィーによる感情の測定

　サーモグラフィーも，潜在的には新しいテクノロジーの1つと考えている。ここでは，その一端を編者らのオリジナルな研究から報告しておこう（板倉・小森・中川・北崎，2007）。スティル・フェイス・パラダイム（静止顔パラダイム：Still Face Paradigm）は，母子間のコミュニケーションや乳児における社会的随伴性の知覚に関する研究パラダイムである。標準的な手続きは，以下の通りである。このパラダイムは，通常3つのフェイズに分かれる。①母親と乳児が通常のやり取りを行うフェイズ，②母親の表情が静止するフェイズであり，この場合，母親は乳児のいかなる働きかけに対してもまったく応答しない，③再度，通常のやり取りを行うフェイズ，すなわち，①と同じインタラクションのフェイズである。これまでの膨大な先行研究による報告から，フェイズ1からフェイズ2へ移行すると，乳児は機嫌が悪くなり，目をそらしたり，母親の注意を引こうとしたり，あげくの果てには泣いてしまったりすることが知られている。フェイズ3に移行すると，乳児は良い機嫌を取り戻し，フェイズ1と同様のインタラクションをとる。編者らは，このようなスティル・フェイス・パラダイム中の，乳児の顔面皮膚温をサーモグラフィーにより記録した。顔面皮膚温は，情動状態と関連があるとされており，皮膚温の低下はネガティブな情動との関係が報告されている。結果を図序 - 5 に示した。

　乳児は，2つの群に分けられた。1つは，スティル・フェイス群で，先に述べた①，②，③のフェイズがある。もう1つは，統制群で，すべてのフェイズで通常のやり取りを行う群である。

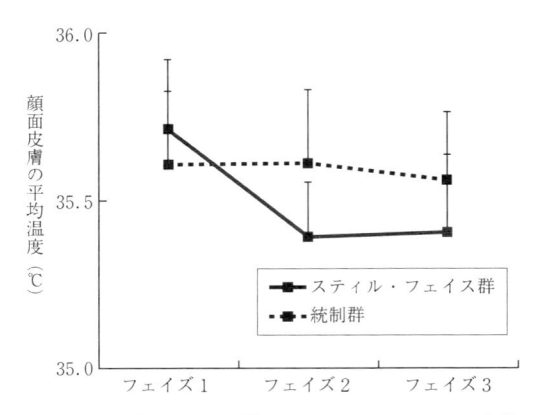

図序 - 5　サーモグラフィーを用いたスティル・フェイス実験の結果

　図の破線が，統制群，実線がスティル・フェイス群の顔面皮膚温のフェイズごとの変化を示している。統制群では，3つのフェイズを通じて，皮膚温の変化はみられない。これに対して，スティル・フェイス群では，フェイズ1は，統制群と差はなかったものの，スティル・フェイスのフェイズ2に移行すると，顔面皮膚温が有意に下がったことがわかる。また，フェイズ3に移行しても，皮膚温は依然として下がったままであった。興味深いことに，行動を観察すると，フェイズ2では，乳児は不機嫌になり，フェイズ3ではその状態からの回復傾向がみられた。中には，笑いを表出した乳児もいた。このことは，乳児の内的な情動状態（生理的情動状態）と，表出された情動状態が異なる可能性を示す。これに類似した報告が，ストレンジシチュエーションを用いた場面でなされている。大変面白い結果である。このような内的情動と表出された情動との食い違いは，サーモグラフィーを用いることによって得られた結果である。サーモグラフィーも発達科学の最前線を支えるツールになると考えられるのである。

5　本書の構成

　最後に，本書の構成を概略しておこう。序章では，「発達科学の現在」と題して，発達科学が何を扱うのか，発達科学と融合し新しい共生的研究を創出する概念的枠組みについて簡単に論じた。さらに，実質的な学際的領域との関連について，脳科学，ロボティクス，遺伝との関係について触れた。また，発達科学を支える新しい方法について，近年の進展が著しい脳科学的手法のいくつかを概略し，さらに，瞳孔径の計測やサーモグラフィーを用いて行った編者らのオリジナルの研究を報告し，発達科学を支える新しい可能性を示唆した。
　非常に便宜的ではあるが，心理学では，われわれを取り巻く世界を二分することがしばしば行われる。物理的世界と社会的世界がそれである。物の世界と対人的世界と言い換えてもいいかもしれない。
　第1章では，まさに物理的世界の認識が，個体発生的視点と系統発生的視点の2つの軸から論じられた。人間やそれ以外の動物の行動について思いをはせるとき，この両輪は，よりよい理解のためにきわめて有効な視点となる。物理的な知識に関して，ヒトとチンパンジーの共通点・類似点を豊富な先行研究を引用して紹介しながら，その構築のされ方に迫った。
　第2章では，われわれが他者の行為や意図を理解するためのメカニズムとして，ミラーニューロンに言及し，知覚と行為の関係から解き明かそうと試みられた。知覚と行為の問題は，きわめて古い心理学の問題であるが，その関係は未だ解かれてはいない。まずは，他者の行為を理解するための理論的枠組みを丁寧に概説し，オリジナルの研究へと導いた。著者の研究は，一個人内での，自己の行為の発達と他者の同じ行為の予測に関するもので，初めて直接的にこの関係を示した画期的な研究である。さらに，このような自己と他者の関係を運動領域のみにとどまらず，共感や同情といった向社会的行動に拡大し，きわめてオリジナリティーの高い研究が報告されている。そして，それは，前言語

期の乳児にすでに同情的な要素が備わっているということに帰結される。

　第3章では，乳児における社会的学習のメカニズムを，どのようなエージェントから学習するのかを検討することによって明らかにしようとした。著者の実験は，常にロボットとヒトを対比することで進められる。また，近年，世界を席捲するような勢いのあるナチュラル・ペダゴジーの理論に基づいた巧妙な実験を企画し実施した。ナチュラル・ペダゴジーとは，ハンガリーの認知発達研究グループが提唱したもので，大人と乳児の，教える・教えられる関係は，特殊なコミュニケーションとして捉えられ，文化の伝達や知識の伝達に重要な役割を果たしているとされる（詳しくは第3章参照）。著者らの報告では，視線追従行動においてロボットもヒトも，乳児に対して同じ行動を，誘発するが，その後の物体の処理に関してはヒトの影響しか受けないことが明らかにされた。編者らの提唱する「ディベロップメンタル・サイバネティクス」の王道を行く研究である。

　第4章では，幼児のコミュニケーション特性を捉えるために，肯定バイアスに焦点を当てた研究が報告された。年少の幼児は，大人からの質問に対して，たとえそれがおかしな質問であっても，「うん（肯定）」と答える傾向がある。非常にユニークな行動特性である。著者は，肯定バイアスの出現を，文化，社会的関係，質問のタイプ，社会的文脈，エージェントの違いなど，多様な条件で実験を行い，その様を浮き彫りにした。こうした研究は，子どもを対象としてインタビュー形式で質問する際には，細心の注意が必要であることを再認識させるものである。

　第5章では，実行機能から乳幼児の自己制御の問題が論じられた。実行機能は，目標を達成するために行動を制御する能力のことである。まず，実行機能の構成概念についていくつか紹介されたあと，実行機能を司る神経基盤の発達に関するオリジナルの研究が報告される。著者らは，カード分類課題を用いて，光トポグラフィーによって，幼児の脳活動を測定した。課題に応じた行動と脳活動部位に年齢差がみられることを発見している。また，他者のカード分類行動を観察することによって，社会的感染と呼べるような現象が生起することを

論じた。さらに，抑制能力のトレーニングについても言及している。

　われわれ，大人は赤ちゃんに強く惹かれる。誰もがその笑顔を見て思わず微笑んでしまう。第6章では，まず，大人がどのように乳児に惹きつけられるかが先行研究をもとに論じられた。乳児の愛らしい身体だけではなく，心の中にまで惹きつけられ覗き込んでしまうという。養育者の反応の特徴は，乳児の発達，特に社会性の発達に大きく関与する。乳児の行為を目にした大人は，思わず乳児に意図や欲求のような心を感じ取ってしまうという。著者は，このような傾向（mind-mindedness：心を気遣う傾向）の高さと乳児の社会性の発達に関して，自身のデータをもとに論考する。さらに，乳児図式への注意の向きやすさと，mind-mindedness の関係へと論は展開される。

　第7章は，本書において，唯一の発達障害に関する章である。ここでは，社会性の発達障害について，特に自閉症スペクトラム障害とウィリアムス症候群に焦点が当てられ，対比的に検討された。発達を考える場合，定型発達（typical development）と非定型発達（atypical development）を比較することで，よりよく発達を理解することができ，そうした知見を，発達障害教育のために還元できると考えられる。著者は，まず，自閉症スペクトラム障害とウィリアムス症候群のそれぞれについて記述し，その特徴の背景について論じる。特に，ウィリアムス症候群では，これまで社会性には問題がないとされてきたが，著者らの巧妙な実験的研究で，コミュニケーションにおいて重要な共同注意や語用論能力に困難を抱える場合があることを見出した。

　最終章の第8章では，科学史・科学哲学の視点からみた発達科学について論じてもらった。膨大な数の文献のサーベイ作業から，発達科学のこれまでとこれからについて示唆に富んだ議論を展開する。発達心理学が発達科学であろうとする営みは，一見新しいもののように思われるが，実は発達心理学はそもそも他の領域との結合を希求しており，それ自体に科学が内在するようなあり方で存在しており，決して新しいものではないと論じた。また，最後に発達科学とメタ科学との関係について言及されている。発達科学者がもちえない視点が

盛り込まれた章である。

さて，本章の冒頭に記したように，第8章で論じられた学際的領域との融合・共生の潜在性にかかわらず，多くの発達心理学者がその潜在性に気がつき，学際領域との融合・共生や新しい手法を受け入れるという意識を共有しはじめたのは，最近のことなのである。まだまだ，いろいろな立場をとる発達研究者はいるが，少なくとも本書の執筆者は，科学的な営みを発達研究という場で実践したいと強く切望するものであると信じる。

引用文献

安藤寿康（2012）．［研究最前線］遺伝と環境が人間に及ぼす影響とは？ ——双子の研究から解き明かす（http://www.keio.ac.jp/ja/contents/research/2012/17.html）

浅田稔（2004）．認知発達ロボティクスによる赤ちゃん学の試み　ベビーサイエンス，**4**，1-21．

板倉昭二・小森伸子・中川佳弥子・北崎充晃（2007）．Still face 場面における乳児の情動——サーモグラフィーによる検討　日本心理学会第71回大会

板倉昭二・北崎充晃（2013）．ロボットを通して探る子ども心——ディベロップメンタル・サイバネティクスの挑戦　ミネルヴァ書房

村上郁也（編）（2010）．イラストレクチャー認知神経科学——心理学と脳科学が解くこころの仕組み　オーム社

Morita, T., Slaughter, V., Katayama, N., Kitazaki, M., Kakigi, R., & Itakura, S.(2012). Infant and adult perceptions of possible and impossible body movements: An eye-tracking study. *Journal of Experimental Child Psychology*, **113**, 401-414.

Maguire, E. A., Gadian, D. G., Johnsrude, I. E., Good, C. D., Ashburner, J., Frackowiak, R. S. J., & Frith, C. D. (2000). Navigation-related structural change in the hippocampi of taxi drivers. *PNAS*, **97**, 4398-4403.

Yoshikawa. Y., Koga. J., Asada. M. & Hosoda. M. (2003). Primary vowel imitation between agents with different articulation parameters by parrot-like teaching, In Proc. IEEE/RSJ International Conference on Intelligent Robots and Systems, pp. 149-154.

Zelazo, P. D. (2013). *Developmental Psychology*: A new synthesis. In P.D. Zelazo (Ed.), *The Oxford Handbook of DEVELOPMENTAL PSYCHOLOGY*: Oxford University Press, pp. 3-12.

第1章
発達と進化からみる物の世界

村井千寿子

1 物の世界を知るということ

　私たちの住む世界はにぎやかだ。動物や植物，道具や乗り物，そして私たち自身を含む多くの物が存在している。ラファエロの『アテネの学堂』という絵には，分類学の祖・アリストテレスが手のひらを地平に向けたポーズで描かれている。これは，「この世の中にはさまざまな物がいる。それはどんどん変わっていくものでもある。それを理解していくことが私たちの知＝教養の基本である」ことを表しているのだそうだ（中村, 2007, p. 10）。アリストテレスが示すように，多様な物への理解が私たちの複雑な知の基本にあるならば，その理解の中身と構築の過程を知ることで人間の知の実像に近づけるかもしれない。本章ではその一端を覗くべく，物，特に物理的物体に関する知識とその発達についてみていくことにする。

（1）2つの視点——発達と進化
　これから紹介する話をここで少し先取りすれば，物体に関するいろいろな理解が発達のかなり早い時期から現れることを多くの研究が示している。では，なぜヒトは生まれて間もなくからそのような物体知識を示すのだろう？　その能力はどこからやってきたのだろうか？　その理解のためには，発達とそして

進化という2つの時間軸からヒトを見ていく必要がある。

　発達と進化というのはそもそもつながりの深い間柄で，ケアンズ（Cairns, 1998）が『発達心理学の発達』において記しているように，発達心理学の科学的起源は発生学と進化生物学に遡り，ダーウィンの進化論などを背景とする19世紀の生物学に強い影響を受けている。なので，発達と進化はいわば子孫とその祖先のようなものであるから，再び発達心理学に進化の視点を持ちこむのは（その逆も同様に）自然なことだといえる。その関係は，発達科学が心理学，社会学そして生物行動学の諸領域における発達研究の概念と研究成果を結びつけ，導くための新たな融合分野である（谷口，2011）ことにもみてとれる。ここでは進化論が発達心理学に与えた影響のうち，この先の理解を助ける2つの視点を紹介したい（Charlesworth, 1992）。

　1つ目は，「ヒトとそれ以外の動物が進化的に連続した存在である」という事実から，形態だけでなく認知や行動などの心的機能においても同様にヒトと他種動物との進化的連続性が仮定されるようになった点である。これによって，ヒトの心の進化，その系統発生的起源が問われるようになった。この考えは，ヒトと動物の能力や行動を比較し，種間の類似や相違を明らかにしていくことで，その進化の系譜を探る比較認知研究の論理的根拠にもなっている。たとえば，ヒトとチンパンジーの比較から両種が類似の物体理解を共有していることがわかったとする。この場合，当該の能力がヒトの個体発生の歴史よりも遥か昔，少なくとも500万年から700万年前のヒトとチンパンジーの共通祖先においてすでに存在し両種に引き継がれてきたもの，つまり，ヒトに進化的に備わった能力であるという仮説が導かれる（図1-1を参照。ヒトと，チンパンジーやゴリラを含む類人猿が種として分岐したのは500万年から700万年前と想定される）。くわえて，両種の能力に異なる特徴がみられた場合にはそれが，ヒトとチンパンジーが互いに種として分岐した後に，それぞれ独自に発展させた能力のバリエーションを反映していると考えられる。このような視点は，ヒトという種がもつ能力のはじまりとそれが継承されてきた過程，そしてヒトに特異的な能力

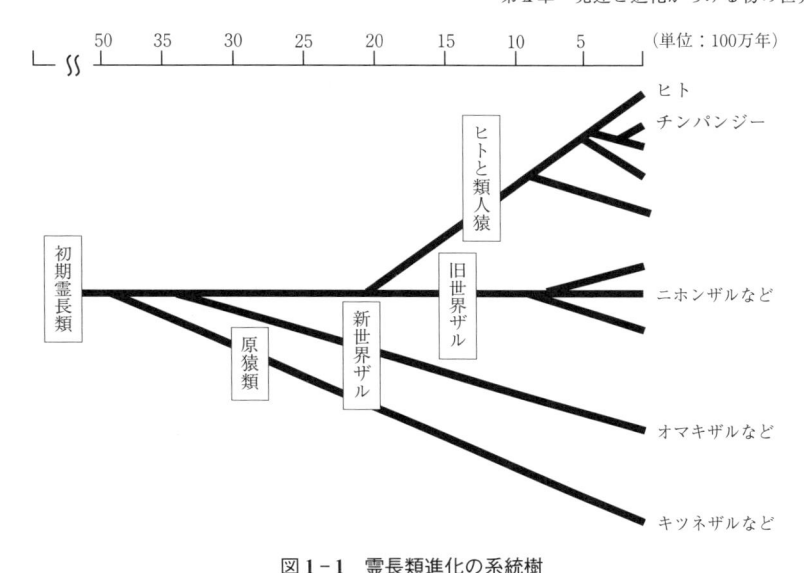

第1章 発達と進化からみる物の世界

```
    50  35  30  25  20  15  10  5    (単位：100万年)
```

図1-1 霊長類進化の系統樹

の特徴とその環境的要因といった，ヒトの認知発達をより深く理解するための諸問題にアプローチする有力な手立てを与えてくれる。

　2つ目は，ある能力や行動がなぜ存在するのかを考えるうえで，それらの適応（簡単に言えば，主体の生存や繁殖にとって有利にはたらく特徴のこと）としての意義に焦点を当てた点である。これは，生物行動学者のティンバーゲン（Tinbergen, N.）が示した4つのなぜ（Tinbergen, 1963）のうち「その能力や行動が主体にとってどのような利益をもたらすのか（究極要因）」にあたり，能力や行動の個体発生（「成長に伴いどう獲得されるのか」）や系統発生（「どんな進化を経てきたのか」），その直接的な要因となるメカニズム（「どんな仕組みで起きるのか（近接要因）」）とともに，ヒトや動物の行動を深く理解するための重要な問いかけである。たとえば，妊娠中のつわり，この一見利益とは関係のなさそうな現象も適応の点から説明がされている（c.f., Bjorklund & Pellegrini, 2002 ; Pinker, 1997）。通常，つわりはホルモンバランスの変化による副作用として起きると

されているが，これではなぜその他の症状ではなく吐き気や食欲不振，食物嫌悪などが起きるのかを説明できない。実際，地域や文化に関係なく，つわりはこれらの症状をもたらし，それが起きるのは妊娠の第一期である。また，この期間は胎児の発達が急速に進み，主要な器官系が作られる大切な時期であると同時に，テラトゲンという奇形を引き起こす物質の影響を受けやすい時期でもある。そして，この物質は古代の人類が採食していた野生植物などにも含まれていた。これらの状況証拠に加えて，つわりの時期の妊婦は実際に嗅覚が通常より敏感になり（その後はむしろ鈍化する），苦い食べ物，香りの強い食べ物などを嫌う傾向があること，また，つわりのある妊婦のほうがつわりのない妊婦よりも自然流産が少ないことが報告されている。これらのことから生物学者のプロフェット（Profet, M.）は，つわりは妊婦が胎児にとって有害な毒性を含む可能性のある食べ物を避け，胎児の成長への悪影響を最小限にする適応的意義ゆえに人類の祖先から引き継がれたものと説明している（Profet, 1992）。

　このような適応的説明は確かに私たちの，行動や認知能力に対する見る目を変える。なぜ発達早期からいろいろな物体知識が存在するのかという問いにおいても，その適応的説明は1つの答えを与えてくれている（第2節で詳述する）。ただしチャールズワース（Charlesworth, W. R.）が言うように，この考えを実験的に扱うためには，行動とそれによる結果についてのかなり長期の自然観察や記述を要する。そして，それが単なるお話ではなく確かな説明になるためにはやはり多くの証拠が必要である。ではあるが，このような視点はヒトの認知発達についての「なにが」「いつ」「どうやって」そして「なぜ」発達するのかという多面的な理解のためにも大切である（c.f., Rakison, 2005）。

（2）手と目と物体知識

　次節ではまず，物体に関する知識がこれまでどのような研究の枠組みで扱われてきたのかを概観する。そして，その中で今一度，発達と進化の視点から考えるべき問題と，それを考えるうえで役立つだろう1つの発達理論を紹介して

第1章 発達と進化からみる物の世界

図1-2 ニホンザル乳児の物体探索
撮影:村井千寿子・京都大学霊長類研究所。

いく。続く最終節では,実際にヒト乳児そしてサル類やチンパンジーなどを含むヒト以外の霊長類がどのような物体知識をもつのかを近年の研究知見からみていく。

　ここでヒトとヒト以外の霊長類に焦点を当てるには理由がある。1つは,上記のように,両種は進化的に近い存在で,その分岐の歴史が比較的明らかになっているので認知能力の系統発生や種差の環境的要因について仮説が立てやすく,比較対象として望ましいため。そして,さらに重要なのは,ヒトを含めた霊長類種は物体知識の形成において重要な役割を果たす2つの構造的特徴を共有しているため。それは手と目だ。ゴメス(Gómez, 2004)は手と目の進化がいかに霊長類の世界の経験の仕方を変えたかを記している。霊長類は他の哺乳類と違って,元々高い木の密生した複雑な樹上環境に生活の場を広げた。その中で,解剖学的に分化した脚と腕,良く動く指や他の指と向き合う親指,平爪などを備えた「つかむ」ことに特殊化した手が発達した。これは樹上での移動だけではなく,物を器用に操作する点でも有利で,たとえば木の実や葉を採食するための道具としても役立つ。また,手は非常に精密な触覚器官でもあり,物体の形や手触り,重さや硬さなどの豊かな情報を伝える。適度な強さで物をつかんだり,なでたりすること,指先で対象の細かな部分まで検分することな

どは簡単なようでいて，すべての動物ができることではないが霊長類は乳幼児の頃からそれを器用にこなす（図1-2）。また霊長類は奥行き知覚や色覚に優れたとても高度な情報収集器官としての視覚を発達させた（e.g., Imura & Tomonaga, 2003）。これはたとえば樹上生活での移動において離れた枝などを正確につかんだり，熟した果実などを選んで採食したりするのに有利に働いたと考えられる。霊長類の目が形態的にも確かに環境探索に応じて進化し，さらにはそれが視線認識などの社会的認知の進化につながっている可能性も示されている（Kobayasi & Kohshima, 1997）。

霊長類特有の手と目は物の世界に働きかけ世界を発見するための種共通の装備だ。それでももし，ヒトとヒト以外の霊長類がそれぞれ異なる物体知識を作り上げるのであれば，認知的な違いがその種差を生んだと推測できる（もちろん，種それぞれの生息環境からの要請など，その他の要因を考慮したうえで）。また現実的な問題として，類似した手と目をもつ種であるからこそ，ヒトとの能力の相違や類似を同様の課題を通じて直接的に比較することができる。エコロケーション（コウモリやイルカなどの動物が，自分の発した音波の反響を利用して物の大きさや，物までの距離といった周囲の状況を知ること）や温度感覚で物の世界を見ている種ではこれはなかなか難しい。この意味で，ヒトがどのように物の世界を見ているのか，その中でどのような知識を形成し，生きているのかを映し出すための適度な焦点距離がヒトと霊長類の比較なのだ。

2　物体知識と認知の領域固有性

（1）世界の分類と知識の分類

物の世界はざっと，自然物や人工物，社会的存在などに分けられる。もちろん，物は私たちがそれを分類する，しないに関係なくあるべき形で存在しているので，このような分類は私たちが見出す何らかの類似性や法則，つまりは認知を通じて作られている。私たちがどのように世界を分類しカテゴリ化するか

はそれ自体興味深い問題だが，私たちの認知はもっと広いところでこの世界の分類と関係している。それは，私たちの心が物体や生物といった各分類（領域）に対応した知識を獲得するための認知スキルまたは情報処理装置の集合を備えているという考えだ。これは認知の領域固有性と呼ばれている。

　ヒトの心が一連の独立した認知能力から構成されているという考えは19世紀前半のガル（Gall, F. J.）の骨相学まで遡る（Bjorklund & Pellegrini, 2002, p. 16）。そして，おそらくはそのイメージのために20世紀の心理学者は当初，領域固有説よりも，単一で均質な，何でも屋の汎用メカニズムが認知のあらゆる問題を処理しているとする認知の領域一般説を支持した。その代表的なものが発達心理学におけるピアジェ（Piaget, J.）の領域一般的発達段階説である。このような背景がありながら領域固有の認知という考え方が注目されるようになったのは，フォーダー（Fodor, 1983）が心的処理過程において変換系，入力系，中央処理装置を設定し，入力系の機能として特定のインプットに対応するモジュール性を仮定したことに由来する（フォーダー自身は入力系から出力された情報は領域一般的な中央処理装置に引き渡され，情報の統合などの高次処理が行われると考えた）。その後，以下に紹介する研究を含め，ヒトの認知とその発達の過程が領域固有的な性質をもつことを支持する知見が多く積み上げられてきている（e.g., Leslie, Friedman, & German, 2004；Rakison & Poulin-Dubois, 2001；Hatano & Inagaki, 1994；Premack, 1990）。

　図1-3が示すように，認知の領域は社会的領域と，物理的・生物的領域を含む生態的領域に分けられ，それぞれがさらに下位項目に分類される階層構造をもつ。ただし，各下位項目をどの上位領域に所属させるか（言語は社会的領域か，など）やモジュールの構造・独立性，そして，含まれる項目数の大小や内容（数学や音楽（Premack & Premack, 2003），空間情報（Spelke & Kinzler, 2007）が含まれる場合もある）についての見解は研究者によって異なる。

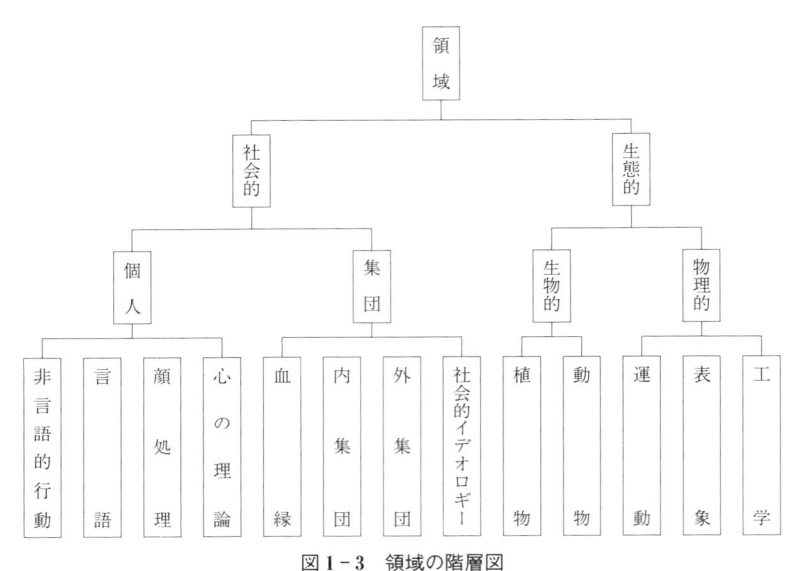

```
                        領域
              ┌──────────┴──────────┐
            社会的                 生態的
         ┌────┴────┐           ┌────┴────┐
        個人      集団         生物的    物理的
      ┌──┬──┬──┐ ┌──┬──┬──┬──┐ ┌──┬──┐ ┌──┬──┬──┐
     非 言 顔 心  血 内 外 社  植 動   運 表 工
     言 語 処 の  縁 集 集 会  物 物   動 象 学
     語   理 理    団 団 的
     的       論        イ
     行                 デ
     動                 オ
                       ロ
                       ギ
                       ー
```

図 1-3　領域の階層図

出所：Geary & Bjorklund (2000). （原図は Geary (1998)）

（2）認知の領域固有性の進化と発達

　一方で，なぜ認知の領域固有性が存在するかについては，おおむね意見が一致しているようにみえる。それは認知の領域固有性は進化の過程で獲得された適応的なものである，という考えだ。その1つ，進化心理学による説明では，領域固有の情報処理装置は人類の祖先がヒトの歴史の99％をしめる長い狩猟採集生活の中で繰り返し直面してきた重要な諸問題を解決する過程で獲得された，とする (e.g., Tooby & Cosmides, 1992. その他の仮説については Herrmann et al., 2007 を参照)。たとえば，食べ物やその他資源の確保の問題を解決するため，物理的・生物的領域の装置は，食物や薬として用いる動植物の成長や行動パタンを認識したり，空間を心的に表象して移動をガイドしたり，道具や住居をつくるために物体を操作したりすることを専門的に請け負ってきた。他にも，集団内外の他者関係の問題は，社会的領域の装置が他者の表情やコミュニカティブな行動を読み取るといった感情や心理についての情報処理を専門に担当すること

で解決されてきた（e.g., Geary & Bjorklund, 2000）。つまりピンカー（Pinker, 1997）が簡潔に示すように，「心とは複数の演算器官からなる系であり，この系は，われわれの祖先が狩猟採集生活の中で直面したさまざまな問題，特に，物，動物，植物，他の人間を理解し，優位に立つために要求されたはずの課題を解決する中で，自然淘汰によって設計されてきた（上巻 p. 59）」ものだと考えられる。

発達心理学においても，ヒトは外界の情報の中から生存上重要な領域の情報に選択的に注意を向け，それらを効率よく学習し，特定の問題を解決するための仕組みを進化的・生得的に備えていて，そのような仕組みが発達初期の学習を方向づけ促進すると考えられている（e.g., 稲垣・波多野，2005 ; Keil, 1990）。領域固有的認知の適応的説明は発達心理学にも親和的だ。ただし，この適応的説明は必ずしも，各領域の知識そのものが遺伝的に組み込まれ学習や経験を必要としないということや，この装置が特定の情報入力に対してつねに同じ形で出力をする不変的で決定的なものであることを意味するわけではない（これについては異なる主張もある。c.f., Bjorklund & Pellegrini, 2002, pp. 70-74）。

生得的な情報処理装置は確かに発達初期のすばやい知識獲得の立ち上げを助けるが，それによって得られた初期の知識は発達や経験に伴い，原始的・手続き的な潜在的知識から意識的に利用可能な顕在的知識へと（e.g., Karmiloff-Smith, 1992），また，0か1かの大まかな初期表象からより詳細で精度の高い表象へと（e.g., Baillargeon, 2008）変化していくと考えられている。さらに，装置自体も発達や経験を通じて修正され，次第にその情報処理の専門性を増していくようだ。たとえば，顔の弁別能力についてみれば，6ヶ月児は「ヒト顔」の個体弁別だけではなく「サル顔」であっても同じように個体の顔を弁別する。しかし，生後9ヶ月になると個体の顔弁別は自種顔に特化し，サル顔の弁別はしなくなる（Pascalis, de Haan, & Nelson, 2002）。似たような専門化の過程は，言語における母国語認識にもみられる（e.g., Kuhl et al., 2006）。言語も顔処理もモジュールの最下層にあり（図1-3），階層の下位にあるモジュールほど専門化されていると考えられているが，これらの研究はモジュールの専門化が経験や

発達を通じて起きることを示している。

（3）「遺伝と環境」問題の再考

このように，認知の領域固有性は進化と発達の双方と関連が深い。そのためどうしても上記のような「遺伝と環境，生得と学習」というおなじみの厄介な問題がついてくる。ここでは物体知識を発達的・進化的側面からみるという本章の趣旨のもと，この問題に少しだけ踏み込むことにする。

遺伝と環境の問題について，おそらく現在では，その一方の要素を排他的に重視するのではなく，要素間の相互作用を想定する考えが一般的だろう。だが，遺伝と環境の相互作用である，と言うだけではやはり説明として十分ではない。では，この問題に臨むうえでどのような視点が必要なのだろうか。ピンカーの挙げている面白い例を借りながら考えてみたい。

たとえば，「自動車が動く仕組みを理解するためには，エンジンやガソリンや運転者の存在を無視することはできない。いずれも重要な要素である」(Pinker, 1997, 上巻 pp. 81-82)。これにならえば，「ヒトの領域固有的知識が獲得される仕組みを理解するためには，遺伝的・生得的な要因や経験・環境の影響を無視することはできない。いずれも重要な要素である」となる。これは間違いではない。しかし，いずれも重要だと言うだけでは要素の列挙に終始してしまう。では，次の場合はどうだろう。「自動車が〈どれだけ速く走れるか〉は，エンジンやガソリン，および運転者の操縦能力に依存する。これらすべてが重要な要因である」(Pinker, 1997, 上巻 p. 83 を筆者が修正して引用)。つまり，「ヒトの領域固有的知識の獲得が〈どれだけうまく行われるか〉は，遺伝的・生得的な要因，および経験や環境に依存する。これらすべてが重要な要因である」となる。ここではさっきよりも個々の要素の役割やその相互作用に焦点が当てられている（ように感じないだろうか）。ピンカーが言うように，それはこの問いが「あるシステムが似たような別のシステムよりもうまく動くのはなぜか」を問題としているからだ（たとえば，ヒトのシステムと動物のシステム，というよう

に)。このような視点であれば,各システム内のあらゆる部品を並べあげることも,そのシステムの機能性や効率に関わる相互作用や因果関係がどのように生じているかを考えるうえでの重要な意味を与えられる。対して先の,「あるシステムがなぜ動くのか」という問いにおいては,「なにがそのシステムを動かす共通した部品なのか」を知るために,システム内の各要素を列挙することに重点が置かれる。この2つの視点を分けて考えることが必要なのだ。そして,この2つ目の視点はまさに,第1節で記した,「なにが」,「なぜ」,「どうやって」という多元的な問いかけを含んでいる。問題を複数の側面からみることで,1つの側面からではその役割や関係性を見出せなかった要素も,違う側面やいくつかの複合的な側面においては問題解決のための大切な役割や関係性を与えられる。よって,領域固有的知識の獲得の問題を多元的な側面からみたときには,それに関わる遺伝的,環境的要素を列挙していくことも,各要素がシステムの中でどう相互的に作用し,そのシステムをうまく動かしているかを解く手段としての重要な意味をもつようになる。

(4) 発達システムアプローチ

このような視点から,遺伝的・環境的要素の相互作用が発達の中でいかに行動や機能を生成するかを明示し,発達科学の中核部分を構成すると評価される理論(谷口,2011)が,発達心理学者ゴットリーブ(Gottlieb, G.)による「発達システムアプローチ」である (c.f., Bjorklund & Pellegrini, 2002; 谷口, 2011; Gottlieb, 1998)。まず,この理論は「遺伝と環境の複雑な双方向性」と「発達における後成」の2つを中心概念とする。前者は,従来考えられていたように,生命現象が遺伝子だけの性質で決定される,つまり「遺伝子→タンパク質の形成→形質発現」といった一方向的なものではなく,遺伝子発現の場である細胞が遺伝子の活動に影響を与えたり,内的・外的環境からの刺激が細胞に影響したりといったように各要素間に複雑な相互作用が存在する事実に基づく。これによれば,遺伝子からの効果はそもそも一方向的で決定的なものなどではなく,

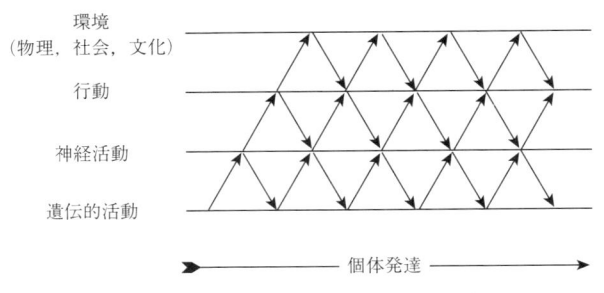

図1-4　発達システムアプローチの概念図
出所：Gottlieb (1998) を和訳。（原図は Gottlieb (1992)）

遺伝子の仕組み自体が環境との相互作用に決定されうる時点で，発達や行動の生成が遺伝子だけ，または環境だけのどちらかのみによって引き起こされる，という説明は成り立たなくなる。これをふまえ，発達システムアプローチでは遺伝的活動，神経活動，行動，環境の4要素からなる階層を想定し（図1-4），これらの各要素間の相互作用（協働）を原動力として発達が進むと説明する。遺伝情報は神経系の構築を通じて行動に影響し，環境に働きかける。また，環境からの作用もそれぞれの水準を通じて遺伝活動に影響する。また，後者の概念は1つ目の概念に関連するもので，個体発生の初期にあらゆる構造の用意を想定しそれが成長に伴い明らかな形をなすとする前成説とは違い，発達過程において新たな構造的特性や能力が上記のような相互作用を通じて後成的に形成されることを想定している。

　この理論は遺伝的・環境的要素の双方向的な関係とそれによる柔軟な後成的発達を具体的に示している。だが，このような遺伝と環境の相互作用，それによる構造や機能の後成を仮定した場合，1つの疑問が残る。それは，「遺伝子が環境の影響を受けるなら，異なる環境下では異なる発現を示すはずにもかかわらず，なぜ種内のほとんどすべての個体が共通した行動や発達のパタンを見せるのか」という点である。この場合，同じ種内の個体であっても，その行動生成や発達の内容・パタンはもっと多様で予測困難なものになるはずで，普遍

的な生得的特性とは反するように思える。これでは，普遍的な認知の領域固有性も成り立たない。この点はどのように説明されるのか？　その答えは，「個体が，遺伝子が発現するために必要な種に特異的な内的・外的環境をも受け継ぐため」である。つまり，世代間で伝えられるのは遺伝情報だけではなく，出生前環境や，親の養育，他個体や生物・無生物世界との関係をはじめとした出生後の発達的環境を含む，いわば発達システム丸ごとが伝達されることで，種に普遍的で生得的な行動生成や発達にとって必要な経験が個体に共通して与えられる。この考えは，種に生得的・遺伝的な行動であっても，それが出生後の経験を与えられなければ適切に機能しないことを示す研究知見と矛盾しない (e.g., Le Grand et al., 2004 ; Sugita, 2004)。ゴットリーブ自身もその証拠として，マガモのヒナによる生得的な母親の呼び声に対する選択的反応が，同種他個体や自分自身の鳴き声に対する聴覚経験のはく奪によって阻害されることを示している (Gottlieb, 1971)。

　このように発達システムアプローチは，発達や進化における遺伝的および環境的要因の役割についての統一的な理解を促す。特に親の養育などの発達的環境を含む発達システム自体が進化するという考えは興味深く，たとえば，ヒトのマザリーズが異なる言語圏で共通した特徴をもち (Fernald et al., 1989)，母親以外の人間が子育てに参加し，子どもが育ちきる前に次の子を産む (松沢, 2011) といったヒト特異な養育の進化や，それがヒトに普遍的・生得的と思われる認知特性に果たす役割について新たな考察を引き出してくれるかもしれない。そして，この理論から領域固有的認知は次のように説明される (Bjorklund & Pellegrini, 2002)。新生児の脳は特定の情報処理能力が高くなるようバイアスされており，このようなバイアスは種内の各個体に類似した内的要因（神経細胞の遺伝子に規定された特性や，神経細胞の機能と成長に関連する内在的な要因など。これらは環境との双方向性を前提とする）によって誕生前に形成される。この意味でモジュールは生得的である。しかし，それは完成形ではなく，発達システムの進化により個体に共通して与えられる種に特有の経験，たとえば，標準的な

乳児期および子ども期の物体や親，兄弟などとの関係を必要とする。これらの経験はまたモジュールによって方向づけされるが，同時にその生得的なモジュールもこれらの経験を通じて修正され，次第にその専門性や特異的な情報処理能力を増していく。これにより，領域固有的認知の進化・生得性と発達的変化に関する説明がうまく融合できる。

3　物理的知識に関する発達的・進化的研究

　本節では物理的領域における知識，中でも物体の特性や物体のふるまいを規定する法則に関する知識の発達的・進化的な研究知見やその研究法を紹介する。これらの実験的証拠は，上述した領域固有的認知の適応的意義とその生得的・進化的基盤の可能性そしてそれに関連する発達理論を評価し，発展させる意味でも重要である。

（1）物理的知識を調べる
　すでに書いたように，ヒトとヒト以外の霊長類は類似した手と目の機能をもつので，彼らの物体の理解を調べるには探索行動や注視指標が共通して用いられる。特に注視指標はまだ運動の未成熟な乳児などにも利用でき利便性が高い。注視によって物理的知識を調べるには「期待違反事象課題」を用いることが多い。これは，物体の特性や法則に違反した事象と，違反していない自然な事象とを提示し，それに対する注視時間の違いを比べるものだ。もし，前者への有意に長い注視が見られた場合には，乳児および動物がそれらの特性や法則を理解したうえで，その違反を検出したと推察される。期待違反事象課題は前言語そして非言語の物理知識を調べるためのもっとも精度の高い課題と考えられている（Cacchione & Krist, 2004）。そもそもヒト以外の動物における注視指標の有効性は，注視課題を開発したファンツ（Fantz, R. L.）の研究において（Fantz, 1956；1965），ヒト乳児だけでなくいろいろな霊長類乳児の選好注視パタンが詳

細に調べられていることからも保証されている。ヒト乳児は何か面白い物，新しい物，不思議な物を好んで長く見る強い傾向を示すが，それは霊長類やその他多くの動物に共通で（e.g., Bird & Emery, 2010；村井，2009），現在では動物研究においても広く注視課題が利用されている。また，近年では視線追跡や脳波計測の技法をあわせて用いることで物体知識に関するさまざまな検討が可能になっている。

（2）さまざまな物理的知識

物理的知識を形成するためには，まず物体を外界から適切に切り出さなければならない。しかし，互いに近接し複雑に重なった物体を切り分けることはそれほど簡単ではない。そのためには，物体というものが連続した輪郭をもった一つながりのまとまりであることを認識する必要がある。この特性を「凝集性」と言う。ヒトは生後3，4ヶ月にはすでに物体の凝集性を認識しているようだ。たとえば乳児は，1つの物体を持ちあげてもそれが2つに分かれたりしないこと（Spelke et al., 1993），手前の物体とその背後の物体は別個であること（Kestenbaum, Temine, & Spelke, 1987），たとえその連結部分が隠れて見えなくても，2つの部分が同時に動いていればそれが1つの物体である可能性が高いこと（Kellman & Spelke, 1983）を理解する（新生児でも同様の報告がある；Valenza et al, 2006）。この基本原理はヒト以外の霊長類にもあるようだ。たとえば，ムナカタら（Munakata et al., 2001）のアカゲザルの研究でも，1つの物体を持ちあげそれが2つに分離する違反事象を見せると，サルはその違反を検出できる。また遮蔽された連結部分の補完を伴う物体認識もチンパンジーやオマキザルなどで確認されている（Sato, Kanazawa, & Fujita, 1997；Fujita & Giersh, 2005）。

乳児の理解は静的物体だけでなく物体のふるまいについてもみられる。たとえば，物体は時空間内を連続した軌跡で移動し，突然非連続な場所や時間に現れることはないし（「連続性」の原理），2つの物体の軌跡が同じ時空間内で重なることもない（「固体性」の原理）。この連続性の理解について，ジョンソン

(Johnson, A.) らは視線追跡装置を用いて，4ヶ月児と6ヶ月児が遮蔽物の背後を通過するボールの連続した軌跡を予測するかどうかを調べた。その結果，6ヶ月児のみがボールの軌跡への予測的な注視をみせた。ただし，4ヶ月児も遮蔽物を除いてボールの軌跡を直接見る経験をした後では予測注視を示した (Johnson, Amso, & Slemmer, 2003)。同様の研究がアカゲザルで行われている。ハル-ハロ (Hall-Haro, C.) らはボールへの予測注視について，5週齢からの縦断的研究を行った結果，成体個体では予測注視が起きること，そしてそれが8週齢あたりから出現することを報告した (Hall-Haro et al., 2008)。また，アギュアとベイラージョン (Aguiar & Baillargeon, 1999) は期待違反事象課題を用いて乳児の連続性理解を検討している。つい立の背後を移動するおもちゃがつい立の切れ間に現れる，もしくは現れずにまるでワープしたかのようについ立の反対側から出てくるという状況を乳児に提示すると，2.5ヶ月児でも，つい立の状態に依存した制限はあるものの，この連続性の違反を検出した。さらに固体性の理解については，ボールやおもちゃなどの物体が他の物体をまるですり抜けて移動したような違反事象を提示する方法から，同じく2.5ヶ月児での違反検出が報告されている (e.g., Spelke et al, 1992; Baillargeon & DeVos, 1991)。サルや類人猿でも同様の注視課題および，傾斜を転がる物体が障害物の前後どちらで止まるかを予測させ物体を探索させる課題から，固体性原理の理解が確認されている (e.g., Santos, Seelig, & Hauser, 2006)。

さらに，物体は上記の実験場面のように，それが遮蔽などによって主体の視界から消えても，これらの特性や原理を維持して時空間内に存在し続ける。これは「永続性」の原理と呼ばれ，その理解は物体の認知的表象の形成を表わす重要な指標とされている。この原理の理解ははじめ，ピアジェによる探索課題の結果からおよそ生後8ヶ月以降に顕著になるとされていた (Piaget, 1954)。しかしその後，注視課題においては5ヶ月児 (Baillargeon et al., 1985)，さらには3.5ヶ月児でも永続性理解が示され (Baillargeon, 1987)，すでにみたように遮蔽場面における各種物体知識の証拠が多く報告されるようになった（注視課題

中の心拍数を指標とした実験でも20日齢からの永続性理解が報告されている；Bower, 1971）。探索課題と注視課題における結果の違いや，それぞれが表わす乳児の物体表象の違いについては今も議論が続いているが（e.g., Charles & Riviera, 2009；Mandler, 2004. 動物研究ではSantos, 2004など），近年では脳活動から乳児の永続性理解を測る研究も行われており（Kaufman, Csibra, & Johnson, 2003；Baird et al., 2002），乳児期の物体表象についての考察を助ける新しい知見が提供されている。また霊長類でも，古くはティンクルポー（Tinkplepaugh, 1928）の実験において，サルに彼らの好物を容器に隠すところを見せ，その後サルに内緒で容器の中身を好物ではないエサに入れ替えてから探索をさせると，サルは見つけたエサを食べずに周囲を探す，実験者に対して怒るなどの反応を見せることが報告されている。つまり，この時サルは容器の中に好物が入っていることを想定していたはずで，これはサルの永続性理解を示す証拠といえる（その他の探索課題での検討はCall, 2001など）。さらに注視課題からも，移動中の物体が一時的に遮蔽された，または消失したときの眼球運動の違いを調べた研究によって霊長類の永続性理解が報告されている（Churchland et al., 2003）。

　また，より複雑な物体間の関係についての理解も乳児や霊長類で確認されている。その1つに「支持関係」，つまり「物体は他の物体からの適切な支持がなければ，重力にしたがって落下する」という法則がある。この法則は私たちの日常にも身近で，たとえば，机の上のコップが落下せずに保たれているのも，コップと机の間に適切な支持関係が成立しているためである。乳児の支持関係の理解はベイラージョン（Baillargeon, R.）らによる一連の研究で詳細に検討されている（e.g., Baillargeon, Kotovsky, & Needham, 1995；Needham & Baillargeon, 1993；Baillargeon, Needham, & DeVos, 1992）。それによれば，乳児は生後3ヶ月で「①物体と土台の間に接触があれば物体は落下しない，接触がなければ落下する」という0か1かの支持法則を形成し，図1-5(a)のような違反を検出する。生後4.5から5.5ヶ月では，乳児は「接触の仕方」という変数も考慮に入れはじめる。この頃には「②物体と土台の間に接触があっても，それが垂直方向であれ

図 1 - 5　支持関係のさまざまな違反事象
出所：Murai, Tanaka, & Sakagami (2011) で用いた動画刺激の一場面。

ば落下しないが，水平方向では落下する」という理解から，図 1 - 5 (b)の違反に気づくようになる。そして6.5ヶ月ごろには乳児はさらに「接触の量」を法則に含めた精度の高い理解を示す。つまり「③物体と土台の間に接触があっても，物体の底辺の半分かそれ以上が支えられていなければ落下する」ことに注意し，図 1 - 5 (c)の違反を検出する。

　また，チンパンジーやニホンザルでも期待違反事象課題による支持関係理解の実験が行われている（Murai, Tanaka, & Sakagami, 2011 ; Cacchione & Krist, 2004）。その結果，これらの霊長類でも支持関係の理解がみられたが，ヒト乳児とは違って，上記②の支持の方向性に関する理解だけが示されなかった。同様に，チンパンジーの対象操作の観察で有名なケーラー（Köhler, 1957）でも，手の届かない高い場所に吊るされた果物を取るために，チンパンジーが垂直の壁に箱を押しつけその上になんとか乗ろうとするといった，いわば支持の方向性を無視したエラーがみられている。おそらく霊長類は，物体同士の接触のあるなしを含めその接触量には鋭敏だが，支持の方向性にはあまり注意を向けないのかもしれない。ケーラーがチンパンジーの静力学的感覚はヒトとは異なる特有の表象にもとづくと言っているように，ヒト乳児と霊長類は類似した支持関係理解を部分的に共有する一方で，その理解には質的な違いがある可能性が考えられる。

（3）ふたたび認知の領域固有性について

　ここまででみてきたように，物体についてのいろいろな理解はヒトでは生後数ヶ月の時期に集合的に現れ，それらの知識が互いに関連しながら物体に関する体系的な認識を可能にしている。このような集合的な物理的知識の出現は，物体特性やふるまいについての個々の経験が視覚情報の統計的分析を通じて次第に抽象化されていくという考えでは説明できず，生得的な情報処理装置の存在を示唆する（Rosenberg & Carey, 2009）。さらに，この情報処理装置の働きについては，上記のような基本原理に当てはまらない特殊な物体特性の理解が遅れてはじまることからもうかがえる。たとえば，凝集性の原理から外れた砂やクラッカーの破片などの物体に関する理解は，凝集性理解が生後3，4ヶ月（もしくは新生児期）からみられるのに対して生後8ヶ月以降にはじまり，また乳児は非凝集の物体には永続性の原理などを当てはめない（e.g., Rosenberg & Carey, 2009. ただし，Hespos, Ferry, & Rips, 2009は5ヶ月児での液体についての認識を報告している）。どうやら発達早期の物理的知識の獲得は情報処理装置によって，まず核となる基本知識に方向づけされていて，その後次第にオプショナルな知識を加えていくようだ。また，このような知識獲得のプロセスや，連続性および支持関係理解においてみられる経験の影響や発達的変化は，前述のように乳児の物理的知識が生得的に埋め込まれたものではなく経験や教育（Wang & Baillargeon, 2008）の影響を受ける柔軟なものであることを示している。

　基本的な物理的知識は霊長類にもみられる。これは，ヒトの発達的研究の成果とあわせて，私たちの領域固有の情報処理装置が進化的・生得的に準備されているとする考えを支持する。だが，それと同時に，彼らの知識が支持関係の理解のようにヒトと全面的には共通でない可能性や，その発達過程の種差についてはさらなる検討が必要だ。そして，本章以降で扱われる社会的認知など，その他の領域において霊長類がどのような知識をもつのかという問題も，認知の領域固有性の進化的基盤を支持するためには検討されなければならない。近年，ハルマン（Herrmann, E.）らは2.5歳児とチンパンジーおよびゴリラを対象

に物理・社会領域からの問題を含む大規模な認知能力テストバッテリーを実施した。その結果，永続性理解などを含む物理領域ではヒトと霊長類に大きな違いはみられなかったが，視線追従などを含む社会領域の問題ではヒト幼児のほうが霊長類よりも洗練した能力を示した（Herrmann et al., 2007）。このことからも，物理領域における情報処理装置はヒトとヒト以外の霊長類である程度共通だが，その他の領域については種間で機能に差がある，もしくは個々の領域に特化した情報処理装置の集合という形態はヒトに特異的であることが想像できる。ヒト以外の霊長類がもつ領域固有の知識や（残念ながら霊長類の生物学的理解については証拠が少ない），その構造についてはまだ不明な点が多いが，このような検討はヒトの知の体系のあり方，それが生み出されてきた背景や理由を明らかにするためにも重要である。

　本章では，進化と発達の視点から物体に関する知識をみてきた。私たちが生まれて間もなく，みずから積極的に物の世界の特性やルールを見つけ出し，それを知識として取り入れこの複雑な環境を生きていること，そしてその能力が遥か長い時間をかけて多くの物や他者との関係の中で育まれてきたことはとても興味深い。このような多くの要素から物の理解は成り立ち，私たちの豊かな知性を支えている。そして，その豊かな知性についての多くの謎を解くために，発達的・進化的研究はまだまだ進んでいく。

引用文献

Aguiar, A., & Baillargeon, R. (1999). 2.5-month-old infants' reasoning about when objects should and should not be occluded. *Cognitive Psychology*, **39**, 116-157.

Baillargeon, R. (1987). Object permanence in 3.5- and 4.5-month-old infants. *Developmental Psychology*, **23**, 655-664.

Baillargeon, R. (2008). Innate ideas revisited. For a principle of persistence in infants' physical reasoning. *Perspectives on Psychological Science*, **3**, 2-13.

Baillargeon, R., Kotovsky, L., & Needham, A. (1995). The acquisition of physical knowledge in infancy. In D. Sperber, D. Premack, & A. J. Premack (Eds.), *Causal cognition: A multidisciplinary debate*. Oxford: Clarendon Press, pp. 79-116.

Baillargeon, R., & DeVos, J. (1991). Object permanence in young infants : Further evidence. *Child Development*, **62**, 1227-1246.

Baillargeon, R., Needham, A., & DeVos, J. (1992). The development of young infants' intuitions about support. *Early Development and Parenting*, **1**, 69-78.

Baillargeon, R., Spelke, E. S., Wasserman, S. (1985). Object permanence in 5-month-old infants. *Cognition*, **20**, 191-208.

Baird, A. A., Kagan, J., Gaudette, T., Walz, K. A., Hershlag, N., & Boas, D. A. (2002). Frontal lobe activation during object permanence : Data from near-infrared spectroscopy. *NeuroImage*, **16**, 1120-1126.

Bird, C. D., & Emery, N. J. (2010). Rooks perceive support relations similar to six-month-old babies. *Proceedings of the Royal Society B*, **277**, 147-151

Bjorklund, D. F., & Pellegrini, A. D. (2002). *The origins of human nature : Evolutionary developmental psychology*. American Psychological Association. (ビョークランド,D. F. & ペレグリーニ,A. D. 無藤隆（監訳）松井愛奈・松井由佳（訳）(2008). 進化発達心理学――ヒトの本性の起源　新曜社)

Bower, T. G. R. (1971). The object in the world of the infant. *Scientific American*, **225**, 30-38.

Cacchione, T., & Krist, H. (2004). Recognizing impossible object relations : Intuitions about support in chimpanzees (*Pan troglodytes*). *Journal of Comparative Psychology*, **118**, 140-148.

Cairns, R. B. (1998). The making of developmental psychology. In W. Damon (Gen. Ed.) & R. M. Lemer (Ed.), *Handbook of child psychology*: Vol. 1. *Theoretical models of human development*. New York : Wiley, pp. 25-105.

Call, J. (2001). Object permanence in Orangutans (*Pongo pygmaeus*), chimpanzees (*Pan troglodytes*), and children (*Homo sapiens*). *Journal of Comparative Psychology*, **115** (2), 159-171.

Churchland, M. M., Chou, I. H., & Lisberger, S. G. (2003). Evidence for object permanence in the smooth-pursuit eye movements of monkeys. *Journal of Neurophysiology*, **90**, 2205-2218.

Charles, E. P., & Rivera, S. M. (2009). Object permanence and method of disappearance : looking measures further contradict reaching measures. *Developmental Science*, **12** (6), 1-16.

Charlesworth, W. R. (1992). Darwin and developmental psychology : Past and present. *Developmental Psychology*, **28** (1), 5-16.

Fantz, R. L. (1956). A method for studying early visual development. *Perceptual and*

Motor Skills, **6**, 13-15.

Fantz, R. L. (1965). Ontogeny of perception. In A. M. Shcrier, H. F., Harlow., & F. Stollnitz (Eds.), *Behavior of nonhuman primates*. New York : Academic Press, pp. 365-403.

Fernald, A., Taeschner, T., Dunn, J., Papousek, M., De Boysson-Bardies, B., & Fukui, I. (1989). A cross-language study of prosodic modifications in mothers' and fathers' speech to preverbal infants. *Journal of Child Language*, **16**, 477-501.

Fujita, K., & Giersch, A. (2005). What perceptual rules do capuchin monkeys (*Cebus apella*) follow in completing partly occluded figures？ *Journal of Experimental Psychology* : *Animal Behavior Processes*, **31**, 387-398.

Fodor, J. A. (1983). *The modularity of mind*. Cambridge, MA : MIT Press.

Gómez, J. C. (2004). *Apes, monkeys, children, and the growth of mind*. Cambridge, MA : Harvard University Press. (長谷川眞理子（訳）(2005)．霊長類のこころ——適応戦略としての認知発達と進化　新曜社)

Geary, D. C., & Bjorklund, D. F. (2000). Evolutionary developmental psychology. *Child Development*, **71** (1), 57-65.

Gottlieb, G. (1971). *Development of species identification in birds : An inquiry into the prenatal determinants of perception*. Chicago : University of Chicago Press.

Gottlieb, G. (1998). Normally occurring environmental and behavioral influences on gene activity : From central dogma to probabilistic epigenesis. *Psychological Review*, **105** (4), 792-802.

Hall-Haro, C., Johnson, S. P., Price, T. A., Vance, J. A., & Kiorpes, L. (2008). Development of object concepts in macaque monkeys. *Developmental Psychobiology*, **50** (3), 278-287.

Hatano, G., & Inagaki, K. (1994). Young children's naïve theory of biology. *Cognition*, **50**, 171-188.

Herrmann, E., Call, J., Hernández-Lloreda, M. V., Hare, B., & Tomasello, M. (2007). Humans have evolved specialized skills of social cognition : The cultural intelligence hypothesis. *Science*, **317**, 1360-1366.

Hespos, S. J., Ferry, A. L., & Rips, L. J. (2009). Five-month-old infants have different expectations for solids and liquids. *Psychological Science*, **20** (5), 603-611.

Imura, T., & Tomonaga, M. (2003). Perception of depth from shading in infant chimpanzees (Pan troglodytes). *Animal Cognition*, **6**, 253-258.

稲垣佳代子・波多野誼余夫(2005)．子どもの概念発達と変化——素朴生物学をめぐって　共立出版

Johnson, S. P., Amso, D., & Slemmer, J. A. (2003). Development of object concepts in infancy : Evidence for early learning in an eye-tracking paradigm. *Proceedings of the National Academy of Sciences*, **100** (18), 10568-10573.

Karmiloff-Smith, A. (1992). *Beyond modularity : A developmental perspective on cognitive science*. Cambrigde, MA : MIT Press.

Kaufman, J., Csibra, G., & Johnson, M. H. (2003). Representing occluded objects in the human infant brain. *Proceedings of the Royal Society B*, **270**, 140-143.

Keil, F. C. (1990). Constraints on the acquisition and representation of knowledge. In M. W. Eysenck (Ed.), *Cognitive psychology : An international review*. Chichester, England : Wiley, pp. 197-219.

Kellman, P. J., & Spelke, E. S. (1983). Perception of partly occluded objects in infancy. *Cognitive Psychology*, **15**, 483-524.

Kestenbaum, R., Temine, N., & Spelke, E. S. (1987). Perception of objects and object boundaries by three-month-old infants. *British Journal of Developmental Psychology*, **5**, 367-383.

Kobayasi, H., & Kohshima, S. (1997). Unique morphology of the human eye. *Nature*, **387**, 767-768.

Köhler, W. (1957). *The mentality of apes* (translated from the second revised edition by Ella Winter). Harmondsworth : Penguin Books. (Original work published in 1925)

Kuhl, P. K., Stevens, E., Hayashi, A., Deguchi, T., Kiritani, S., & Iverson, P. (2006). Infants show a facilitation effect for native language phonetic perception between 6 and 12 months. *Developmental Science*, **9** (2), 13-21.

Le Grand, R., Mondloch, C. J., Maurer, D., & Brent, H. P. (2004). Impairment in holistic face processing following early visual deprivation. *Psychological Science*, **15** (11), 762-768.

Leslie, A. M., Friedman, O., & German, T. P. (2004). Core mechanisms in 'theory of mind'. *TRENDS in Cognitive Science*, **8** (12), 528-533.

Mandler, J. M. (2004). A synopsis of the foundations of mind : Origins of conceptual thought. New York : Oxford University Press. *Developmental Science*, **7** (5), 499-505.

松沢哲郎（2011）．想像する力――チンパンジーが教えてくれた人間の心　岩波書店

Munakata, Y., Santos, L. R., Spelke, E. S., Hauser, M. D., & O'Reilly, R. C. (2001). Visual representations in the wild : How rhesus monkeys parse objects. *Journal of Cognitive Neuroscience*, **13** (1), 1-15.

村井千寿子（2009）．種間比較からみる赤ちゃんのカテゴリ化能力　心理学評論，**52**

(1), 125-139.

Murai, C., Tanaka, M., & Sakagami, M. (2011). Physical intuitions about support relations in monkeys and apes. *Journal of Comparative Psychology*, **125** (2), 216-226.

中村桂子（2007）．"生きている"を見つめ，"生きる"を考える──生命誌の視点から　慶應義塾大学教養研究センター（編）　生命を見る・観る・診る　慶應義塾大学出版会　pp. 9-32.

Needham, A., & Baillargeon, R. (1993). Intuitions about support in 4.5-month-old infants. *Cognition*, **47**, 121-148.

Pascalis, O., de Haan, M., & Nelson, C. A. (2002). Is face processing species-specific during the first year of life? *Science*, **296**, 1321-1323.

Piaget, J. (1954). *The construction of reality in the child*. New York: Basic Books.

Pinker, S. (1997). *How the mind works*. New York: Norton.（ピンカー，S　椋田直子（訳）（2013）．心の仕組み　上巻　ちくま学芸文庫）

Premack, D. (1990). The infant's theory of self-propelled objects. *Cognition*, **36**, 1-16.

Premack, D., & Premack, A. J. (2003). *Original intelligence: Unlocking the mystery of who we are*. New York: McGraw-Hill.（プレマック，D ＆ プレマック，A. J.　鈴木光太郎・長谷川寿一（訳）（2005）．心の発生と進化──チンパンジー，赤ちゃん，ヒト　新曜社）

Profet, M. (1992). Pregnancy sickness as adaptation: A deterrent to maternal ingestion of teratogens. In J. H. Barkow, L. Cosmides, & J. Tooby (Eds.), *The adaptive mind: Evolutionary psychology and the generation of culture*. New York: Oxford University Press, pp. 327-365.

Rakison, D. H. (2005). Infant perception and cognition: An evolutionary perspective on early learning. In B. J. Ellis & D. F. Bjorklund (Eds.), *Origins of the Social Mind: Evolutionary Psychology and Child Development*. New York: Wiley, 317-353.

Rakison, D. H., & Poulin-Dubois, D. (2001). The developmental origin of the animate-inanimate distinction. *Psychological Bulletin*, **127**, 209-228.

Rosenberg, R. D., & Carey, S. (2009). Infants' representations of material entities. In B. M. Hood & L. R. Santos (Eds.), *The origins of object knowledge*. Oxford University Press, pp. 165-188.

Santos, L. R. (2004). 'Core knowledges': A dissociation between spatiotemporal knowledge and contact-mechanics in a non-human primate? *Developmental Science*, **7** (2), 167-174.

Santos, L. R., Seelig, D., & Hauser, M. D. (2006). Cotton-top tamarins' (*Saguinus oedipus*) expectations about occluded objects : A dissociation between looking and reaching tasks. *Infancy*, **9**, 141-165.

Sato, A., Kanazawa, S., Fujita, K. (1997). Perception of object unity in a chimpanzee (*Pan troglodytes*). *Japanese Psychological Research*, **39**, 191-199.

Spelke, E. S., Breinlinger, K., Jacobson, K., & Phillips, A. (1993). Gestalt relations and object perception : a developmental study. *Perception*, **22**, 1483-1501.

Spelke, E. S., Breinlinger, K., Macomber, J., Jacobson, K. (1992). Origins of knowledge. *Psychological Review*, **99**, 605-632.

Spelke, E., & Kinzler, K. D. (2007). Core knowledge. *Developmental Science*, **10** (1), 89-96.

Sugita, Y. (2004). Experience in early infancy is indispensable for color perception. *Current Biology*, **14**, 1267-1271.

谷口清（2011）．発達における遺伝と環境の相互作用――発達的心理生物学と発達科学――人間科学研究，**33**，55-63．

Tinbergen, N. (1963). On the aims and methods of ethology. *Zeitschrift fur Tierpsychologie*, **20**, 410-433.

Tinkplepaugh, O. L. (1928). An experimental study of representative factors in monkeys. *Comparative Psychology*, VIII, 197-236.

Tooby, J., & Cosmides, L. (1992). The psychological foundations of culture. In J. H. Barkow, L. Cosmides, & J. Tooby (Eds.), *The adapted mind : Evolutionary psychology and the generation of culture.* New York : Oxford University Press, pp. 19-139.

Valenza, E., Leo, I., Gava, L., & Simion, F. (2006). Perceptual completion in newborn human infants. *Child Development*, **77** (6), 1810-1821.

Wang, SH., & Baillargeon, R. (2008). Can infants be "taught" to attend to a new physical variable in an event category ? The case of height in covering events. *Cognitive Psychology*, **56**, 284-326.

第2章
乳児期における他者理解
―知覚と行為の関係性から―

鹿子木康弘

1 他者理解とそのメカニズム

(1) 他者理解――自己と他者

われわれは1つの個であり他者とは不連続な存在である。にもかかわらず、なぜわれわれは自動的に、かつ瞬時に他者を理解することができるのであろうか。あるいは少なくとも理解しているように感じられるのであろうか。この「自己と他者」に関する問題は、われわれがわれわれ自身、すなわち人間という存在を理解するうえで根源的な問いであり、長らく哲学の基本問題として考究されてきた。

近年の心理学や神経科学の進展により、この問いは自然科学的手法の助けを借りて実証的に解明されはじめている。これらの一連の研究の起爆剤となったものは、イタリアの研究グループによって発見されたミラーニューロンと呼ばれる神経細胞の存在である。自己と他者を鏡のように結びつけるような活動をするこの神経細胞は、長らく考察されてきた「自己と他者」問題をさまざまな学問領域において劇的に進展させ続けている。

そして「自己と他者」問題の要素的問いの1つである他者理解、特に他者の行為理解におけるミラーニューロンの機能やメカニズムを解明する実証的な研究が蓄積されつつある。本章では、まず知見の蓄積が著しい神経生理学や神経

イメージング，成人を対象とした行動実験において他者の行為理解の特性を示した研究を概観する。次に，その発達に関する研究を整理することによって，「乳児期における他者理解」について掘り下げていきたい。

（2）他者の行為理解のメカニズム——知覚と行為

　他者の行為を理解することは，社会を形成するうえでもっとも基本的かつ有用な能力である。われわれが他者の行為を観察したとき，われわれはその人の目標や意図をすばやく解釈することができ，それゆえ未来の行動を予測して，適切な反応を準備することができる。このように他者の行為の目標や意図を理解することがいかに重要であるかは，幼い乳児もそのような能力を有するという事実（Csibra, Gergely, Biro, Kóos, & Brockbank, 1999 ; Gergely, Nádasdy, Csibra, & Biro, 1995 ; Woodward, 1998）だけでなく，ヒトでない霊長類にも共有されているという事実（Rochat, Serra, Fadiga, & Gallese, 2008）からもうかがえる。こうしたことからわかるように，他者の行為を知覚し理解する能力は，社会的な生き物にとって欠くことができないものである。

　ではわれわれはいかにして他者の行為を理解できるのであろうか。1990年代に，行為理解のメカニズムを示唆する神経細胞がマカクザルの脳内で発見された（Gallese, Fadiga, Fogassi, & Rizzolatti, 1996 ; Rizzolatti, Fadiga, Gallase & Fogassi, 1996）。それは，"ミラーニューロン"と呼ばれている（ヒトではミラーニューロンシステム（以下，MNS）と呼ばれる）。この発見は，他者の行為理解に関わる神経基盤の一部を明らかにしただけでなく，古くから哲学で論じられてきた他者理解のメカニズムに洞察を与える手がかりとなった。ミラーニューロンは，ある個体がある行為を実行するときと，他者が同じ行為を行っているところを観察するときの双方で活動するという特性をもつ。これは，行為の知覚と実行が共通の神経表象で表されていることを意味する。そして，このような特性から，MNSは行為理解を仲介するという仮説が提唱されるに至った。

　MNSの核となる概念は，行為の知覚と実行が相互に連結しているというこ

とである。この考えは，古くはウィリアム・ジェームスに端を発する。彼は著書の中で次のように触れている；every mental representation of a movement awakens to some degree the actual movement which is its object（James, 1890, p. 293）。訳すと，「動きから成るすべての心的表象は，その対象となる実際の動きをある程度引き起こす」となる。この考えは，最近では認知心理学者のプリンツ（Prinz, 1990）による共通符合化理論（common coding theory）や神経科学者のジャンヌロー（Jeannerod, 1994）によってより体系化された理論へと洗練されている。ミラーニューロンの発見以降，この概念への関心が高まり，成人を対象とした多くの神経イメージング研究（e.g., Iacoboni et al., 1999）だけでなく，行動研究（Bertenthal, Longo, & Kosobud, 2006；Brass, Bekkering, Wohlschlager, & Prinz, 2000）によっても，行為の知覚と実行が相互に関連することで他者の行為の理解が成立することが実証されている。

（3）ミラーニューロンシステムとダイレクトマッチング仮説

多くの電気生理学・神経イメージング研究によって，他者の行為の知覚と自身の行為の実行が MNS によって仲介されることが示唆されてきた。ミラーニューロンは，はじめにマカクザルの運動前野（premotor cortex）において発見され，その後，頭頂葉（parietal lobe）においても同様の性質がある神経細胞が発見された。この神経細胞は，サルが他者の目標指向的な行為を観察したときと，サルが自身で同じ行為を行っているときの双方で活動する（Fogassi et al., 2005；Gallese et al., 1996；Rizzolatti et al., 1996）。あるいは行為に関連した音を聞くだけでも活動する（Kohler et al., 2002）。これらの発見は，行為の知覚と実行が，この神経細胞によって仲介された同じ神経表象を共有することを意味している。

異なる方法論を使用した多くの研究によって，ヒトにおいてもマカクザルの脳部位に対応する下前頭回（inferior frontal gyrus）や下頭頂葉（inferior parietal lobe）に同様の神経細胞群が存在することが示されるにつれ（Grafton, Arbib,

```
         ┌─────────────────┐
         │  他者の行為知覚  │────┐  ┌──────────────────┐
         └─────────────────┘    │  │ミラーニューロンシステム│
                                └─▶└──────────────────┘
         ┌─────────────────┐    │
         │観察者自身の運動表象│◀──┘
         └─────────────────┘
                  │
                  ▼
         ┌─────────────────┐
         │   行 為 理 解    │
         └─────────────────┘
```

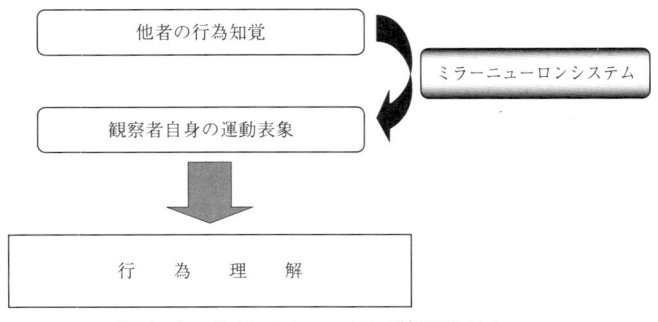

図2-1　ダイレクトマッチング仮説のスキーマ
出所：Kanakogi & Itakura（2010）より一部改変。

Fadiga, & Rizzolatti, 1996；Iacoboni et al., 1999；Nishitani & Hari, 2000），MNS はダイレクトマッチング仮説へと形を変えて議論されてきた。ダイレクトマッチング仮説とは，観察された行為が観察者自身の運動表象にマッピングされる過程によって，他者理解が実現されるという仮説である（Rizzolatti & Craighero, 2004；Rizzolatti, Fogassi, & Gallese, 2001）。ダイレクトマッチング仮説のスキーマを図2-1に示す。この説によると，他者の行為は，その観察が観察者の運動システムと共鳴したときに理解される（Rizzolatti et al., 2001）。観察した行為が観察者自身の運動システムへとマッピングされる過程は，直接的かつ自動的であり，詳細で洗練された知覚的分析を含まない。このときの運動表象は，その行為を実行する際に活性化される運動表象と対応している。それゆえ，観察者は，自身が行為を行ったときにその結果を知っているので，他者の行為を理解できる（Gallese, Keysers, & Rizzolatti, 2004）。

　一方で，明らかに，MNS はわれわれが他者の行為を理解する唯一の手段ではない。観察された行為が観察者の運動レパートリー内にないとき，つまり見慣れない行為や文脈からその目的を推測する必要があるときは，他の脳領域，たとえば上側頭溝（superior temporal sulcus）や内側前頭前皮質（medial prefrontal cortex）が働くことで行為理解が可能になる（Brass, Schmitt, Spengler, & Gergely, 2007；de Lange, Spronk, Willems, Toni, & Bekkering, 2008）。しかしながら，たとえ

第2章 乳児期における他者理解

厳密なダイレクトマッチングがなされなくとも，行為が同じ目標をもつ場合（Gazzola, Rizzolatti, Wicker, & Keysers, 2007 ; Oberman, McCleery, Ramachandran, & Pincda, 2007），あるいは観察者が同様の行為を代替のものでシミュレーションできる場合（Gazzola et al., 2007）には，MNS によっても他者の行為理解が可能になるようである。このように，MNS は多くの場合において行為理解を支えるといえよう。

2 ダイレクトマッチング過程の個体発生

（1）個体発生に関する証拠

発達心理学において，行為の知覚と実行が相互に連結しているという知覚／実行マッチングシステムは，新生児模倣のメカニズムと考えられている（Meltzoff & Moore, 1997）。くわえて，MNS によるダイレクトマッチング過程は，模倣や，心の理論，ジェスチャーや言語によるコミュニケーションといった，発達に重要な社会的能力の基礎を構成すると考えられている（Gallese et al., 2004 ; Rizzolatti & Craighero, 2004）。こうした考え方が広く認知されるにつれ，MNS によるダイレクトマッチング過程の個体発生について広く注目が集まるようになってきた（Bertenthal & Longo, 2007 ; Giudice, Manera,& Keysers, 2009 ; 鹿子木・板倉，2009 ; Kanakogi & Itakura, 2010 ; Kilner & Blakemore, 2007 ; Lepage & Theóret, 2007）。しかしながら，MNS によるダイレクトマッチング過程の個体発生に関する実証的な証拠は少ない。MNS のダイレクトマッチング過程の発達的側面を明らかにすることは，その機能を解明するうえで意義をもつ。

（2）個体発生を検証する意義

ダイレクトマッチング過程の発達を検証することは，その機能の理解にとって重要である。なぜなら，乳児の限定的ではあるが発達する運動レパートリーは，運動システムによってどの能力が採用されるかを解明するための潜在性を

もつからである（Southgate, Johnson, Osborne, & Csibra, 2009）。また，ダイレクトマッチング過程がいかに発達するかを解明することは，発達心理学だけでなく，神経科学においても重要な問題といえる。さらに，もしダイレクトマッチングが社会的認知で重要な役割を担うなら（Gallese, 2003 ; Gallese et al., 2004），その発達過程を理解することは，子どもの社会的な発達の理解においても重要な意義をもつであろう。

　成人においては，MNSによるダイレクトマッチングのメカニズムや機能が解明されてきている（Hamilton & Grafton, 2006 ; Iacoboni et al., 2001 ; Johnson-Frey et al., 2003）。しかしながら，その発生過程について多くの推論があるにもかかわらず（Giudice et al., 2009 ; Lepage & Théoret, 2007），乳児期初期における実証的な証拠は少ない。特に個体発生においてダイレクトマッチング過程がいつ存在し，いかにして機能するかについては知見が乏しい。そこで以下では，まずMNSや知覚と行為の関連を検証した神経科学的および行動学的研究を概観し，問題点を整理する。

3　ミラーニューロンシステムの発達

（1）神経科学的研究の知見からみるミラーニューロンシステムの発達

　ミューリズム（運動に関連する脳波変動で8～13 Hz帯域成分）の減衰は運動活動の指標と考えられており，他者の行為を観察している際のその存在は，観察者自身の運動系の活性を表わすので，MNSの活動の指標とされている（Hari et al., 1998）。この指標を用いた52ヶ月から133ヶ月の子どもを対象とした脳波（electroencephalogram）研究においても，手の行為の実行と観察の双方において，ミューリズムの減衰が起こることが示されている（Lepage & Théoret, 2006）。

　より幼い年齢である乳児を対象とした研究もある。ニィストロムは，6ヶ月児が他者の目標指向的な行為（たとえば把持行為）を観察した際に，ミューリズムの減衰はみられなかったが，成人と同様の事象関連電位（event-related potential）がみられることを報告した（Nyström, 2008）。さらに，9ヶ月児になると，他者の把持行為を観察している際に，乳児自身の行為の際に生起する神経信号と適合したミューリズムの減衰があることが別のグループの研究で示されている（Southgate et al., 2009）。くわえて，14〜16ヶ月児を対象とした脳波研究では，行為観察中の乳児のミューリズムの減衰が，乳児自身の行為経験の量と関連していることを示した（van Elk, van Schie, Hunnius, Vesper, & Bekkering, 2008）。この研究では，まだ歩く運動経験が少なく，ハイハイ運動により経験をもつ乳児は，歩く運動を観察したときよりハイハイ運動の観察時により強い減衰を示し，その程度は乳児のハイハイ運動経験と関連していた。

　脳波研究にくわえて，近赤外線分光法（near-infrared spectroscopy）を用いた乳児研究もある（Shimada & Hiraki, 2006）。この実験では，6〜7ヶ月児において，成人と同様に，目の前にいる他者がおもちゃを操作する行為を観察した際と，乳児自身が行為を行う際の双方で，運動野とその周辺領域が活動することが示された。彼らはテレビ映像による行為観察中には運動野とその周辺領域の活動は見出せなかったが，行為者が目の前で実際に行為を行うところを観察したときにだけ，他者の行為を観察する条件と物体の運動を観察する条件との間に，運動野とその周辺の活動に有意差がみられることを報告している。以上のことから，乳児のMNSが発達初期，少なくとも6ヶ月時点ですでに機能していることが考えられる。

（2）乳児期における知覚と行為の相互影響

　MNSの存在は，行為の知覚と実行が相互に影響するという推論を導いた。このことを裏づけるように，成人を対象とした多くの行動研究は，行為の実行が行為の知覚に影響することを示唆している（Casile & Giese, 2006）。逆に，他者の行為を観察することが，自身の行為の実行に影響を与えることも示されている（Kilner, Paulignan, & Blakemore, 2003）。くわえて，新生児でさえ他者の顔つき（gesture）を自発的に模倣することが報告されている（Meltzoff & Moore,

1977)。これらの知見をあわせると,発達の初期においても,行為の知覚と実行が密接に影響しあう可能性を指摘できる。

　現在に至るまで,いくつかの行動研究によって,乳児期において行為の知覚と実行が相互に影響することが示されてきた。まず乳児自身の行為経験が他者の行為の知覚に影響を与えることを実証した研究がある (Hauf, Aschersleben, & Prinz, 2007)。彼らの実験では,乳児に物体を与え,その物体で遊ばせた後に,乳児が以前に遊んだ物体を成人が操作する映像と,乳児が遊んだ経験のない物体を成人が操作する映像の2種類を対にして乳児に呈示した。すると9ヶ月児と11ヶ月児は,遊んだことのない物体を操作する映像より,以前に遊んだ物体を操作する映像をより長く注視し,物体だけが呈示された場合や人だけ呈示された場合には,そのような選好はみられなかった。また,行為の実行経験が,3ヶ月児の他者の行為知覚に影響を与えることを示した研究もある (Sommerville, Woodward, & Needham, 2005)。この研究では,3ヶ月というまだ把持行為ができない乳児に,マジックテープでできた手袋を装着させ,人工的に把持行為を行えるように訓練させた。その後に,この訓練群の乳児が他者の把持行為を観察すると,その行為の目標が異なるときに注視時間が長くなる,つまり目標への感受性が上がるという結果が得られた。対照的に,訓練前に他者の行為を観察した乳児では,その知覚経験が運動行為に影響を与えるということはみられなかった。

　しかしながら,行為の知覚が行為の実行へ影響を与えることを実証した研究もある (Longo & Bertenthal, 2006)。この研究では,9ヶ月児自身が1つの位置に能動的に探索行動を行った後と同様に,他者の行為を観察した後にも,把持運動の固執的な誤り (A-not-B errors) がみられた。これは,他者の行為を知覚したことが,行為実行と同様に,その後の運動の誤りを誘導したと解釈できる。

　これらの研究は,乳児期において行為の知覚と行為の実行が相互に影響する双方向的な関係であることを示唆している。そしてこのことは,乳児期の発達において,行為の知覚能力と行為の実行能力は互いに関連しあいながら発達し

ていく可能性を提起する。

(3) 乳児期における知覚と行為の発達的関連

　最近の発達研究では，乳児期初期における行為の知覚と実行との発達に直接的なつながりがあることが示されている（Reid, Belsky, & Johnson, 2005 ; Sommerville & Woodward, 2005）。たとえば，リードらは，一般的な運動能力が高い8ヶ月児は，やや低い8ヶ月児よりも，解剖学的に可能な他者の行為と不可能な行為を区別できることを示した（Reid et al., 2005）。また，ソマービルらは10ヶ月児を対象として，紙の上に物体がある状況で紙を引くと物を取ることができるといった手段—目的行動（means-end behavior）を用い，他者の行為に目標を帰属する能力を調べた。するとその個人差が，同じ行為の産出頻度の個人差と関連があることがわかった（Sommerville & Woodward, 2005）。さらに，乳児は，光点群からなる他者の行為（バイオロジカルモーション）を観察したとき，乳児の選好注視の傾向は，自身に関連する運動タイプに関係することを示した研究もある（Sanefuji, Ohgami, & Hashiya, 2008）。具体的には，ハイハイはできるが歩くことができない8ヶ月児は，歩いている行為よりハイハイの運動をより長く注視したのに対して，歩くことができる12ヶ月児は，ハイハイ運動より歩く運動の方をより長く注視した。

　以上の研究は，乳児期初期における行為の知覚と行為の実行に発達的なつながりがあることを示している。しかしながら，これらの研究は，ダイレクトマッチング仮説から示唆される，他者の行為の理解とそれに対応する乳児自身の運動能力の発達的な対応関係を検証していない。たとえば，ソマービルら（Sommerville & Woodward, 2005）は，因果関係（紙を引けば物を取れる）が含まれた行為を扱っているので，行為理解というより一般的な知能をみている可能性がある。また彼女らは，行為の知覚と実行の対応関係を検証していない。また，リードら（Reid et al., 2005）は，行為の知覚と一般的な運動能力とのつながりを実証したに過ぎない。ダイレクトマッチング仮説（Rizzolatti & Craighero, 2004 ;

Rizzolatti et al., 2001)によると，観察された行為と観察者の運動表象は一対一に対応する。したがって，乳児期におけるダイレクトマッチング過程を証明するためには，行為そのものの理解とそれと同じ運動能力の発達的な対応関係を実証することが必要である。

（4）乳児期初期のダイレクトマッチング過程の検証

そこで，筆者らは，乳児期初期における MNS のダイレクトマッチング過程に関する決定的な証拠を得るために，ダイレクトマッチング過程の個体発生的なプロセスを検証した（Kanakogi & Itakura, 2011）。

この研究では以下のような仮説を立てた。もし乳児期初期においても MNS によるダイレクトマッチング過程が行為理解を仲介しているのなら，乳児の行為理解能力の発達的なはじまりは，乳児自身が同じ行為を行う能力の発達的なはじまりと同期するという形で，それらの能力の間に発達的な対応があるはずである。そこで実験では，行為を予測する課題と行為を実際に行う課題の２種類を設けた。行為として把持行為を採用し，他者の行為理解の指標として他者の行為を観察している際のその目標物への予測的視線（Falck-Ytter, Gredeback, & von Hofsten, 2006 ; Flanagan & Johansson, 2003）を用いた。また同時に，対応する運動能力として，乳児の把持行為の発達度合いを計測した。対象は，把持行為がみられはじめる４ヶ月をはじめとして，６ヶ月，８ヶ月，10ヶ月の乳児と成人であった。

行為予測課題では，次の３種類の行為の映像が提示された（図2-2）。通常の把持行為（ヒトの目標指向的行為，把持行為を行う手（grasping hand : GH）条件；図2-2の左列），手のひらでの運動（ヒトの目標指向的でない行為または目標のない行為，手の裏（back of hand : BH）条件；図2-2の中央列），メカニカルクロウの動き（無生物の目標指向的行為，メカニカルクロウ（mechanical claw : MC）条件；図2-2の右列）であった。これまでにわかっている事実から，MNS は原則として目標指向的でない行為（Muthukumaraswamy, Johnson, & McNair, 2004 ; Johnson-

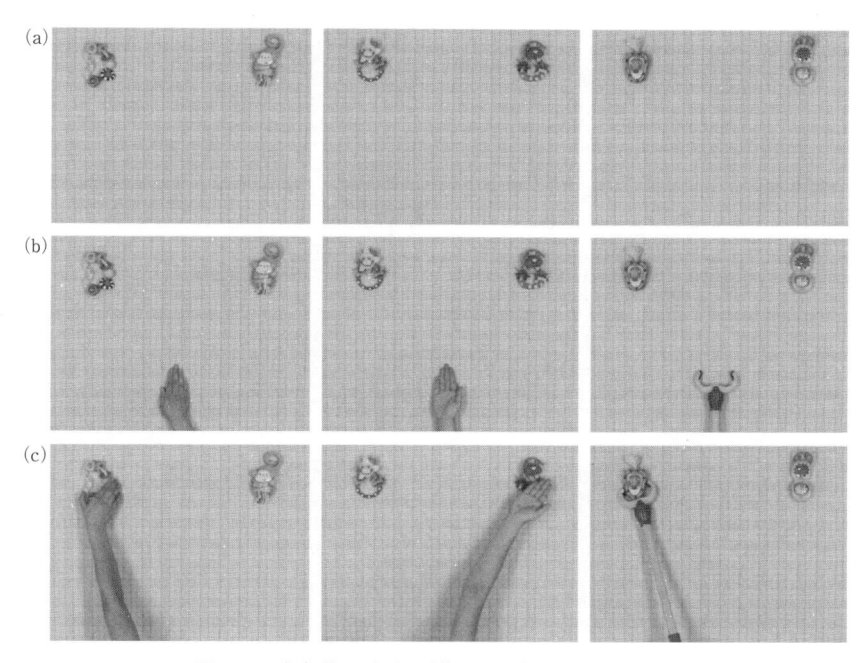

図2-2 各条件のビデオ映像から選択されたフレーム
注:左列は把持行為(GH条件),中央列は手の裏の行為(BH条件),右列はメカニカルクロウの行為(MC条件)を表わしている。(a)行為者はフレームの外にいる。(b)行為者はフレームの下から現れ,上方へと動き,それから止まる。(c)行為者は2つのおもちゃの1つに向かって動き,ターゲットのおもちゃのところで止まり,それから把持行為によって接触する(GH,MC)か,手のひらをその上に載せる(BH)。
出所:Kanakogi & Itakura (2011) より一部改変。

Frey et al., 2003),あるいは無生物の行為(Kilner et al., 2003; Tai, Scherfler, Brooks, Sawamoto, & Castiello, 2004)においては活動しないことが知られている。そこで本研究ではBH条件とMC条件をそれぞれに対応させた。また,これらの条件で示した行為はどちらも,乳児の運動レパートリーにない行為である。よって,BH条件とMC条件は,乳児が行為予測を行わないと予想され,統制条件として位置づけられた。他方の把持行為課題では,乳児が片手での把持行為を行えるかどうかと,その形態的発達(Rochat, 1992)を計測して,把持運動の

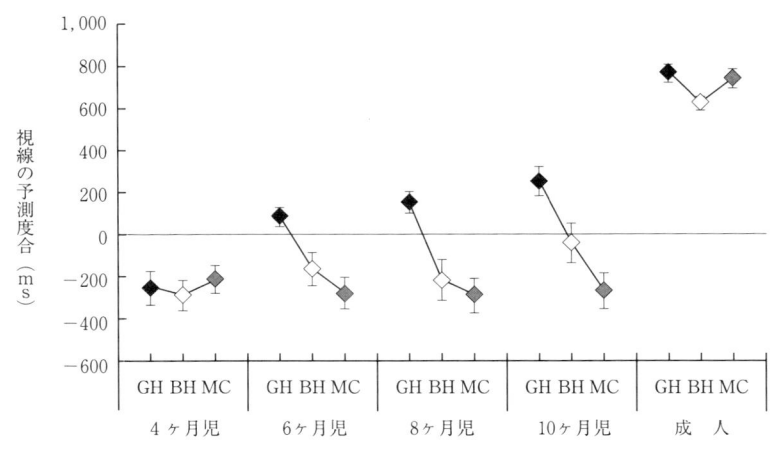

図2-3 各年齢グループにおける目標領域への視線到達時間
注：各エージェントの目標領域への到着は0の平行線によって表されている。正の相対的な到着時間は視線がエージェントの行為より先んじて目標領域に到達したことを示している。負の相対的な到着時間はエージェントの行為より遅くに到着したことを表している。エラーバーは標準誤差を示す。
出所：Kanakogi & Itakura（2011）より一部改変。

発達度合を調べた。

　実験の結果，把持行為が行えなかった4ヶ月児では，各条件での予測的な視線に違いはなかったが，把持行為を行えた6ヶ月以上の乳児では，ヒトの目標指向的な行為（GH条件）を観察したときのみ，予測的な視線がみられた（図2-3）。また，この6ヶ月以上のGH条件での予測的視線の発達と，乳児自身の把持能力の発達（形態的な発達を表す角度α）とに関連がみとめられた（図2-4）。これらの結果は，他者の行為の目標を予測する能力が生後6ヶ月に生起し，乳児のその行為を行う運動能力のはじまりと共時すること，行為予測能力とその行為を行う運動能力には発達的な対応関係があることを意味している。したがって，筆者らのこの研究は，MNSによるダイレクトマッチング過程の直接的な個体発生的証拠を提供したといえる。

第2章 乳児期における他者理解

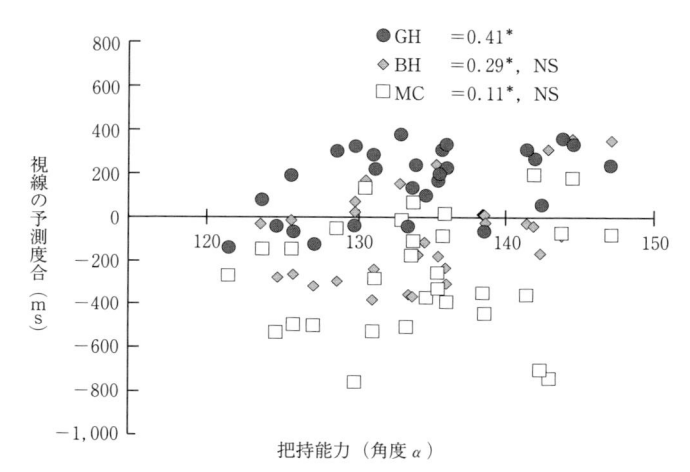

図2-4 乳児における把持能力と行為予測の関連を示す散布図
注：円，ひし形，四角は把持能力（角度 α）と3条件（GH，BH，MC）の予測的視線との相関関係を表している。相関係数 r は，年齢の要因を統制した後の各条件の把持能力と予測的視線の偏相関を示す。アスタリスクは統計的有意差（$p<0.05$）を示し，NS は有意差がないことを示す。
出所：Kanakogi & Itakura（2011）より一部改変。

（5）ダイレクトマッチング仮説に対する反証

近年，行為理解に関わる神経基盤として MNS とは異なる非運動系の神経基盤が明らかにされつつある。というのも，第1節（3）で述べたように，われわれは必ずしも自身の運動系に適合した行為だけしか理解できないわけではないからである。このことは，機能的磁気共鳴画像法（functional magnetic resonance imaging：fMRI）を用いて，見慣れない行為や文脈からその目的を推測する必要がある行為を観察して理解するときの脳活動を調べた研究で明らかにされてきた。そして MNS とは別の，非運動系の脳部位（上側頭溝や内側前頭前皮質など）が活動することがわかった（Brass et al., 2007；de Lange et al., 2008）。これらの研究から，運動系と非運動系の2つの脳内ネットワークが相補的に働くことによって，われわれの行為理解が支えられていることが明らかにされつつある。

しかし，最近，MNS のダイレクトマッチング仮説そのものに対する反証がなされるようになってきた。たとえば，MNS がより幅広い，上述の非運動系のような働きも担うと考える研究者もいる（Csibra, 2007）。これらの研究者は，他者の行為がいかにして目標を達成するのかに焦点を当て，そのプロセスにおいて，達成される行為の目標自体に重きを置く。ある研究では，成人に訓練を行うと，観察者が対応する運動表象を働かせることができるかどうかに関係なく，さまざまな行為の予測に運動系が関連することを示した（Cross, Stadler, Parkinson, Schütz-Bosbach, & Prinz, 2013）。また，乳児研究においても，サウスゲートらが筆者らの研究（Kanakogi & Itakura, 2011）と類似した映像刺激を用いて，ヒトの手による目標志向的な行為だけでなく，メカニカルクロウや物体による目標志向的行為にもミューリズムの減衰がみられることを報告している（Southgate & Begus, 2013）。

　しかしながら，これらの事実は筆者らの結果と矛盾しない。実際に，筆者らの研究においても成人の協力者は，ヒトの手と同様にメカニカルクロウによる目標志向的行為についても予測的に視線を動かした（図2‐3）。では，筆者らの研究とサウスゲートらの研究の差異は何によって生じたのであろうか。1つの可能性として，予測段階の前に目標志向的な行為が乳児に提示されたことが挙げられる。筆者らの研究では，各条件で他者の目標指向的行為が6試行ずつしか提示されていないのに対し，サウスゲートらの研究では，他者の目標指向的行為が慣化試行で4試行，その後テスト試行で少なくとも9試行以上提示されている。あくまで推測の域を超えないが，行為の提示回数の差異によって，乳児は筆者らの研究の成人と同様に，運動系にマッチしない他者の行為においても，目標に関する表象を柔軟に形成したのかもしれない。今後，この研究領域におけるさらなる進展により，MNS の機能やメカニズムの発達が詳しく解明されることが期待される。

4 他者への共感・同情的理解

(1) ミラーメカニズム

　これまでに述べた他者の行為理解における自己と他者との「鏡のような」関係は，運動関連領域だけに限定されるものではない。2000年以降，主に成人を対象としたfMRI研究により，触覚や情動などの運動系以外のさまざまな領域が，MNSのように働くことが明らかにされている。たとえば，触覚に関しては，他者の身体が触れられるのを観察すると，自身の同じ身体部位が触られているときのように，体性感覚野や頭頂連合野が活動することが報告されている（Blakemore, Bristow, Bird, Frith, & Ward, 2005 ; Keysers et al., 2004）。また，快・不快な刺激に対して表出された他者の表情を観察すると，観察者自身が快・不快な刺激を知覚したときに生じる神経活動（情動系回路の一部である島皮質，前部帯状回，前頭弁蓋内側部）がみられることも示されている（Jabbi, Swart, & Keysers, 2007 ; Wicker et al., 2003）。

　また，痛みについても，観察者と他者との間に「鏡のような」作用がみられる。他者が身体的な痛みを経験している様子を観察すると，観察者自身が痛みを知覚する際に活動する脳部位（島皮質前部，前部帯状回や扁桃体）が活動し，このときの神経活動の強さは，観察者が想像した痛みの強さと相関する（Jackson, Meltzoff, & Decety, 2005 ; Singer et al., 2004）。このような痛みの知覚における自己と他者の「鏡のような」作用は，特に共感や同情に関わる特性して広く認識され，多くの神経イメージング研究において共感や同情を喚起させるパラダイムとして用いられている。

　これらの研究が示すように，自己と他者の経験が脳内の共通の部位で表現されるということは，行為理解に関連するMNSの働きと同様に，他人の経験を自分の経験のように処理するメカニズムと解釈できる。これにより，MNSの自己と他者を鏡のような作用でつなげる働きは運動関連領域だけに限らないこ

とが広く知られるようになった。そして，触覚や情動，痛みに関する MNS のような働きは，他者への共感・同情的理解の神経基盤の一部として考えられている。ミラーニューロンを発見したリゾラッティは，このような運動関連領域以外での鏡のような働きを特に「ミラーメカニズム」と呼んでいる（Rizzolatti & Sinigaglia, 2008）。

（2）他者への共感・同情的理解の発達

　数十年にもわたり，多くの発達研究によって，生後2年目の幼い頃から子どもは困難にある他者に対して他者志向性を伴う共感・同情的な心配を示すことが明らかにされている（Eisenberg & Lennon, 1980；Feshbach & Roe, 1968；Vaish, Carpenter, & Tomasello, 2009；Zahn-Waxler, Radke-Yarrow, Wagner, & Chapman, 1992）。さらに生後1年目以下では，新生児において，他者志向性を伴わない感情伝染（他の乳児が泣くと自身も泣く）と呼ばれる現象が報告され，共感的な態度の前駆体と考えられている（Sagi & Hoffman, 1976；Simner, 1971）。しかしながら，他者志向性を伴う他者への共感・同情的な態度は，本当に生後2年目頃までに出現しないのであろうか？　また，新生児期の感情伝染のように自己と他者の差異なく他者と共鳴するような能力から，生後2年目に現れる他者への思いやり行動に至るまでの間にはどのような発達があるのだろうか？

　他者への共感・同情的理解は，母子関係の中で育まれると考えられてきた。乳児は生まれてすぐに，保護者，特に母親に抱かれて，二者間の情動的なやりとりを行う（間主観性）。このようなやり取りを繰り返すことが，乳児の情動制御を促進させ，視点取得や共感を含んだより複雑な形の社会的なやり取りの前駆体として機能すると考えられている（Reck et al., 2004；Trevarthen & Aitken, 2001；Tronick, 1989）。しかしながら，12ヶ月以下の前言語期において，他者志向性を伴う共感・同情的な態度がはたらくことを示した研究はない。もし他者への共感・同情的理解が，上述した MNS のように発達の初期段階に機能するのなら，12ヶ月以下の乳児においても他者への共感・同情的理解の萌芽がみら

れるはずである。そこで筆者らは，狭義の MNS，つまり運動領域における他者理解ではなく，ミラーメカニズムによる他者理解，つまり他者への共感・同情的理解に関する個体発生の起源を検証する研究を行った。

(3) 前言語期における他者への原初的な同情

筆者らは，前言語期における原初的な同情行動を，乳児の認知能力や運動能力をあまり必要としない実験パラダイムによって検証した (Kanakogi, Okumura, Inoue, Kitazaki, & Itakura, 2013)。その基本パラダイムは，アニメーションに登場する幾何学図形のエージェントによって，攻撃者と犠牲者の相互作用を演出し，その後に各幾何学図形に対する反応を調べるというものであった。

この研究のロジックは以下のとおりである。もし前言語期の乳児が苦境にある他者に対して同情的な態度をとるのであれば，第三者的な立場に置かれると，苦難にある他者に選択的で自動的な反応 (e.g., 注視や接近) を示すことが考えられる。具体的には，乳児が攻撃—犠牲の相互作用を観察した後に，攻撃者より犠牲者を選好すると予想される。このロジックの核となる弱者への自動的な反応傾向は前関心 (preconcern) と呼ばれ，霊長類で頻繁に観察されることが報告されていることから，原初的な共感反応と考えられている (de Waal, 2009; 2012)。このような反応傾向は，生後2年目の乳児を対象にした他者に対する同情的行為の発達を調べた先行研究でも確認されている (Vaish et al., 2009; Zahn-Waxler et al., 1992)。したがって，もし弱者への選択的で自動的な反応が得られたら，それは乳児期初期における苦境にある他者に対する原初的な同情行動であると解釈することができる。

筆者らの研究と同様に，幾何学図形をエージェントとして使用することは，多くの乳児研究においてよく確立された手法である。たとえば，生後1年目に，乳児は幾何学図形に目標や意図性を帰属し (Csibra et al., 1999; Gergely et al., 1995)，幾何学図形間の相互作用の正負の性質を区別する (Premack & Premack, 1997)。さらに，乳児は，先行する図形間の相互作用から，各図形の心的状態

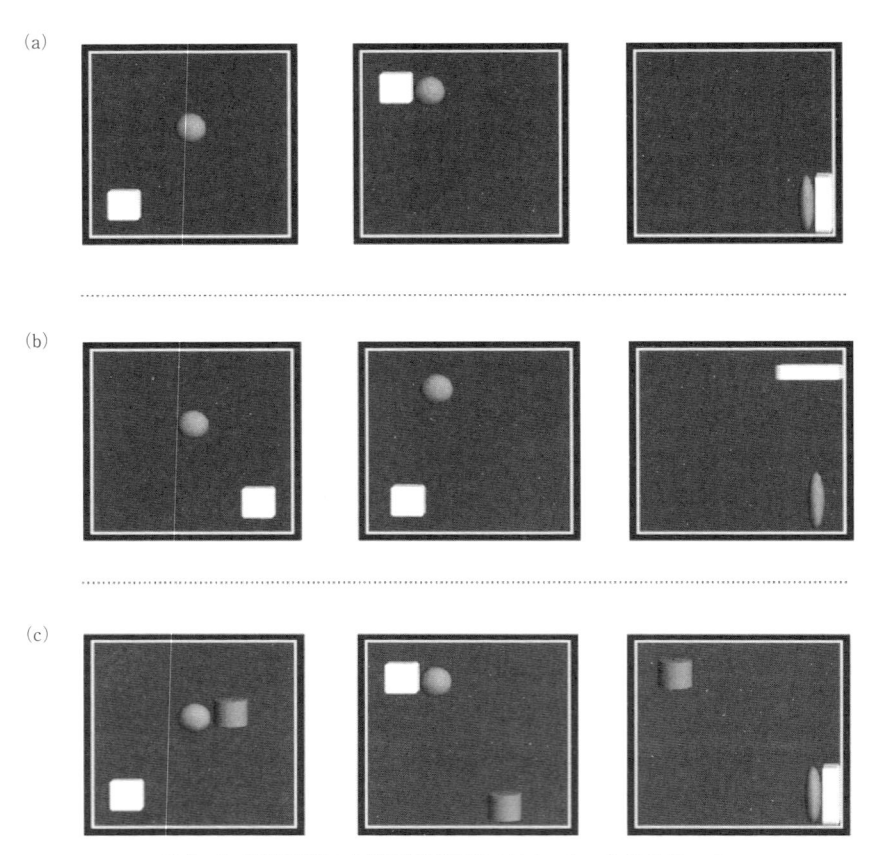

図 2-5 実験で用いた幾何学図形のアニメーションのスキーマ

注：(a) 攻撃相互作用：球体が攻撃者で立方体が犠牲者，(b) 接触のない相互作用，(c) 中立物体（円柱）が加えられた攻撃相互作用。

出所：Kanakogi, Okumura, Inoue, Kitazaki, & Itakura（2013）より一部改変。

(Kuhlmeier, Wynn, & Bloom, 2003)，価値（Hamlin, Wynn, & Bloom, 2007），強さ・優位性（Mascaro & Csibra, 2012 ; Thomsen, Frankenhuis, Ingold-Smith, & Carey, 2011）を推測することができる。くわえて，行動指標として，視覚的な選好を調べる選好注視法と，乳児が把持行為によってその選好を示す強制選択法を用いた。筆者らは，これらの指標を用いて，乳児の幾何学図形に対する態度を検証した。

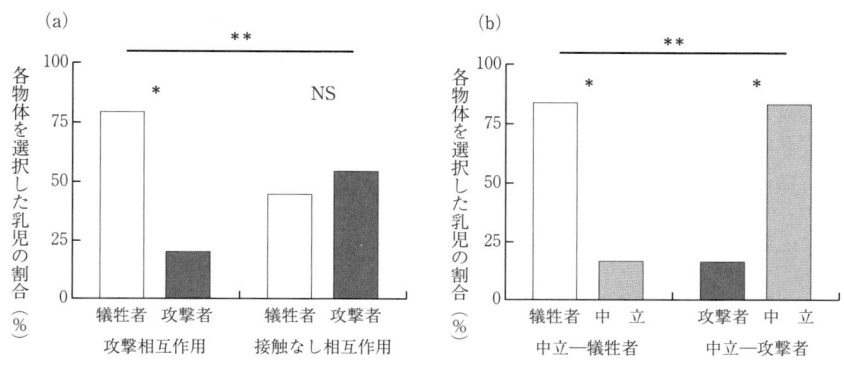

図2-6 各物体を選択した乳児の割合

注：(a) 攻撃相互作用条件と接触なし相互作用条件での攻撃・犠牲者への乳児の選択的反応。(b) 中立物体と各物体とのペアに対する乳児の選択的反応。アスタリスクは統計的有意差（$p < 0.05$）を示し，1つは片側検定，2つは両側検定を意味する。NS は有意差がないことを示す。
出所：Kanakogi, Okumura, Inoue, Kitazaki, & Itakura（2013）より一部改変。

実験1では，攻撃者である幾何学図形がもう一方の犠牲者である幾何学図形を追いかけ，小突き，最終的に押しつぶす相互作用（図2-5(a)）を乳児に提示した。その後に，各幾何学図形を対にして提示し，各図形への注視や，その実物に対する接近がみられるかどうかを検証した。その結果，各図形への乳児の注視に偏りはみられなかったが，より多くの乳児が攻撃者よりも犠牲者に対して把持行為を行い，犠牲者に対する選択的な接近行動がみられた（図2-6(a)）。また，幾何学図形の相互作用に接触がない場合（図2-5(b)）には，このような選択的な反応はみられなかった（図2-6(a)）。実験2では，乳児の選択的反応が，単に攻撃者を怖がっていたことによって生じた可能性を排除するために，中立物体を実験1の映像（図2-5(a)）に加え，攻撃者や犠牲者と独立に動くような相互作用（図2-5(c)）を乳児に提示した。その後に，中立図形と各幾何学図形（攻撃者，犠牲者）とを対にして比較したところ，犠牲者と中立物体を対にして提示した際には，より多くの乳児が犠牲者を選択し，攻撃者と中立物体を対にして提示した際には，より多くの乳児が中立物体を選択した（図2-6(b)）。この結果から，実験1の結果は，単に乳児が攻撃者を怖がったことによるもの

ではなく，犠牲者である幾何学図形に対して選択的に反応していることがわかった。以上の結果から，筆者らは前言語期にある10ヶ月の乳児が，苦境にある他者に対して原初的な同情的態度をとると結論づけた。

多くの先行研究によって，子どもは生後2年目から，苦難にある他者に同情的心配を示すことが実証されてきた（Bischof-Köhler, 1991; Vaish et al., 2009; Young, Fox, & Zahn-Waxler, 1999; Zahn-Waxler et al., 1992）。筆者らの発見は，これら先行研究の発見を前言語期までに拡張したという意味をもつ。これにより，今後，前言語期においても，多くの共感や同情を扱った研究が行われ，共感・同情の個体発生的起源に迫ることができるかもしれない。

5 他者理解の発現メカニズム——今後の方向性

これまで，乳児期初期における他者理解の発達，特に知覚と行為の関係性から他者の行為理解と他者への共感・同情的理解の発達に関する研究を取り上げてきた。これらは，乳児期初期に MNS やミラーメカニズムが機能している可能性を示唆するが，その発現メカニズムまでには踏み込んでいない。ではその発現メカニズムはいかなるものであろうか。このことを考えるために本節では，まず MNS は生得的に機能していると主張する立場と，学習によって機能するようになるという立場を概観する。次に MNS の生起過程に関する考察に基づいて，発現メカニズムを考察し，今後の方向性を展望したい。

MNS が生得的なシステムか，学習により獲得されるシステムかについては，それぞれを示唆する理論や支持する証拠がある。まず生得説の主張者たちは，MNS が出生時にはすでに存在し，生後すぐに機能すると考える（Meltzoff & Decety, 2003; Lepage & Theoret, 2007）。特にMNSが生後から存在するという仮定は，新生児でさえ模倣能力を示すようにみえる新生児模倣の現象（Meltzoff & Moore, 1977）に基づいている。また，ミラーニューロンを発見したリゾラッティたちも，MNS を生得的なシステムであると仮定して議論している

(Rizzolatti & Arbib, 1998 ; Rizzolatti & Craighero, 2004)。さらに、近年の研究で、新生児においてすでに目標指向的な行動への選好がみられることが示されている (Craighero, Leo, Umilta, & Simion, 2011)。この研究は、MNS が生後すぐに機能しているということを直接的に示すものではないが、MNS が目標指向性動作に対して反応することから、その可能性をうかがわせるものだ。

一方、学習説の立場では、MNS を学習の結果、つまり連合学習の結果の副産物として捉えている (Brass & Heyes, 2005 ; Keysers & Perrett, 2004)。この点に関して、成人を対象とした多くの研究によって、MNS に柔軟性があり、経験によってその活動が調整されることが示されている (Calvo-Merino et al., 2005 ; Cross, Hamilton, & Grafton, 2006 ; Haslinger et al., 2005)。たとえば、ヘイズは、MNS が機能する過程を神経細胞レベルの連合学習によって説明している (Heyes, 2010)。彼によれば、何かを握ることに反応するニューロンと、握る行為を見たときに反応するニューロンの間で、双方の活動の時間的な近接性や随伴性によって結合が強められ、学習が成立すると、他者の行為を観察しただけで、実際に運動を行わなくとも、行為を実行するニューロンが活動するらしい。

今のところ、現存するデータはどちらの立場にも適合し、したがってどちらが正しいかは結論がでていない。また、発達過程において、MNS とその機能が生得的なのか、あるいは経験によるものなのかについては、ヒトの手などを刺激として用いた実験で検証を試みる場合、刺激に対する経験の要因を厳密に排除することが難しいので、決定的な結論は下しにくい。この議論に明確な結論をもたらすためには、生得説では新生児を対象に神経科学的な手法を用いて、MNS が機能することを示す必要がある。また学習説については、その生起過程を具体的に実証しなければならない。しかし、前者はもちろんのこと、後者の立場の実証的な証拠は、現在まで、行動レベルでの証拠がわずかに 1 件報告されるのみである (Sommerville et al., 2005)。

彼女らは、3 ヶ月児を対象に、行為経験が他者の行為の知覚を促進させることを示した。しかしながらこの研究は、厳密な意味で MNS の生起メカニズム

を調べたわけではない。なぜなら，行為経験と他者の行為の知覚の連合がいかにして生起するかを調べた研究ではないからである。また，この実験では逆の効果，つまり他者の行為知覚が乳児自身の行為の実行を促進させることはなかった。知覚と行為の双方向性を考慮すると，知覚経験がMNSを機能させることも考えられる。

　他者の行為知覚が乳児自身の行為の実行に影響を及ぼさなかった原因として，他者の行為観察条件において，単に他者の行為に曝露させたことが挙げられる。つまり，行為を実行する条件と比較して，乳児が他者の行動をどのように知覚しているかが曖昧であり，しかもかなり受動的である。その結果，行為観察の影響は小さかったのかもしれない。ある立場ではMNSの機能を，行為の予測という能動的なプロセスとして捉えている（Kilner, Friston, & Frith, 2007）。この説によれば，他者の行為の結果を能動的に予測することがMNSの主要な機能であるという。今後，この予測の能動性に着目して，行為観察がMNSを発現させることを実証することも研究の方向性の1つだろう。

　ミラーメカニズムに関しては，その発現メカニズムを具体的に説明する理論や仮説がほとんどない。というのも，筆者らの研究（Kanakogi et al., 2013）まで，新生児期の感情伝染のような現象以外で，乳児期初期に他者への共感・同情的理解ができることを示した実証的な証拠がなく，あっても生後2年目からの能力を中心に議論されていたからである。筆者らは，前言語期において，他者への原初的な共感・同情的理解がすでに機能していることを示した。この発見は，共感・同情的理解の発現メカニズムには踏み込んでいないが，今後の乳児期初期における共感・同情の発現メカニズムを解明するうえで，1つの方向性を与える可能性がある（鹿子木，印刷中）。

　ミラーメカニズムを基盤とする他者への共感・同情的理解については，母子間の感情的なやりとりによって，その基礎が形成されると考える立場もある（Reck et al., 2004 ; Trevarthen & Aitken, 2001 ; Tronick, 1989）。しかしながら，筆者らの研究結果を考慮すると，そのようなやりとりによって，他者への共感・同

情的理解が形成されているとは考えにくい。なぜなら，筆者らの研究では，同情的な状況を演出するための刺激として，日常の文脈にはない幾何学図形を用いていたからである。つまり，乳児は観察経験のない刺激に対しても，他者への同情の萌芽と捉えられる選好を示したことになる。これは，他者への共感・同情的理解が経験よりも，生得的な機構に依拠する可能性が高いことを示唆している。今後，より幼い乳児を対象として，筆者らの研究が遡って追試されれば，他者への共感・同情的理解の起源，あるいはその発生過程を明らかにできるであろう。

最後に，筆者らが発見した現象が真にミラーメカニズムに基づく他者への共感・同情的理解であると言うには，乳児自身の感情的な反応を測定しなければならない。しかしながら，上述したように，筆者らの研究での乳児の反応は，感情的反応というより認知的な側面に基づいていることが考えられる。しかし一方では，実際に乳児が犠牲者である幾何学図形に対しても，感情的に同調している可能性も否定できない。今後，生理指標を用いて，乳児自身の刺激に対する感情的な反応を観察しながら，ミラーメカニズムがもたらす鏡のような作用が乳児自身において生起しているかどうかを検証しなければならない。

他者理解という問題は，古くから哲学者によって考究されてきたように，ヒトの存在を解明するためには不可欠な問いである。近年，その問いを解明するヒントとなるミラーニューロンの発見により，他者理解というテーマへの実証的なアプローチがはじまっている。本章では，「知覚と行為の関係性」を軸として，MNSやミラーメカニズムによる乳児期初期の他者理解，特に他者の行為理解や他者への共感・同情的理解に関する研究を概観し，その個体発生メカニズムを論じた。しかしながら，その発現メカニズムを解明するためには，まだ多くの問題が山積している。今後，他者理解の発現メカニズムを解明するような研究が求められる。

引用文献

Bertenthal, B. I., & Longo, M. R. (2007). Is there evidence of a mirror system from birth? *Developmental Science*, **10**, 526-529.

Bertenthal, B. I., Longo, M. R., & Kosobud, A. (2006). Imitative response tendencies following observation of intransitive actions. *Journal of Experimental Psychology : Human Perception and Performance*, **32**, 210-225.

Bischof-Köhler, D. (1991). The development of empathy in infants. In M. E. Lamb & H. Keller (Eds.), *Infant development : Perspectives from German speaking countries*. NJ : Erlbaum, Hillsdale, pp. 245-273.

Blakemore, S. J., Bristow, D., Bird, G., Frith, C., & Ward, J. (2005). Somatosensory activations during the observation of touch and a case of vision-touch synaesthesia. *Brain*, **128**, 1571-1583.

Brass, M., Bekkering, H., Wohlschläger, A., & Prinz, W. (2000). Compatibility between observed and executed finger movements : Comparing symbolic, spatial, and imitative cues. *Brain and Cognition*, **44**, 124-143.

Brass, M., & Heyes, C. (2005). Imitation : Is cognitive neuroscience solving the correspondence problem? *Trends in Cognitive Sciences*, **9**, 489-495.

Brass, M., Schmitt, R. M., Spengler, S., & Gergely, G. (2007). Investigation action understanding : Inferential processes versus action simulation. *Current Biology*, **17**, 2117-2121.

Calvo-Merino, B., Glaser, D. E., Grèzes, J., Passingham, R. E., & Haggard, P. (2005). Action observation and acquired motor skills : An fMRI study with expert dancers. *Cerebral Cortex*, **15**, 1243-1249.

Casile, A., & Giese, M. A. (2006). Nonvisual motor training influences biological motion perception. *Current Biology*, **16**, 69-74.

Craighero, L., Leo, I., Umilta, C., & Simion, F. (2011). Newborns' preference for goal-directed actions. *Cognition*, **120**, 26-32.

Cross, E. S., Hamilton, A. F., & Grafton, S. T. (2006). Building a motor simulation de novo : Observation of dance by dancers. *NeuroImage*, **31**, 1257-1267.

Cross, E. S., Stadler, W., Parkinson, J., Schütz-Bosbach, S., & Prinz, W. (2013). The influence of visual training on predicting complex action sequences. *Human Brain Mapping*, **34**, 467-486.

Csibra, G. (2007). Action mirroring and action understanding : An alternative account. In P. Haggard, Y. Rossetti, & M. Kawato (Eds.), *Attention and performance XXII : Sensorimotor foundations of higher cognition*. New York, NY : Oxford University

Press, pp. 435-480.
Csibra, G., Gergely, G., Biro, S., Koós, O., & Brockbank, M. (1999). Goal attribution without agency cues : The perception of 'pure reason' in infancy. *Cognition*, **72**, 237-267.
de Lange, F. P., Spronk, M., Willems, R. M., Toni, I., & Bekkering, H. (2008). Complementary systems for understanding action intentions. *Current Biology*, **18**, 454-457.
de Wall, F. B. M. (2009). *The age of empathy*. New York : Harmony.
de Waal, F. B. M. (2012). Empathy in primates and other mammals. In J. Decety (Ed.), *Empathy : From bench to bedside*. Cambridge, MA : MIT Press, pp. 87-106.
Eisenberg, N., & Lennon, R. (1980). Altruism and the assessment of empathy in the preschool years. *Child Development*, **51**, 552-557.
Falck-Ytter, T., Gredebäck, G., & von Hofsten, C. (2006). Infants predict other people's action goals. *Nature Neuroscience*, **9**, 878-879.
Feshbach, N. D., & Roe, K. (1986). Empathy in six- and seven-year-olds. *Child Development*, **39**, 133-145.
Fogassi, L., Ferrari, P. F., Gesierich, B., Rozzi, S., Chersi, F., & Rizzolatti, G. (2005). Parietal lobe : From action organization to intention understanding. *Science*, **308**, 662-667.
Flanagan, J. R., & Johansson, R. S. (2003). Action plans used in action observation. *Nature*, **424**, 769-771.
Gallese, V. (2003). The roots of empathy : The shared manifold hypothesis and the neural basis of intersubjectivity. *Psychopathology*, **36**, 171-180.
Gallese, V., Fadiga, L., Fogassi, L., & Rizzolatti, G. (1996). Action recognition in the premotor cortex. *Brain*, **119**, 593-609.
Gallese, V., Keysers, C., & Rizzolatti, G. (2004). A unifying view of the basis of social cognition. *Trends in Cognitive Sciences*, **8**, 396-403.
Gazzola, V., Rizzolatti, G., Wicker, B., & Keysers, C. (2007). The anthropomorphic brain : The mirror neuron system responds to human and robotic actions. *NeuroImage*, **35**, 1674-1684.
Gazzola, V., van der Worp, H., Mulder, T., Wicker, B., Rizzolatti, G., & Keysers, C. (2007). Aplasics born without hands mirror the goal of hand actions with their feet. *Current Biology*, **17**, 1235-1240.
Gergely, G., Nádasdy, Z., Csibra, G., & Biro, S. (1995). Taking the intentional stance at 12 months of age. *Cognition*, **56**, 165-193.

Giudice, M. D., Manera, V., & Keysers, C. (2009). Programmed to learn? The ontogeny of mirror neurons. *Developmental Science*, **12**, 350-363.

Grafton, S. T., Arbib, M. A., Fadiga, L., & Rizzolatti, G. (1996). Localization of grasp representations in humans by positron emission tomography. Observation compared with imagination. *Experimental Brain Research*, **112**, 103-111.

Hamilton, A. F., & Grafton, S. T. (2006). Goal representation in human anterior intraparietal sulcus. *Journal of Neuroscience*, **26**, 1133-1137.

Hamlin, J. K., Wynn, K., & Bloom, P. (2007). Social evaluation by preverbal infants. *Nature*, **450**, 557-559.

Hari, R., Forss, N., Avikainen, S., Kirveskari, E., Salenius, S., & Rizzplatti, G. (1998). Activation of human primary motor cortex during action observation: A neuromagnetic study. *Proceedings of the National Academy of Sciences of the United States of America*, **95**, 15061-15065.

Haslinger, B., Erhard, P., Altenmüller, E., Schroeder, U., Boecker, H., & Ceballos-Baumann, A. O. (2005). Transmodal sensorimotor networks during action observation in professional pianists. *Journal of Cognitive Neuroscience*, **17**, 282-293.

Hauf, P., Aschersleben, G., & Prinz, W. (2007). Baby do-baby see! How action production influences action perception in infants. *Cognitive Development*, **22**, 16-32.

Heyes, C. (2010). Where do mirror neurons come from? *Neuroscience and Biobehavioral Reviews*, **34**, 575-583.

Iacoboni, M., Koski, L. M., Brass, M., Bekkering, H., Woods, R. P., Dubeau, M. C., Mazziotta, J. C., & Rizzolatti, G. (2001). Reafferent copies of imitated actions in the right superior temporal cortex. *Proceedings of the National Academy of Sciences of the United States of America*, **98**, 13995-13999.

Iacoboni, M., Woods, R. P., Brass, M., Bekkering, H., Mazziotta, J. C., & Rizzolatti, G. (1999). Cortical mechanisms of human imitation. *Science*, **286**, 2526-2528.

Jabbi, M., Swart, M., & Keysers, C. (2007). Empathy for positive and negative emotions in the gustatory cortex. *NeuroImage*, **34**, 1744-1753.

Jackson, P. L., Meltzoff, A. N., & Decety, J. (2005). How do we perceive the pain of others?: A window into the neural processes involved in empathy. *NeuroImage*, **24**, 771-779.

James, W. (1890). *Principles of psychology*. New York: Holt.

Jeannerod, M. (1994). The representing brain: Neural correlates of motor intention and imagery. *Behavioral and Brain Sciences*, **17**, 187-202.

Johnson-Frey, S. H., Maloof, F. R., Newman-Norlund, R., Farrer, C., Inati, S., & Grafton, S. T. (2003). Actions or hand-object interactions? Human inferior frontal cortex and action observation. *Neuron*, **39**, 1053-1058.

鹿子木康弘（印刷中）．共感・同情行動の発達的起源 ベビーサイエンス

鹿子木康弘・板倉昭二（2009）．乳児の目標帰属研究とその神経基盤 心理学評論, **52**, 63-74.

Kanakogi, Y., & Itakura, S. (2010). The link between perception and action in early infancy: From the viewpoint of the direct-matching hypothesis. *Japanese Psychological Research*, **52**, 121-131.

Kanakogi, Y., & Itakura, S. (2011). Developmental correspondence between action prediction and motor ability in early infancy. *Nature Communications*, **2**, 341.

Kanakogi, Y., Okumura, Y., Inoue, Y., Kitazaki, M., & Itakura, S. (2013). Rudimentary sympathy in preverbal infants: Preference for others in distress. *PLoS ONE*, **8**, e65292.

Keysers, C., & Perrett, D. I. (2004). Demystifying social cognition: A Hebbian perspective. *Trends in Cognitive Sciences*, **8**, 501-507.

Keysers, C., Wicker, B., Gazzola, V., Anton, J. L., Fogassi, L., & Gallese, V. (2004). A touching sight: SII/PV activation during the observation and experience of touch. *Neuron*, **42**, 335-346.

Kilner, J. M., & Blakemore, S. J. (2007). How does the mirror neuron system change during development? *Developmental Science*, **10**, 524-526.

Kilner, J. M., Friston, K. J., & Frith, C. D. (2007). Predictive coding: an account of the mirror neuron system. *Cognitive Processing*, **8**, 159-166.

Kilner, J. M., Paulignan, Y., & Blakemore, S. J. (2003). An interference effect of observed biological movement on action. *Current Biology*, **13**, 522-525.

Kohler, E., Keysers, C., Umilta, M. A., Fogassi, L., Gallese, V., & Rizzolatti, G. (2002). Hearing sounds, understanding actions: action representation in mirror neurons. *Science*, **297**, 846-848.

Kuhlmeier, V., Wynn, K., & Bloom, P. (2003). Attribution of dispositional states by 12-month-olds. *Psychological Science*, **14**, 402-408.

Lapage, J. F., & Theoret, H. (2006). EEG evidence for the presence of an observation-execution matching system in children. *European Journal of Neuroscience*, **23**, 2505-2510.

Lepage, J. F., & Theoret, H. (2007). The mirror neuron system: Grasping others' actions from birth? *Developmental Science*, **10**, 513-524.

Longo, M. R., & Bertenthal, B. I. (2006). Common coding of observation and execution of action in 9-month-old infants. *Infancy*, **10**, 43-59.

Mascaro, O., & Csibra, G. (2012). Representation of stable social dominance relations by human infants. *Proceedings of the National Academy of Sciences of the United States of America*, **109**, 6862-6867.

Meltzoff, A. N., & Decety, J. (2003). What imitation tells us about social cognition : A reapproachement between developmental psychology and cognitive neuroscience. *Philosophical Transactions of the Royal Society of London*, **358**, 491-500.

Meltzoff, A. N., & Moore, M. K. (1977). Imitation of facial and manual gestures by human neonates. *Science*, **198**, 74-78.

Meltzoff, A. N., & Moore, M. K. (1997). Explaining facial imitation : A theoretical model. *Early Development and Parenting*, **6**, 179-192.

Muthukumaraswamy, S. D., Johnson, B. W., & McNair, N. A. (2004). Mu rhythm modulation during observation of an object-directed grasp. *Cognitive Brain Research*, **19**, 195-201.

Nishitani, N., & Hari, R. (2000). Temporal dynamics of cortical representation for action. *Proceedings of the National Academy of Sciences of the United States of America*, **97**, 913-918.

Nyström, P. (2008). The infant mirror neuron system studied with high density EEG. *Social Neuroscience*, **3**, 334-347.

Oberman, L. M., McCleery, J. P., Ramachandran, V. S., & Pineda, J. A. (2007). EEG evidence for mirror neuron activity during the observation of human and robot actions : Toward an analysis of the human qualities of interactive robots. *Neurocomputing*, **70**, 2194-2203.

Premack, D., & Premack, A. J. (1997). Infants attribute value ± to the goal-directed actions of self-propelled objects. *Journal of Cognitive Neuroscience*, **9**, 848-856.

Prinz, W. (1990). A common coding approach to perception and action. In O. Neumann & W. Prinz (Eds.), *Relationship between perception and action*. Berlin : Springer Verlag, pp. 167-201.

Reck, C., Hunt, A., Fuchs, T., Weiss, R., Noon, A., Moehler, E., Downing, G., Tronick, E. Z., & Mundt, C. (2004). Interactive regulation of affect in postpartum depressed mothers and their infants : An overview. *Psychopathology*, **37**, 272-280.

Ried, V., Belsky, J., & Johnson, M. H. (2005). Infant perception of human action : Toward a developmental cognitive neuroscience of individual differences. *Cognition, Brain, Behavior*, **9**, 35-52.

Rizzolatti, G., & Arbib, M. A. (1998). Language within our grasp. *Trends in Neurosciences*, **21**, 188-194.

Rizzolatti, G., & Craighero, L. (2004). The mirror-neuron system. *Annual Reviews Neuroscience*, **27**, 169-192.

Rizzolatti,G., Fadiga, L., Gallase, V., & Fogassi, L. (1996). Premotor cortex and the recognition of motor actions. *Cognitive Brain Research*, **3**, 131-141.

Rizzolatti, G., Fogassi, L., & Gallese, V. (2001). Neurophysiological mechanisms underlying the understanding and imitation of action. *Nature Review Neuroscience*, **2**, 661-670.

Rizzolatti, G., & Sinigaglia, C. (2008). *Mirrors in the brain : How our minds share actions and emotions* (F. Anderson, Trans.). New York : Oxford University Press. (柴田裕之(訳)(2009). ミラーニューロン 紀伊國屋書店)

Rochat, P. (1992). Self-sitting and reaching in 5- to 8-month-old infants : The impact of posture and its development on early eye-hand coordination. *Journal of Motor Behavior*, **24**, 210-220.

Rochat, M. J., Serra, E., Fadiga, L., & Gallese, V. (2008). The evolution of social cognition : Goal familiarity shapes monkeys' action understanding. *Current Biology*, **18**, 227-232.

Sagi, A., & Hoffman, M. L. (1976). Empathic distress in the newborn. *Developmental Psychology*, **12**, 175-176.

Sanefuji, W., Ohgami, H., & Hashiya, K. (2008). Detection of the relevant type of locomotion in infancy : Crawlers versus walkers. *Infant Behavior and Development*, **31**, 624-628.

Shimada, S., & Hiraki, K. (2006). Infant's brain responses to live and televised action. *NeuroImage*, **32**, 930-939.

Simner, M. L. (1971). Newborns' response to the cry of another infant. *Developmental Psychology*, **5**, 136-150.

Singer, T., Seymour, B., O'Doherty, J., Kaube, H., Dolan, R. J., & Frith, C. D. (2004). Empathy for pain involves the affective but not sensory components of pain. *Science*, **303**, 1157-1162.

Sommerville, J. A., & Woodward, A. L. (2005). Pulling out the intentional structure of action : The relation between action processing and action production in infancy. *Cognition*, **95**, 1-30.

Sommerville, J. A., Woodward, A. L., & Needham, A. (2005). Action experience alters 3-month-old infants' perception of others' actions. *Cognition*, **96**, B1-B11.

Southgate, V., & Begus, K. (2013). Motor activation during the prediction of nonexecutable actions in infants. *Psychological Science*, **24**, 828-835.

Southgate, V., Johnson, M. H., Osborne, T., & Csibra, G. (2009). Predictive motor activation during action observation in human infants. *Biology Letters*, **5**, 769-772.

Tai, Y. F., Scherfler, C., Brooks, D. J., Sawamoto, N., & Castiello, U. (2004). The human premotor cortex is 'mirror' only for biological actions. *Current Biology*, **14**, 117-120.

Thomsen, L., Frankenhuis, W. E., Ingold-Smith, M., & Carey, S. (2011). Big and mighty : Preverbal infants mentally represent social dominance. *Science*, **331**, 477-480.

Trevarthen, C., & Aitken, K. J. (2001). Infant intersubjectivity : Research, theory, and clinical applications. *Journal of Child Psychology and Psychiatry*, **42**, 3-48.

Tronick, E. Z. (1989). Emotions and emotional communication in infants. *American Psychologist*, **44**, 112-119.

Vaish, A., Carpenter, M., & Tomasello, M. (2009). Sympahy through affective perspective taking and its relation to prosocial behavior in toddlers. *Developmental Psychology*, **45**, 534-543.

van Elk, M., van Schie, H. T., Hunnius, S., Vesper, C., & Bekkering, H. (2008). You'll never crawl alone : Neurophysiological evidence for experience-dependent motor resonance in infancy. *NeuroImage*, **43**, 808-814.

Wicker, B., Keysers, C., Plailly, J., Royet, J. P., Gallese, V., & Rizzolatti, G. (2003). Both of us disgusted in My insula : The common neural basis of seeing and feeling disgust. *Neuron*, **40**, 655-664.

Young, S. K., Fox, N. A., & Zahn-Waxler, C. (1999). The relations between temperament and empathy in 2-year-olds. *Developmental Psychology*, **35**, 1189-1197.

Zahn-Waxler, C., Radke-Yarrow, M., Wagner, E., & Chapman, M. (1992). Development of concern for others. *Developmental Psychology*, **28**, 126-136.

第3章
乳幼児における社会的学習

奥村優子

1　乳幼児における知識獲得

　乳幼児を取り巻く環境は，乳幼児にとって情報に満ちあふれた複雑な世界である。この環境の中から，乳幼児は情報を獲得し，知識を得なければならない。しかしながら，乳幼児の記憶容量や処理速度，外界に作用する身体能力などは限られている。そうであるにもかかわらず，乳幼児は驚くべき速さで，そして効率的に，世界の仕組みを学習する。乳幼児はどのようにして，複雑な世界から有益な情報を獲得していくのだろうか。

（1）計算論的な学習

　幼い学習者である乳幼児は，強力な計算論的スキルをもっている。言語や因果性について学習するために，経験した統計パタンから環境の構造モデルを推測することができ，計算論的な学習を行っていることが近年の研究により示されている。たとえば，生後8ヶ月の乳児は，単語内の音韻同士と単語間の音韻同士での遷移確率の違いを単語境界検出の手がかりとして分析し，その統計的情報をもとに単語を切り出していく能力をもつことが報告されている（Saffran, Aslin, & Newport, 1996）。また，乳児は，聴覚入力される音韻の出現頻度分布の特性を使用することによって音韻知覚の弁別を行っており（Maye, Weiss, &

Aslin, 2008 ; Maye, Werker, & Gerken, 2002），こうした度数分布を利用することで，6ヶ月齢時点での母音の知覚様式が母語の音韻体系による影響を受けていることも見出されている（Kuhl, Williams, Lacerda, Stevens, & Lindblom, 1992）。さらに，幼児期になると，経験したデータの頻度に基づき，物理的世界における因果関係を推測できることも示されている（Gopnik, Sobel, Schulz, & Glymour, 2001 ; Gopnik et al., 2004）。このような統計的規則や，事象の共起頻度を用いる計算論的な学習によって，乳幼児は豊富な情報源の中から知識を獲得していく。

（2）社会的な学習

　乳幼児は，統計的規則により情報を獲得していくが，無差別に情報を処理しているわけではない。複雑な学習環境の中において，乳幼児は，統計的情報だけでなく社会的な手がかりも利用している。社会的手がかりは，乳児の注意を適切な情報に向ける役割をもち，何を，いつ学習すべきかを強調する。発達の初期段階から，社会的手がかりは乳児の注意を引き，行動を調整する機能をもつことが示されている。たとえば，新生児でさえ，ヒトに対する感受性をもち，他者の表情を真似るよう動機づけられていることがわかっている（Meltzoff & Moore, 1977）。また，ヒトの行為を観察することは幼い子どもの模倣行為を引き出すが，機械的なエージェント（ロボットなど）の行為を観察しても模倣は引き出されないことが示されている（Meltzoff, 1995 ; Moriguchi, Kanda, Ishiguro, & Itakura, 2010）。これらの違いについて，森口らは，幼い子どもはヒトの行為を観察すると，その行為を心的にシミュレートできるため，ヒトは乳幼児の学習プロセスに影響を与えうるが，ヒト以外のエージェントの行為は心的にシミュレートしないため，学習プロセスを誘発しないのではないかと論じている（Moriguchi et al., 2010）。さらに，生後1年未満の乳児がどのように社会的・非社会的手がかりを利用するかについても研究が行われている（Wu & Kirkham, 2010 ; Wu, Gopnik, Richardson, & Kirkham, 2011）。彼女らの研究では，8ヶ月齢までに，乳児は非社会的手がかりの点滅刺激に比べて，社会的手がかりである顔

刺激を利用することにより，視聴覚刺激間の規則性を学習できることを報告している。そのため，社会的手がかりは，豊富な環境で乳幼児が何に注目し，学習すべきかといった手がかりとして機能し，乳幼児の適切な情報選択を促進しているのかもしれない。本章では，乳幼児の学習における社会的手がかりの役割に注目する。それにより，乳幼児は学習の最適化のために，社会的手がかりをどのように利用しているのかを明らかにしたい。

2　乳幼児期における社会的学習

　われわれの行動や，ものの考え方が周囲の人々の影響を受けているということは言うまでもない。他者の行動を見てさまざまな事態に対処していくことを学んだり，また好ましくない行動を見て自分はそうした行動を控えたりする。社会的世界の中で，初期学習における1つの有効な手段は，他者の観察や，他者との相互作用から情報を獲得することであろう。このような他者からの社会的学習は，情報獲得に要する時間や認知的資源を削減するため，素早く効果的な手段であるといえる（Tomasello, 1999）。ヒト乳幼児は，非常に幼い時期から，他者との社会的相互作用を通して学習をしていく。こうした社会的学習の基礎をなす社会的能力として，模倣と共同注意が特に注目されている。

（1）乳幼児の模倣学習

　文化における熟達者を観察し，模倣することは，有益な学習方法である。子どもは，両親のふるまい，発話パタン，道具使用などの幅広い行動を模倣する。模倣を行うことの利点として，観察個体は，自身の試行錯誤といった手法に頼ることなく，技能を安全に，効率よく獲得できることが挙げられる。このように，模倣によって他者の行動を利用することは，適応的な行動を導くとともに，情報を文化として正確に，安定した形で獲得することを可能にしている（Galef, 1992；Tomasello, Kruger, & Ratner, 1993）。そのため，模倣学習は有益で，

きわめて重要な手段であるといえる。

　メルツォフは，子どもが観察したことをそのまま再現するのではなく，他者の目標や意図を理解したうえで模倣をしていることを，巧みな手続きを用いて調べている（Melztoff, 1995）。この実験では，成人のモデルがダンベルを2つに分解しようとするが，手が滑り失敗してしまう場面を18ヶ月児に見せる。この場面を見た後に，同じダンベルを渡された児は，手が滑っているところを模倣するのではなく，ダンベルを2つに分解した。すなわち，ダンベルが2つに分かれるという最終的な状態を観察していなくても，他者の目標を推測し，意図していた行動を模倣したのである。しかし，手の代わりにメカニカルピンサーと呼ばれる機械が同じ動作を行っても，18ヶ月児はその行為を完遂しなかった。この実験からメルツォフは，18ヶ月齢でも，ヒトが相手であるとその隠れた意図を読み取ることができ模倣するが，機械には意図を付与しないためにその目的となる行為を模倣しないと論じている。さらに，別の研究では，発声によってモデルの行為が意図的あるいは偶発的であることを明示した場合，18ヶ月児は意図的な行為を偶発的な行為よりも模倣することが示されている（Carpenter, Akhtar, & Tomasello, 1998）。すなわち，乳幼児は，他者の行為に含まれる意図を理解し，行為者の目的に関連した行為を模倣するのである。

（2）乳幼児の共同注意

　社会的学習は，人々が注意を共有する際に促進される。なぜなら，他者と同じ対象に対して注意を共有すること（共同注意）は対象を軸としたやり取りの中で，コミュニケーションやティーチングに対して共通の基盤を与えるからである。共同注意の初期要素は，視線追従に現れており，学習の初期形態の1つであると考えられる。われわれは，他者の視線に注意を向け，視線を追従し，その先にある対象物へと注意を向ける。このような他者の視線方向に注意を向ける視線追従行動は，物体学習，言語獲得といった発達初期の情報獲得や，社会的認知能力の基礎として機能するといわれている（e.g., Baldwin, 1995；

Tomasello, 1999)。視線追従行動は，環境中にあるさまざまな対象の中で，他者が何を見ているのかということを検出し，その情報を元に選択的な学習を行うことにつながるため，発達初期における乳児の学習にとって非常に重要である。

乳児の視線追従能力に関する研究は多くなされてきた（Flom, Lee, & Muir, 2007）。生後3ヶ月頃から，他者の視線の変化に反応してその方向を追う視線追従行動が現れはじめる。しかし，この段階での視線追従には個人差があり，またそれほど強固に出現するものではないため，6～12ヶ月にかけて視線追従は洗練されていくとする知見が多い。近年，視線計測装置（アイトラッカー）を用いた研究も行われており，他者の行動がコンピュータ上のモニターで提示されたとしても，6ヶ月頃に他者の視線を追従しはじめ，月齢に伴いこの能力が発達していることが示されている（Gredebäck, Theuring, Hauf, & Kenward, 2008）。12ヶ月になると，乳児は視線方向を追従するだけでなく，視線とその対象との特異的関係を理解し，視線がもつ参照性を考慮に入れるようになり（Woodward, 2003），より洗練された共同注意能力を発達させていく。

このように，乳児の視線追従スキルは生後1年内の比較的早期から出現することが示されている。では，他者の視線を追従することによって，どのような効果が生じるのであろうか。生後4ヶ月の乳児を対象に，共同注意の効果について研究が行われている（Reid & Striano, 2005）。他者が左右どちらかの対象物に視線を向ける映像を乳児に見せ，その後に対象物のみを提示したところ，乳児は他者の視線が向けられていなかった対象物を長く注視した。これは，他者の視線の先にある対象物に注意を向け認識したため，視線が向けられていなかった物体を新奇なものとして捉え，注視したと考えられる。すなわち，他者の視線から，その対象物の情報を処理していることが示された。また，脳波を使用した手法においても，同様の結果が得られている。先ほどの研究と同様に，視線を対象物に向ける場合と逸らす場合のどちらかの映像を見せ，その後対象物のみを提示したところ，視線が向けられていた対象物が現れた場合には，4ヶ月乳児において脳波のPSW（positive slow wave）とよばれる記憶に関連す

る成分が大きくなることが示された（Reid, Striano, Kaufman, & Johnson, 2004）。この結果も，他者の視線が対象物の記憶を促進したのだと解釈できる。

　これら一連の研究から，他者との共同注意によってその対象物の処理や記憶が促進されることが明らかになっている。乳幼児は，共同注意のやり取りを通して対象物に社会的意味を付与することによって，他者から情報を学んでいくのであろう。このように，他者と注意を共有することによって，乳幼児は他者からの学びを成立させ，世界を広げていくことができるのである。

3　乳児期のコミュニケーションに基づく学習メカニズム

（1）乳児期の学習理論「Natural pedagogy」

　近年，乳児期の学習理論として，チブラ（Csibra, G.）とゲルゲイ（Gergely, G.）によりナチュラル・ペダゴジー理論（the theory of natural pedagogy）（Csibra & Gergely, 2006 ; 2009）が提唱され，注目を集めている。彼らは，大人（養育者）が教える・乳児が教わるといったヒトに特徴的な行動は，ナチュラル・ペダゴジーという特殊なコミュニケーションとして成立している，と提案している。この理論によると，ヒト文化における一般的知識の伝達には，ナチュラル・ペダゴジーが必要不可欠であるとされ，コミュニケーションによる社会的学習は，幼い学習者が他者から効率的に知識を獲得するのを可能にするため，進化の過程で重要であるという。

　ナチュラル・ペダゴジー理論では，乳児が大人から学ぶ場面において，アイコンタクトや，対乳幼児発話（Infant-directed speech），随伴的な反応，名前の呼びかけといったコミュニカティブな手がかりが，重要な役割をもつ。コミュニケーションには，情報の送り手と受け手が存在している。情報の送り手である養育者を代表とする大人は，こうしたコミュニケーションに特徴的な手がかりを用いることにより，自分が情報を向けている相手を明確化することができ，相手の注意を自分に向けることができる。一方，情報の受け手である乳児は，

こうしたコミュニカティブな手がかりに対する感受性を発達初期からもつことが示されている（e.g., Cooper & Aslin, 1990；Farroni, Csibra, Simion, & Johnson, 2002；Mandel, Jusczyk, & Pisoni, 1995）。そして，こうした手がかりが付随する他者の行為を，自分に特別に向けられた情報を表すコミュニカティブな意図をもつものと解釈し，その発信者の行動に注意を向け，表出された行動を知識として学習するようになると論じている。すなわち，幼い乳児に対して知識の伝達を促進するようなコミュニケーションを介することによって，非常に早い時期から乳児の学習は形作られていると想定している。これにより，乳児は他者とのコミュニケーションから一般的な文化的知識を，素早く効率的に獲得できるという。

　実際，乳児の一般的知識の情報獲得において，コミュニケーションが重要な役割をもつことを示す実証的な研究結果も報告されている（e.g., Egyed, Király, & Gergely, 2013；Topál, Gergely, Miklósi, Erdohegyi, & Csibra, 2008；Yoon, Johnson, & Csibra, 2008）。たとえば，エジェドらの研究では，こうした明示的コミュニカティブな手がかりが，一般化可能な知識についての学習を引き起こすことを示している（Egyed et al., 2013）。この研究では，ある人物の目の前に2つの物体が置かれており，その人物が一方の物体に対してはポジティブな反応（微笑み），もう一方の物体に対してはネガティブな反応（顔をしかめる）を伴う感情表出を行うという場面を18ヶ月児に提示した。1つの条件では，その人物が感情を表出する際に，乳児に対するアイコンタクトや呼びかけといったコミュニカティブな手がかりを発し，もう1つの条件ではこうしたコミュニカティブな手がかりは発さず，乳児を見たり話しかけたりすることはなかった。その後，先ほどと同じ人物が乳児に物体を要求，あるいは別の人物が現れて乳児に物体を要求した。その結果，感情を表出した人物が物体を要求した際には，乳児はポジティブな表情が向けられていた物体を手渡した。これは，乳児はその人物がポジティブな反応をしていた物体を欲しがっているのであろうと推測し，その物体を手渡したのであろうと考えられる。さらに，感情を表出していた人物が

コミュニカティブな手がかりを用いたときには，別の人物による物体の要求に対しても，ポジティブな表情が向けられていた物体を手渡した。しかし，最初の人物がコミュニカティブな手がかりを用いることなく感情を表出していた場合には，別の人物の要求に対して手渡す物体はランダムであった。この結果は，コミュニカティブな手がかりが用いられた場合，乳児は感情表出している人物の行動を，その物体の価値に対する「一般的な知識」として学習し，他の人物にも共有されるものとしてその知識を応用して行動したと考えられる。一方，コミュニカティブな手がかりがなかったときには，乳児は感情表出をした人物の行動を「個人的な好み」として学習し，その好みを別の人物までには一般化しなかった。つまり，乳児は，他者のコミュニカティブな行為を通して，共有された一般的知識を学習したのである。

（2）コミュニケーションは学習を促進させるか

ナチュラル・ペダゴジー理論により，一般的知識の伝達にはコミュニケーションが重要であることが論じられてきた。では，実際にコミュニケーションは乳児の学習を促進させるのだろうか？

大人は子どもの学習をコミュニカティブな手段で積極的に促進させる傾向がある（Gelman, Coley, Rosengren, Hartman, & Pappas, 1998）。子ども側も，大人の明示的な行為を検出すると，学習する準備ができ，学習が促進される。千住らは，乳児の視線追従行動がコミュニカティブな手がかりの存在によって促進されるのかどうかを検討している（Senju & Csibra, 2008）。6ヶ月児に，成人のモデルが2つの物体のうちの1つに視線を向けるビデオ映像を提示し，その際に乳児の視線追従行動がみられるかどうかを視線計測装置で記録した。コミュニカティブな手がかりの役割を検討するために，モデルが視線を物体に向ける前に乳児に対してアイコンタクトを行うか否か，あるいは，対乳幼児発話か対大人向け発話を発する場面を設定して比較した。結果においては，モデルが乳児に対してアイコンクトを行うときと対乳児発話をするというコミュニカティブな

手がかりを用いたときのみに，乳児の視線追従行動が引き起こされることが示された。また，3，6，9ヶ月児を対象にした別の実験においても，実験者と乳児がアイコンタクトをとるかどうかによって，乳児の行動に違いがみられ，アイコンタクトがなされると3ヶ月児でさえも他者の視線を追従でき，また，他者への注視時間や笑顔が増えることが明らかにされている（Striano & Stahl, 2005）。コミュニカティブな手がかりは，乳児の視線追従行動に影響を与え，促進する役割をもつといえる。

　コミュニケーションは，単なる視線追従反応だけでなく，視線が向けられる対象物に対しての学習も促す。実験者が5ヶ月の乳児とアイコンタクトをとり，その後対象物を見る条件と，アイコンタクトをとらないで対象物を見る条件で乳児の注視反応と脳波が調べられている（Parise, Reid, Stets, & Striano, 2008）。結果においては，対象物を見た乳児の注視時間は2つの条件間で違いはみられなかったが，その対象物を見ているときの脳波には，刺激に向けられる注意量と関わりがあるとされるNc成分（Negative Central）において違いが認められた。つまり，この結果は，他者とのアイコンタクトというコミュニケーションがその対象物への注意を高めたことを示している。さらに，9ヶ月児は，コミュニケーションが存在する文脈で他者の視線を追って見た対象物を1週間後でも覚えている可能性が脳波研究によって示されている（Kopp & Lindenberger, 2011）。これは，コミュニケーションが対象物に対する乳児の長期記憶にも効果を及ぼすことを示した研究であるといえる。これらの研究から，コミュニケーションは，対象物に対する注意を促進する効果をもつことが示唆される。

　他者とのコミュニケーションによって，乳児は積極的に他者から与えられる情報に注意を向けたり，学習しようとするモチベーションが高められたりするのであろう。こうした学習手段を，幼い乳児が早期から身につけているということは，いかにわれわれヒトが社会的であり，コミュニケーションを介する知識伝達が効果的な手段であるかを示しているといえよう。

4　乳幼児は誰から学ぶのか

　乳幼児の学習におけるコミュニカティブな手がかりの役割は強調されてきた。しかし，乳幼児の学習において，コミュニカティブな手がかりの源がどれほど重要であるかについては，まだあまり知られていない。乳幼児の学習におけるその情報源，すなわち，乳幼児は誰から学ぶのかといった問いを検証することも，乳幼児の学習を考えるうえで大切な要素の1つである。

　社会的，文化的学習は，発達初期からはじまり，ヒト乳児は他者からの教えを介することによりさまざまな情報を獲得する（Csibra & Gergely, 2006, 2009；Tomasello, 1999）。このように，乳幼児は環境から情報を獲得し，知識を得る中で，情報の源となる他者エージェントから適切に学習していかなければならない。効果的に学習を行うためには，他者の教えを無差別に受け入れるのではなく，選択的に学習を行う必要がある。では，乳幼児は，どのような他者によって与えられる情報に着目し，効果的に学習を行っているのだろうか。乳幼児がどのようなエージェントから学習を行うのかを検討することは，乳幼児の学習メカニズムを解明する試みにおいて重要な礎となるであろう。

（1）乳幼児における選択的学習

　われわれが世界について学習していく中で，他者からの学習に頼り知識を獲得していく機会は多い。しかし，他者からの学習といえども，受動的にすべての情報を吸収しているわけではなく，子どもは他者からの情報を区別し，選択的に知識を獲得することが知られている。たとえば，就学前児は，新規な情報獲得場面において，過去の行動から信頼できる情報提供者を情報の拠り所とし（e.g., Clément, Koenig & Harris, 2004；Harris, 2007；Koenig, Clément & Harris, 2004；Koenig & Harris, 2005），また馴染みがない人よりも馴染みがある人からの教えを（Corriveau & Harris, 2009），子どもよりも大人からの教えを優先すること

（Jaswal & Neely, 2006）が報告されている。

　このように，就学前児は，特定の他者から選択的に新しい情報を学習しているのである。さらに，これらの選択的学習に加え，子どもは，文化的集団のメンバーによって伝えられた情報や知識を学習することに長けているといわれている（Tomasello, 1999）。自身が所属するコミュニティの集団メンバーから選択的に情報を獲得することは，文化的な情報の伝達を可能にするため，効果的な手段であるといえる。

（2）乳幼児における言語に基づいた社会的選好

　集団メンバーを表す指標の1つとして，言語が挙げられる。言語は，個人の国民性や，民族集団，社会的階級についての情報を提供するため（Labov, 2006），ヒトを社会的な集団に分類する指標といえよう。このように，言語は事物を指し示す直接的な情報だけでなく，社会的集団カテゴリーといった社会的な意味をも伝達する。

　近年の研究では，乳幼児が，言語情報に基づいて自己の所属する集団を認識し，自身の集団メンバーに選択的な選好を示すことが実証されている。就学前児に，母語あるいは外国語を話す同年代の子どもの映像を提示してどちらと友だちになりたいかを尋ねると，母語話者を選択した（Kinzler, Dupoux, & Spelke, 2007 ; Kinzler, Shutts, DeJesus, & Spelke, 2009）。このような自己の所属する集団の同定を言語情報によって行い，母語話者を好む傾向は，発達初期にもみられることが報告されている。たとえば，キンズラーらは，10ヶ月児は母語話者と外国語話者から同時におもちゃを提示された際，母語話者から選択的におもちゃを受け取るというように，母語話者に対して社会的選好をもつことを示した（Kinzler et al., 2007）。さらに，12ヶ月児は，物を食べる2人の話者の映像を見た後，外国語話者より母語話者が食べている物の方を食べたがるという報告もなされている（Shutts, Kinzler, McKee, & Spelke, 2009）。これらの研究は，乳児は自身と言語環境を同じくする話者によって提示された玩具や食べ物を選好すると

いったように，他者に対する社会的な選好を母語に依存して行うという性質を示している。社会的学習において，特定の話者に対して社会的選好をもつことは，そうした他者からの学習を支える重要な基礎的役割を担う。そのため，言語情報は，乳幼児にとって他者を評価する判断材料となりえるため，他者からの社会的学習において重要な要素であるといえよう。

乳児にとって，言語だけでなく，アクセントの違いもまた，所属コミュニティの指標となりえることが考えられる。成人は，同じ内容を話す場合であっても，異なるアクセントで話すと異なる人格や物理的な外観をもつと評価する（Cargile, Giles, Ryan, & Bradac, 1994 ; Giles & Billings, 2004）。日本において所属コミュニティのアクセントの差異は，方言に表れている。関東地方在住の8ヶ月児は，関西方言と関東方言を聞き分け，自分の養育環境にある関東方言の音声に対してより長く注意を向けることが知られている（麦谷・林・桐谷, 2000）。そこで，筆者らは，前言語期の乳児が，方言に基づいて話者が自分と同じ所属コミュニティのメンバーであるか否かを判断し，養育環境の方言話者に対して社会的選好を示すかどうかを検討した（奥村・鹿子木・竹内・板倉，印刷中）。

実験では，関西方言を養育環境とする9ヶ月児と12ヶ月児それぞれ24人が，2人の新規な話者が一方は関西方言，もう一方は関東方言で話をする映像を観察した。その後2人の話者から同一の物体を提示された。その際，乳児がそれぞれの話者から差し出されたぬいぐるみのうちどちらを選択するか，最初に触った方のぬいぐるみを選択物体として記録した。結果は，9ヶ月児においては，24人中15人の乳児が関西方言話者から差し出された物体を選択し，9人が関東方言話者からの物体を選択した（図3-1）。このように関西方言話者から差し出される物体を選好する児が多かったが，統計的に有意な違いはみられなかった。一方，12ヶ月児においては，24人中18人の乳児が関西方言話者から差し出された物体を選択し，6人の乳児が関東方言話者からの物体を選択した。これは，乳児が有意に関西方言話者から差し出された物体を選好することを示している。

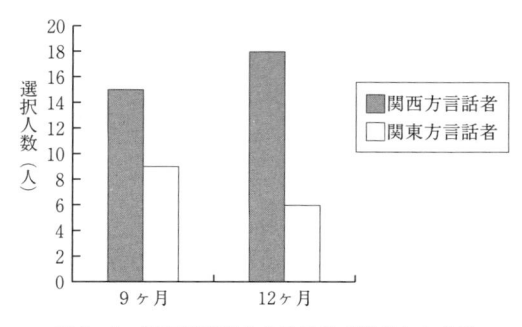

図3-1 各方言話者からの物体を選択した人数

　この実験は1歳以下の前言語期を対象に行ったため，乳児が話者の発話内容について理解していたとは考えにくい。そのため，乳児が自身の養育環境にある母方言話者から差し出された物体を選好したのは，より理解しやすい発話内容への選好に基づいたというわけではないであろう。また，両月齢の乳児は，関西方言話者，関東方言話者が話をする発話場面において，各話者の映像に対して同程度注視していた。そのため，話者に対する注視量，つまり注意の違いによっては，乳児の選好を説明できない。以上のことから，生後1年目までに，乳児は2人の話者の方言に基づいてそれぞれの話者に異なる印象を形成し，続いて自身の養育環境にある母方言話者に対して社会的選好を示したと考えられる。この時期から，方言を手がかりとして集団メンバーを特定した選好がみられることは，所属する文化的集団メンバーから選択的に情報を獲得する社会的，文化的学習が発達の初期から機能している可能性を指し示している。

（3）乳児の学習はヒトに限定されるのか
　他者からの社会的学習は，複雑な環境下で適応的な行動をとるために重要である。しかし，乳児期初期の学習において，ヒトが特別な情報の源であり得るのかどうかは明らかではない。乳児が学習する存在はヒトに限られるのだろうか。また，どのような点がヒトからの学習の特徴なのだろうか。筆者らは，乳

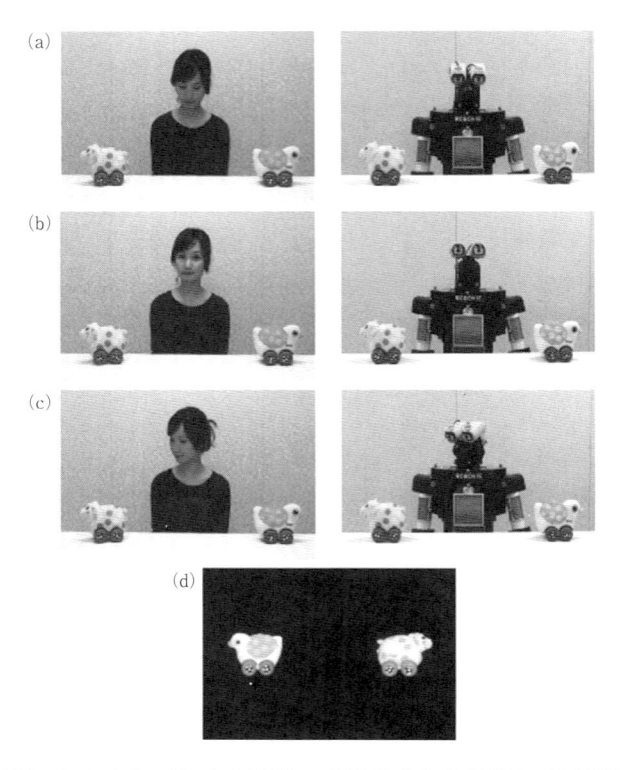

図3-2 ヒトとロボットの視線シフト映像(a)(b)(c)と注視テスト映像(d)
出所：Okumura et al. (2013a).

児におけるヒトとヒト以外のエージェントからの学習を直接的に比較することにより，乳児の学習が，ヒトに特別に適応的であるかどうかを検証した（Okumura, Kanakogi, Kanda, Ishiguro, & Itakura, 2013a）。ヒトとヒト以外のエージェントによる学習の違いを比較したのは，ヒトからの学習の特性や有用性をより明らかにすることができると考えたためである。

実験ではヒト以外のエージェントとして，ヒューマノイドロボットを用いた。図3-2に，実験に用いたヒト刺激とロボット刺激映像を示す。ロボットは，ATR知能ロボティクス研究所で，人とのコミュニケーション機能に重点を置

いて製作されたヒューマノイドロボットである。実物は，高さ120 cm，半径50 cm，重さおよそ40 kgと，人間の大人と比較して一回り小さなサイズであったが，ロボットが注視する方向は，目の部分に入れ込まれている両眼ステレオカメラを制御することにより変えることができ，頭部回転や，腕の動きも可能である。このタイプのロボットは，ヒトに匹敵するような特徴である目，頭，体をもつが，明らかにヒトではないエージェントであるため，体系的にヒトと比較するには適切なエージェントであると考えた。

12ヶ月齢乳児が他者の視線情報を利用することによって視線の対象物である物体を学習する現象に着目し，その情報源となるエージェント（ヒトとヒューマノイドロボット）が乳児の物体学習に与える影響を比較した。この実験では，12ヶ月児に，成人女性あるいはロボットが，2つのうちの1つの物体（ターゲット物体）に視線を向ける視線シフト映像を6試行提示した（図3 - 2 (a), (b), (c)）。この際，視線計測装置を用いて乳児の眼球運動を計測し，乳児がこれらエージェントの視線を追従するかどうかを測定した。続いて，視線からの影響により物体を学習しているかどうかを測定する指標として，2つのテストを行った。1つ目は，視線を追従することにより物体の情報処理が促進されるかどうかを測定するために注視テストを行った。このテストでは，黒背景上に2つの物体のみ映る映像を提示し，各物体に対する乳児の注視時間を測定した（図3 - 2 (d)）。2つ目のテストは，視線から感情的影響を受け，視線が向けられている物体を選好するかどうかを測定する物体選択テストであった。このテストで，実験者は，実物の物体を乳児に提示し，どちらかを選択するように促した。乳児が最初に触った物体を，選択物体と定義し，乳児の物体選好を測定した。

実験の結果は以下のとおりである。まず，エージェントの視線シフトを観察した際には，12ヶ月の乳児は，ヒトとロボット両エージェントの視線方向を追従し，視線が向けられたターゲット物体に注意を向ける行動を示した（図3 - 3 (a)）。すなわち，乳児は行為者がヒト以外のエージェントであるロボットで

あっても，その視線方向に注意を向けたのである。しかし，各物体に対する注視時間を分析したところ，ヒト条件においてのみ，ターゲット物体に対する注視時間がノンターゲット物体よりも有意に長いことが示された（図3-3(b)）。

　続いて，テスト試行においても，エージェントがヒトとロボットの場合で異なる結果が示された。注視テストでは，ヒトの視線シフトを見ていた乳児は，ターゲット物体よりもノンターゲット物体を長く注視していた。一方，ロボットの視線シフトを観察した乳児は，2つの物体に対する注視時間に有意な差がみられなかった（図3-4(a)）。これは，ヒトの視線を追従することで，ターゲット物体への情報処理が促進され，ターゲット物体を見慣れたものとみなしたため，ノンターゲット物体を新奇なものとして長く注視したと考えられる（Theuring, Gredebäck, & Hauf, 2007）。また，物体選択テストにおいては，ヒト条件の乳児の87.5%がターゲット物体を選択しており，乳児はヒトの視線から感情的影響を受け，ターゲット物体への選好を示した。一方ロボット条件では62.5%の乳児がターゲット物体を選択したが，これは統計的に有意ではなかった（図3-4(b)）。以上のことから，乳児はヒトの視線が向けられたターゲット物体の情報処理を高めるとともにターゲット物体に対する選好を示したが，ロボットの視線が向けられた物体に関してはその限りではないことが示された。

　続く実験では，乳児が単に物体に対して長く注意を向けるだけで，物体への処理や選好がみられるのかどうかを検討した。この実験では，ヒトエージェントは映像中に存在していたが，物体に対して視線を向けることなく，代わりに2つのうちの1つの物体（ターゲットとなる物体）にライトが点滅した。これにより，乳児の注意を物体に向けさせることで，ターゲット物体に対する注視時間を操作的に増加させた。こうした操作によるターゲット物体への注意の増加が，その後の物体処理や物体選択といった学習に影響を与えるかどうかを，別の12ヶ月の乳児を対象に実験を行った。その結果，乳児は，ライトが向けられたターゲット物体を，向けられていないノンターゲット物体よりもかなり長い時間注視した（図3-3(b)）。しかし，続いて注視テスト，物体選択テストを

(a) 視線シフト初発反応　　(b) 各物体への注視時間

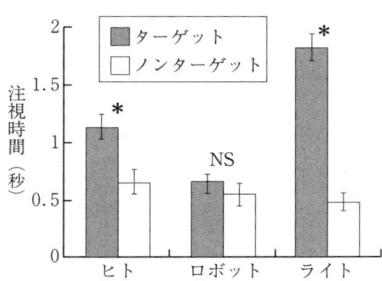

図3-3　乳児の視線追従反応
注：(a) 視線シフト初発反応がターゲット物体に向けられた割合，(b) 各物体に対する注視時間。

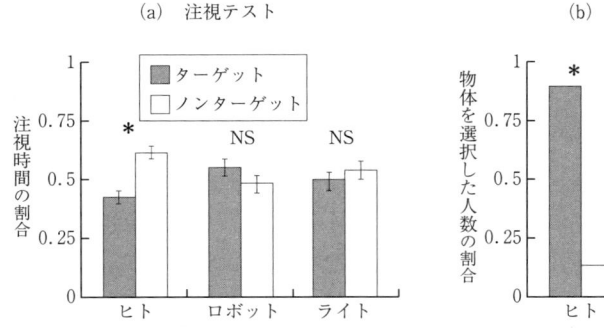

(a) 注視テスト　　(b) 物体選択テスト

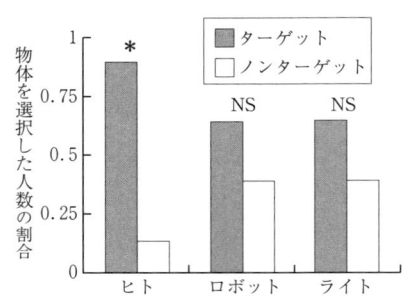

図3-4　テスト試行の結果
注：(a) 注視テストにおける各物体への注視時間割合，(b) 物体選択テストにおける各物体を選択した人数の割合。

行ったところ，そのいずれにおいても，ターゲット物体への学習効果はみられなかった（図3-4(a), (b)）。すなわち，ライトの点滅による物体に対する単純な注視時間の増加だけでは，ヒトの視線でみられたような物体に対する情報処理の促進や，選択的選好といったような効果は生み出されなかったのである。

これらの結果をまとめてみる。12ヶ月の乳児は，ヒトとロボット両エージェントの視線方向を追従したが，ヒトの視線からのみ影響を受け，物体学習が促進されることが示された。言い換えると，乳児はヒトの視線が向けられたター

視線シフト　　　注視点　　予測期間　　物体出現

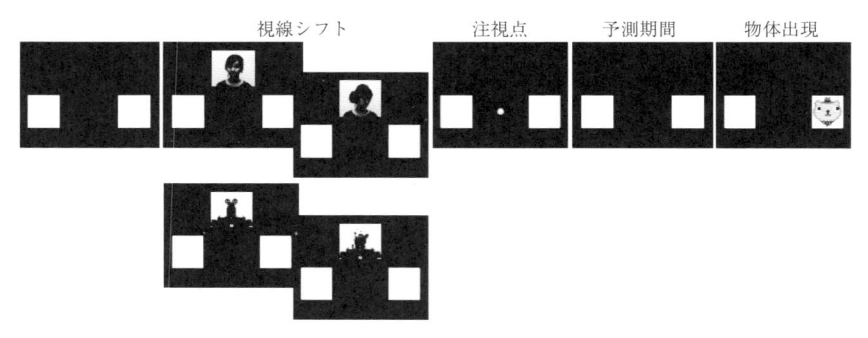

図3-5　視線の参照的性質に関する調査に用いた刺激
出所：Okumura et al. (2013b) を改変。

ゲット物体の情報処理を高めるとともにターゲット物体に対する選好を示したが，ロボットの視線が向けられた物体に関してはその限りではなかった。重要なことに，物体に対する単純な注視時間の増加だけでは，これらの効果は生み出されなかった。以上の結果をあわせて考えると，乳児の学習に対して，ヒトは強い影響をもち，乳児はヒトから特異的に学習することが示唆された。乳児はヒトを学習すべき情報の主な源であると捉えているのであろう。この結果は，発達初期におけるヒトからの学習の特異性を示唆している。

（4）ヒトとロボットからの影響力の差異——視線の参照的性質の理解

　ヒトとロボットの視線からの影響による物体学習に違いがみられた。なぜこのような違いがみられるのだろうか？　筆者らは，その違いに関するメカニズムを探るために，視線に帰属される参照的性質に注目した。乳児は，他者の視線を追従することによりさまざまな情報を獲得する。このような社会的学習においては，視線と視線が向けられている物体の関係，すなわち，視線の参照的性質を理解する能力が基礎となっている。期待違反法を用いた先行研究では，他者の視線に追従する際，8ヶ月児と12ヶ月児は視線方向に参照物があることを期待するといった参照的期待をもつことを示している（Csibra & Volein, 2008）。そこで，筆者らは，乳児がヒトの視線とロボットの視線に帰属する参照的性質

(a) 視線シフト初発反応　　　　(b) 注視時間

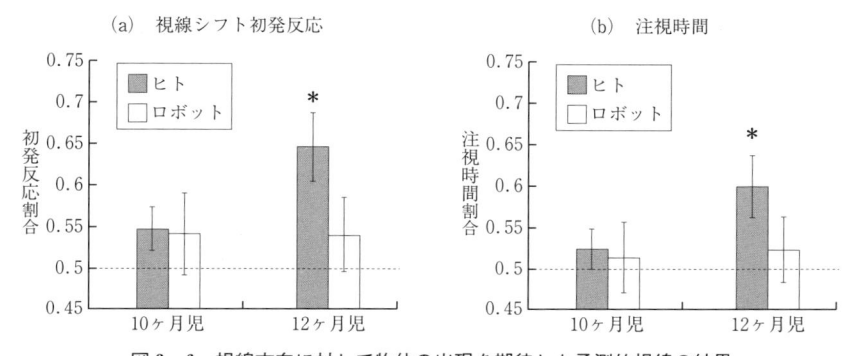

図3-6　視線方向に対して物体の出現を期待した予測的視線の結果
注：(a) 視線が向けられていた四角形に視線シフト初発反応を向けた割合，(b) 視線が向けられていた四角形に対する注視時間の割合．

の差異を検証した（Okumura, Kanakogi, Kanda, Ishiguro, & Itakura, 2013b）。ヒトの視線には参照的性質を帰属するが，ロボットには帰属しないため，視線と物体の結びつきに差異が生じ，物体学習の違いにつながったことが考えられたためである。

　10ヶ月児および12ヶ月児に，エージェント（ヒトあるいはロボット）が視線を動かす映像を提示した（図3-5）。その際に，乳児がエージェントの視線の先に物体の出現を予期するかどうかを，視線計測装置を用いて測定した。もし，乳児がエージェントの視線の参照的性質を理解していれば，その視線方向を手がかりとして物体の出現を予測するような反応がみられるはずである。その結果，10ヶ月および12ヶ月の両月齢児は，ヒトとロボットの視線方向を追従した。しかしながら，物体の出現に対する予測的視線に関しては，12ヶ月児はヒトの視線の先に物体が現れることを予測したが（予測期間に視線が向けられていた四角形に視線シフト初発反応を向ける，視線が向けられていた四角形を長く注視する），ロボットの視線に対してはそのような予測を行わなかった（図3-6）。また，10ヶ月児は，ヒトとロボットのいずれの視線方向に対しても物体の出現を予測しなかった。これらの結果は，乳児は，生後12ヶ月までに，ヒトの視線に参照的期待を帰属し，その視線方向に基づいて物体の出現を予測できるように

なることを示している。このようなヒトの視線に対して乳児が帰属する特別な期待は，社会的学習場面において乳児が効果的に情報を獲得することを可能にしているのかもしれない。

（5）ロボットからの学習——コミュニカティブな音声手がかりを用いた検討

上記した研究のように，12ヶ月児はロボットの視線方向を追従するが，その視線からターゲット物体に対する物体処理，物体選好は促進されないことが示されている（Okumura et al., 2013a）。一方，ナチュラル・ペダゴジー理論では，乳児の社会的学習に影響を与える重要な要因として，アイコンタクトや，対乳幼児発話のようなコミュニカティブな手がかりが注目されている（Csibra & Gergely, 2009）。そこで，筆者らは，上記の物体学習パラダイムを用いて，ロボットにコミュニカティブな手がかりとして音声発話を付与することにより，12ヶ月児がロボットから物体を学習する可能性を検討した（Okumura, Kanakogi, Kanda, Ishiguro, & Itakura, in press）。

音声発話を以下のようにロボットに付与した。まず，ロボットが視線シフト直前の正面を向いている際に（場面：図3-2(b)），「赤ちゃん，こんにちは」とコミュニカティブな音声発話を付与した（コミュニカティブ条件）。さらに，音声発話を加算的に付与することで，学習がより促進されるのかどうかの検討を行うために，上記の音声発話に加えて，ロボットが物体に視線を向けている間に（場面：図3-2(c)），「おもちゃがあるね」と音声発話を加算的に加えた（加算的コミュニカティブ条件）。これらは，ヒト音声の録音を映像に追加することにより作成された。また，単に聴覚刺激が効果を及ぼす可能性を排除するために，加算的コミュニカティブ条件の音声発話の代わりとして，機械音を同時間提示する条件を設けた（音条件）。こうした音声発話あるいは機械音を付与されたロボットが視線を動かす映像を提示した後に，上述の筆者らの研究（Okumura et al., 2013a）と同様に，テストとして注視テスト（物体処理測定）と物体選択テスト（物体選好測定）を行った。これにより，乳児が，音声発話を付

与されたロボットの視線を物体学習に利用できるかどうかを検討した。

まず，視線追従の結果において，乳児は，ロボットの音声発話の有無に関係なく，ロボットが視線を向けたターゲット物体に対して注意を向けるといった視線追従行動を示した。物体に対する注視時間を測定してみると，「赤ちゃん，こんにちは」と音声発話が付与されていたコミュニカティブ条件と加算的コミュニカティブ条件においてのみ，乳児はターゲット物体をノンターゲット物体よりも有意に長く注視していた。このように，ロボットに音声発話を付与することで，ロボットの視線が向けられていた物体に対する注意の持続が促進されたのである。

続くテストでは，注視テストにおいて，音声発話が量的に加算された加算的コミュニカティブ条件においてのみ，ノンターゲット物体に対する注視時間がターゲット物体よりも有意に長いことが示された。音声発話が加算されたことにより，ロボットの視線からターゲット物体に対する処理が促進され，その結果，テストでは新奇選好を示したと考えられる。しかし，物体選択テストに関しては，いずれの条件においても，ターゲット物体を選択するという影響はみられなかった。

以上の結果から，ロボットに音声発話を付与することで乳児のロボットに対する視線追従が促進され，さらに音声発話を加算的に付与することで，ターゲット物体に対する情報処理の促進効果がみられることが示された。また，音声発話の代わりに機械音を提示したとき（音条件）には効果がみられなかったことから，乳児の学習を促進したのは，単なる聴覚刺激による注意の覚醒ではなく，社会的な音声発話が重要であったと考えられる。これらの結果は，乳児が音声発話といったコミュニカティブな手がかりを付与されたロボットの視線を，物体学習に利用できることを示唆する。こうしたロボットからの学習のメカニズムとして2つの可能性が提起される。1つは，音声発話が付与されることにより，乳児はロボットに意図を付与するようになった可能性であり，もう一方は，ロボットの行為をコミュニカティブな行動と認識するようになったと

いう可能性である。詳細なメカニズムは今後検証していく必要があるが，本研究によって，音声発話といったコミュニカティブな手がかりをロボットに付与することは，ロボットからの学習を促進する効果を引き出すことが明らかにされた。今後，教師役のロボットの設計原理を考えるうえでも，これらの知見は１つの指針を与えるであろう。

5　新しい学習科学への展望

　乳幼児がロボットから情報を獲得し，学びうる可能性の検証は，まだ研究が少なく，新しい研究領域であるといえる。特に，ロボットと乳幼児のインタラクションやその関係性に関する研究は，近年教育やセラピーといった分野で注目を集めている。ロボット研究者らは，子どもの教育を豊かにするために社会的ロボットに関するプログラムを構築し，小学校や保育園のような教育環境にロボットを取り入れる試みを行っている（Kanda, Hirano, Eaton, & Ishiguro, 2004；Kanda, Sato, Saiwaki, & Ishiguro, 2007；Tanaka, Cicourel, & Movellan, 2007）。さらに，自閉症児はロボットと接触ができ，インタラクションを続けることが可能であるという知見からも（Werry, Dautenhahn, & Harwin, 2001），教育目的にロボットを導入することは，自閉症児が社会的学習へアクセスする契機をつくり出すという点で効果的であろう。

　また，板倉らが提唱している「ディベロップメンタル・サイバネティクス (developmental cybernetics)」という新しい研究領域は，子どもとヒト以外のエージェント（ロボット）のインタラクションや統合を検証していくことにより，子どもが他者に心を発見するメカニズムを特定し，学習に重要な要素である社会的インターフェースの特徴に関する理論的枠組みを見出そうとしている (Itakura, 2008；Itakura et al., 2008)。こうしたアプローチは，教育分野におけるロボットテクノロジーを介した新しい学習科学の創造につながるであろう (Meltzoff, Kuhl, Movellan, & Sejnowski, 2009)。複雑な環境から適切にそして効率

的に知識を獲得していく乳児の学習メカニズムを解明する試みは,学術的意義をもつだけでなく,発達初期における教育や育児といった社会的応用の側面にもつながるであろうと思われる。そのためにも,今後は,ロボットテクノロジーを含む学際的な協調により,多角的視点から乳児の学習メカニズムの解明に取り組むことが重要となってくるだろう。こうした研究は,乳幼児の学習メカニズムの解明に寄与する可能性があるだけでなく,乳幼児期における他者からの学習や,他者とのコミュニケーションを豊かにすることが期待される。

引用文献

Baldwin, D. A. (1995). Understanding the link between joint attention and language. In C. Moore, & P.J. Dunham (Eds.), *Joint attention : Its origins and role in development*. Hillsdale, NJ : Erlbaum, pp. 131-158.

Cargile, A. C., Giles, H., Ryan, E. B., & Bradac, J. J. (1994). Language attitudes as a social process : a conceptual model and new directions. *Language & Communication*, **14**, 211-236.

Carpenter, M., Akhtar, N., & Tomasello, M. (1998). Fourteen- through 18-month-old infants differentially imitate intentional and accidental actions. *Infant Behavior and Development*, **21**, 315-330.

Clément, F., Koenig, M., & Harris, P. (2004). The ontogenesis of trust. *Mind and Language*, **19**, 360-379.

Cooper, R. P. & Aslin, R. N. (1990). Preference for infant-directed speech in the first month after birth. *Child Development*, **61**, 1584-1595.

Corriveau, K., & Harris, P. L. (2009). Choosing your informant : weighing familiarity and recent accuracy. *Developmental Science*, **12**, 426-437.

Csibra, G., & Gergely, G. (2006). Social learning and social cognition : The case for pedagogy. In Y. Munakata & M.H. Johnson (Eds.), *Processes of change in brain and cognitive development : Attention and performance XXI*. Oxford, England : Oxford University Press, pp. 249-274.

Csibra, G., & Gergely, G. (2009). Natural pedagogy. *Trends in Cognitive Sciences*, **13**, 148-153.

Csibra, G., & Volein, Á. (2008). Infants can infer the presence of hidden objects from referential gaze information. *British Journal of Developmental Psychology*, **26**,

1-11.

Egyed K, Király I, & Gergely G. (2013). Communicating shared knowledge in infancy. *Psychological Science*, **24**, 1348-1353.

Farroni, T., Csibra, G., Simion, F., & Johnson, M. H. (2002). Eye contact detection in humans from birth. *Proceedings of the National Academy of Sciences of the United States of America*, **99**, 9602-9605.

Flom, R., Lee, K., & Muir, D. (2007). *Gaze-following : Its development and significance*. Mahwah, NJ : Lawrence Erlbaum Associates, Inc.

Galef, B. G. (1992). The question of animal culture. *Human Nature*, **3**, 157-178.

Giles, H., & Billings, A. C. (2004). Assessing language attitudes : speaker evaluation studies. In A. Davies & C. Elder (Eds.), *The handbook of applied linguistics*. Oxford, UK : Blackwell Publishing, pp. 187-209.

Gelman, S. A., Coley, J. D., Rosengren, K. S., Hartman, E., & Pappas, A. (1998). Beyond labeling : The role of maternal input in the acquisition of richly structured categories. *Monographs of the Society for Research in Child Development*, **63** (1, Serial No. 253).

Gopnik, A., Sobel, D. M., Schulz, L. E., & Glymour, C. (2001). Causal learning mechanisms in very young children : Two-, three-, and four-year-olds infer causal relations from patterns of variation and covariation. *Developmental Psychology*. **37**, 620-629.

Gopnik, A., Glymour, C., Sobel, D. M., Schulz, L. E., Kushnir, T., & Danks, D. (2004). A theory of causal learning in children : Causal maps and Bayes nets. *Psychological Review*, **111**, 3-32.

Gredebäck, G., Theuring, C., Hauf, P., & Kenward, B. (2008). The microstructure of infants' gaze as they view adult shifts in overt attention. *Infancy*, **13**, 533-543.

Harris, P. L. (2007). Trust. *Developmental Science*, **10**, 135-138.

Itakura, S. (2008). Development of mentalizing and communication : From viewpoint of developmental cybernetics and developmental cognitive neuroscience. *IEICE TRANS. COMMUN.*, **E91-B**, 2109-2117.

Itakura, S., Ishida, H., Kanda, T., Shimada, Y., Ishiguro, H., & Lee, K. (2008). How to build an intentional android : Infants' imitation of a robot's goal-directed actions. *Infancy*, **13**, 519-532.

Jaswal, V. K., & Neely, L. A. (2006). Adults don't always know best : preschoolers use past reliability over age when learning new words. *Psychological Science*, **17**, 757-758.

第3章 乳幼児における社会的学習

Kanda, T., Hirano, T., Eaton, D., & Ishiguro, H. (2004). Interactive robots as social partners and peer tutors for children : a field trial. *Human-Computer Interaction*, **19**, 61-84.

Kanda, T., Sato, R., Saiwaki, N., & Ishiguro, H. (2007). A two-month field trial in an elementary school for long-term human-robot interaction. *IEEE Transactions on Robotics*, **23**, 962-971, http://dx.doi.org/10.1109/TRO.2007.904904.

Kinzler, K.D., Dupoux, E., & Spelke, E.S. (2007). The native language of social cognition. *Proceedings of the National Academy of Sciences of the United States of America*, **104**, 12577-12580.

Kinzler, K. D., Shutts, K., DeJesus, J. & Spelke, E. S. (2009). Accent trumps race in guiding children's social preferences. *Social Cognition*, **27**, 623-634.

Koenig, M. A., Clément, F., & Harris, P. L. (2004). Trust in testimony : children's use of true and false statements. *Psychological Science*, **15**, 694-698.

Koenig, M. A., & Harris, P. L. (2005). Preschoolers mistrust ignorant and inaccurate speakers. *Child Development*, **76**, 1261-1277.

Kopp, F. & Lindenberger, U. (2011). Effects of joint attention on long-term memory in 9-month-old infants : an event-related potentials study. *Developmental Science*, **14**, 660-672.

Kuhl, P. K., Williams, K. A., Lacerda, F., Stevens, K. N., & Lindblom, B. (1992). Linguistic experience alters phonetic perception in infants by 6 months of age. *Science*, **255**, 606-608.

Labov, W. (2006). *The social stratification of English in New York City* (2nd ed.). New York : Cambridge University Press.

Mandel, D. R., Jusczyk, P. W., & Pisoni, D. B. (1995). Infants' recognition of the sound patterns of their own names. *Psychological Science*, **6**, 314-317.

Maye, J., Weiss, D. J., & Aslin, R. N. (2008). Statistical phonetic learning in infants : facilitation and feature generalization. *Developmental Science*, **11**, 122-134.

Maye, J., Werker, J. F., & Gerken, L. (2002). Infant sensitivity to distributional information can affect phonetic discrimination. *Cognition*, **82**, B101-B111.

Meltzoff, A. N. (1995). Understanding the intentions of others : re-enactment of intended acts by 18-month-old children. *Developmental Psychology*, **31**, 838-850.

Meltzoff, A. N., Kuhl, P. K., Movellan, J., & Sejnowski, T. J. (2009). Foundations for a new science of learning. *Science*, **325**, 284-288.

Meltzoff, A. N., & Moore, M. K. (1977). Imitation of facial and manual gestures by human neonates. *Science*, **198**, 75-78.

Moriguchi, Y., Kanda, T., Ishiguro, H. & Itakura, S. (2010). Children perseverate to a human's actions but not to a robot's actions. *Developmental Science*, **13**, 62-68.

麦谷綾子・林安紀子・桐谷滋 (2000). 養育環境にある方言への選好反応の発達——5-8ヵ月齢乳児を対象に 音声研究, **4**, 62-71.

O'Connell, L., Poulin-Dubois, D., Demke, T., & Guay, A. (2009). Can infants use a nonhuman agent's gaze direction to establish word-object relations? *Infancy*, **14**, 414-438.

Okumura, Y., Kanakogi, Y., Kanda, T., Ishiguro, H., & Itakura, S. (2013a). The power of human gaze on infant learning. *Cognition*, **128**, 127-133.

Okumura, Y., Kanakogi, Y., Kanda, T., Ishiguro, H., & Itakura, S. (2013b). Infants understand the referential nature of human gaze but not robot gaze. *Journal of Experimental Child Psychology*, **116**, 86-95.

Okumura, Y., Kanakogi, Y., Kanda, T., Ishiguro, H., & Itakura, S. (in press). Can infants use robot gaze for object learning? The effect of verbalization. *Interaction Studies*.

奥村優子・鹿子木康弘・竹内祥惠・板倉昭二 (印刷中). 12カ月児における方言話者に対する社会的選好 心理学研究

Parise, E., Reid, V. M., Stets, M., & Striano, T. (2008). Direct eye contact influences the neural processing of objects in 5-month-old infants. *Social Neuroscience*, **3**, 141-150.

Reid, V. M., & Striano, T. (2005). Adult gaze influences infant attention and object processing: Implications for cognitive neuroscience. *European Journal of Neuroscience*, **21**, 1763-1766.

Reid, V. M., Striano, T., Kaufman, J., & Johnson, M. H. (2004). Eye gaze cueing facilitates neural processing of objects in 4-month-old infants. *Neuroreport*, **15**, 2553-2555.

Saffran, J. R., Aslin, R. N., & Newport, E. L. (1996). Statistical learning by 8-month-old infants. *Science*, **274**, 1926-1928.

Senju, A., & Csibra, G. (2008). Gaze following in human infants depends on communicative signals. *Current Biology*, **18**, 668-671.

Shutts, K., Kinzler, K. D., McKee, C. B., & Spelke, E. S. (2009). Social information guides infants' selection of foods. *Journal of Cognition and Development*, **10**, 1-17.

Striano, T. & Stahl, D. (2005). Sensitivity to triadic attention in early infancy. *Developmental Science*, **8**, 333-343.

Tanaka, F., Cicourel, A., & Movellan, J. R. (2007). Socialization between toddlers and robots at an early childhood education center. *Proceedings of the National Academy of Sciences of the United States of America*, **104**, 17954-17958.

Theuring, C., Gredebäck, G., & Hauf, P. (2007). Object processing during a joint gaze following task. *European Journal of Developmental Psychology*, **4**, 65-79.

Tomasello, M. (1999). *The cultural origins of human cognition*. Cambridge, MA: Harvard University Press.

Tomasello, M., Kruger, A. C., & Ratner, H. H. (1993). Cultural learning. *Behavioral and Brain Sciences*, **16**, 495-552.

Topál, J., Gergely, G., Miklósi, Á., Erdohegyi, Á., & Csibra, G. (2008). Infants' perseverative search errors are induced by pragmatic misinterpretation. *Science*, **321**, 1831-1834.

Werry, I., Dautenhahn, K., & Harwin, W. (2001). Investigating a robot as a therapy partner for children with autism. In *Proceedings of the 6th European conference for the advancement of assistive technology*.

Woodward, A. L. (2003). Infants' developing understanding of the link between looker and object. *Developmental Science*, **6**, 297-311.

Wu, R., Gopnik, A., Richardson, D. C., & Kirkham, N. Z. (2011). Infants learn about objects from statistics and people. *Developmental Psychology*, **47**, 1220-1229.

Wu, R., & Kirkham, N. Z. (2010). No two cues are alike: Depth of learning during infancy is dependent on what orients attention. *Journal of Experimental Child Psychology*, **107**, 118-136.

Yoon, J. M. D., Johnson, M. H., & Csibra, G. (2008). Communication-induced memory biases in preverbal infants. *Proceedings of the National Academy of Sciences of the United States of America*, **105**, 13690-13695.

第4章
質問のやりとりというコミュニケーション

大神田麻子

1 言語的コミュニケーションの発達

　言語的コミュニケーションは，われわれヒトが他者とコミュニケーションをとる際に非常に重要な役割を担っている。ではわれわれはどのように言語的コミュニケーションを発達させていくのだろうか。ヒトはもっとも言語を使いこなしている動物といえるが生まれながらに自由に言語を扱えるわけではなく，周囲の人々から学習していく。周囲の人々とのコミュニケーションは言語獲得に大きく影響しており，たとえば生後6ヶ月の乳児はどの言語を母語としているかにかかわらず自分の母語に存在しない言語音（日本人乳児の場合，英語のR／Lなど）の区別が可能であるが，生後1歳頃までに母国語以外のこうした区別をしなくなることが報告されている (e.g., Kuhl, Stevens, Hayashi, Deguchi, Kiritani, & Iverson, 2006)。しかし興味深いことに，英語を母語とする9ヶ月児に中国語を母語とする大人が対面で話しかけるセッションを1ヶ月の間に12回経験させると，英語を母語とする大人に話しかけられた統制群の乳児と異なり，前者の群の乳児は中国語の言語音の区別が可能となることがわかった。またこうした効果は大人が対面で話しかけたときにのみ有効で，ビデオで呈示した場合には効果がみられなかった (Kuhl, Tsao, & Liu, 2003)。これらの結果から，乳児期の言語学習では特に他者と対面でやりとりをすることが重要であることが

うかがえる。

　乳児期には理解しているだけであった言語も，幼児期になると自分で使えるようになってくる。こうした言語的コミュニケーションは，相手との質問のやりとりによって成り立ちやすい。大人の場合はたとえばパーティで会った初対面の相手に出身地や出身大学，あるいは好きなスポーツについて聞くことで会話を盛り上げることができる。また，大人は子どもにも日常的に質問をする。たとえば親であれば今日子どもが保育園で誰と何をして遊んだか聞くだろうし，子どもに元気がなければ病気かどうか痛いところがあるのかどうか聞いて対処する。また，親でなくても，たとえば迷子の子どもに出会えば，保護者を探すために名前と年齢を聞くだろう。

　私たちは，子どもがいつ頃から相手の意図を汲み取って質問に答えることができるかについてさまざまな実験を行い，検討してきた。特に焦点を当てたのが，子どもが大人の質問にどのように回答するかであり，この回答から就学前期のそれぞれの年齢の子どもの言語的コミュニケーションの姿を明らかにしようとしてきた。これまでにわかってきたのは，2，3歳頃の子どもは，大人が聞く「はい」か「いいえ」で答える yes-no 質問（以下 YN 質問）に「うん」と答えてしまうということである（eg., Fritzley & Lee, 2003 ; Okanda & Itakura, 2007 ; 2008 ; 2010b)。この頃の子どもは「イヤイヤ期」にある場合も多く，あるお母さんなどは実験に来た際に，久々にわが子がうなずいた姿を見たと言い，そのことが印象に良く残っている。

　本題に入る前に，1つ考えてみたい。人間は，最初から「うん」と答えるのだろうか。そうではなく，実は「うん」よりも「ううん」のほうが順番でいえば先なのではないだろうか。「はい」や「いいえ」にはそれぞれ複数の意味があり，「いいえ」の場合は相手の質問の事実を否定する以外に，「イヤ」という否定も表現可能である。その際には「ううん」と答えたり首を振ったり，前言語期の乳児の場合は泣くという方法もあるだろう。たとえば乳児はおしめが濡れているときあるいはお腹が空いたときなど，何か不快なことがあれば泣くが，

第4章　質問のやりとりというコミュニケーション

しかし不快なことが何もなければニコニコしている。それは動物も同じである。わが家には2000年生まれで今年14歳になるオスネコがいる。このネコは比較的よく鳴く（つまり自己主張が強いのだと思う）個体なのだが，よく考えてみると，それはほとんど不満の「ニャー」である。14年も一緒に暮らしていると以心伝心でお互いなんとなく何を言っているのかわかるのであるが，だいたい「ニャー」というときは放っておいてほしいときに触られたとき，ネコバッグに入りたくないとき，抱っこされたくないとき，お皿が空っぽのときなどである。でも心地よいとき，満足しているときには特に何も言わない。強いていうならばゴロゴロと喉を鳴らすか目で満足していることを訴えているだけである。こうして考えてみると，特にそれが音声を伴う場合には顕著であるが，生物が最初に主張するのは否定のようである。しかし2歳になる少し前ぐらいから，つまり言語を話しはじめる時期になると，人間だけが「うん」と答えるようになるのではないだろうか。人にとって「うん」と答えることは，なにか特別な意味があるのかもしれない。こうしたことも含めて，本章では子どもが大人のYN質問にどのように答えるかについて検討してきたさまざまな研究を紹介し，人間の言語的コミュニケーションの発達について議論する。

2　肯定バイアスとは

（1）肯定バイアス研究のはじまり

　2,3歳頃の子どもが大人のYN質問に「うん」と答えてしまうことは上述した。こうした傾向をわれわれは肯定バイアス（yes bias）と呼んでいる。肯定バイアスに関する体系的な研究は2003年にカナダの研究者ヘザー・フリッツリーとカン・リーによって行われた（Fritzley & Lee, 2003）。この研究では，2歳から5歳の子どもに物の知識に関する「はい」「いいえ」で答える単純な質問を24問聞いている（以下，肯定バイアステスト）。そのうち半分の質問は子どもにとって身近な物（りんご，コップ，本）についての質問で，残りの半分は子ど

もにとってあまり身近でない物（調理道具の1つであるバスター，ヒューズ，プラスチックのコーヒーフィルター）についての質問であった。身近な物は子どもが名前と機能を知っており，身近でない物はそうではないことが予備実験によって確認されている。1つの対象物につき質問は4問で，そのうち半分が「はい」が正しい回答（コップについて「これは飲むときに使う？」），もう半分が「いいえ」が正しい回答（同じコップについて「これはからっぽ？」）であった。子どもの回答の偏りを「はい」と「いいえ」の回答の比率から割り出し，ゼロ（いかなる反応バイアスもない値）を基準に，ゼロよりも優位に得点が高い場合は肯定バイアス，逆の場合を否定バイアスが存在するとした。

彼女たちの研究では，さらに質問に無意味語を含んだ回答不可能質問条件（たとえば"red"の語順を入れ替えた"der"という無意味語を使って「Is this der?」と聞く）や，1週間後に同じ質問を繰り返し聞く遅延条件が設定された。その結果，2歳児はどの条件においてもほとんど一貫して強い肯定バイアスを示し，4，5歳児は回答不可能質問条件や遅延条件で「いいえ」と答えることが多い否定バイアスを示した。また3歳児の結果は条件によって異なるため発達移行期にあると考えられた。この結果から，就学前期を通して物の知識に関する質問に対する肯定バイアスは劇的に軽減されることが明らかとなった。

（2）文化差の研究

私たちはフリッツリーとリー（Fritzley & Lee, 2003）の実験1（通常質問，遅延条件なし）について日本とベトナムで追試し，こうした肯定バイアスが英語圏の子どもだけにみられるのか，あるいは他の国の子どもにも同様にみられるかどうか検討した（Okanda & Itakura, 2008）。日本では英語圏の先行研究の追試を行っても同じ結果が得られない場合もあり，これは，そうしたことの確認も含めて行った研究であった。その際に用いた質問はフリッツリーとリー（Fritzley & Lee, 2003）で用いられた対象物のうち，バスター（日本で入手できなかった）とヒューズを靴べらとパソコンのチップに変更し，さらに質問をベトナム語と日

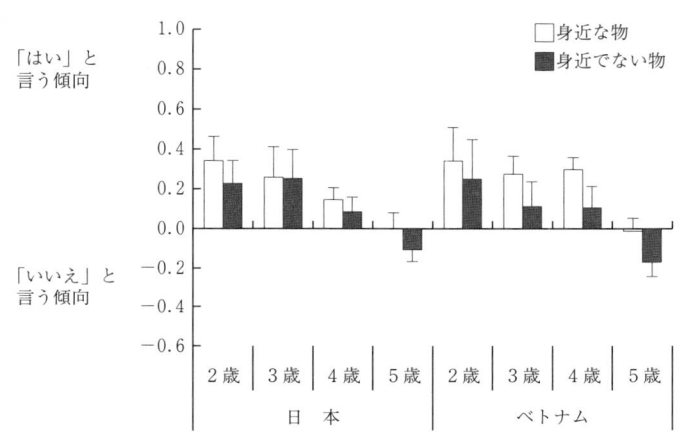

第4章　質問のやりとりというコミュニケーション

図4-1　日本とベトナムの子どもの反応バイアススコア
出所：Okanda & Itakura (2008) を和訳，改変。

本語に訳し改変を加えたものであった。フリッツリーとリー（Fritzley & Lee, 2003）では対象物が異なっても結果に差がないということが報告されていたため，本実験では先行研究とは異なる物を一部使用した。しかし日本とベトナムではまったく同じ対象物を用いた。また，それぞれの対象物がベトナムと日本の両方の子どもにとって身近あるいは身近でないことを確認した[1]。文化差研究を行う際には，それぞれの国で同じ実験場面を設定することが重要である。なぜなら異なる文化圏の子どもの成績などに差が見られたとしても，そもそも実験状況に大きな違いがあった場合には，実験状況の違いによって生じた差であるのか，あるいは文化的背景の違いにより生じた差であるのかわからなくなるためである。そのため私たちは2つの国で同じ対象物を使うだけでなく，まったく同じ手続きで実験も行った。ただし日本の場合は2歳頃の子どもは人見知りをする場合も多く保育園での実験が難しかったために，大学にある実験室に保護者とともに呼び，実験を行った。

その結果，日本とベトナムの子どもにおいても，カナダと同様に2歳頃には強い肯定バイアスがみられ，5歳頃になるとこうした傾向が減少することが確

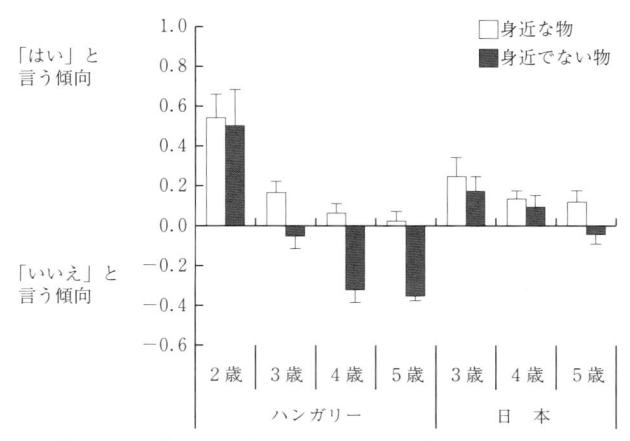

図4-2 日本とハンガリーの子どもの反応バイアススコア
注:ハンガリーの子どもは実験1で3～5歳児,実験2で2歳児が参加した。
日本の子どもの2歳のデータはこの研究では検討していない。
出所:Okanda et al. (2012) を和訳,改変。

認された(図4-1)。しかしカナダと異なり,これらアジアの国では3歳が発達の移行期ではないようで,3歳児,4歳児においても肯定バイアスがみられた(4歳児は身近な物に関する質問にのみその傾向を示した)。

さらに,私たちはハンガリーの子どもたちの反応バイアスについても検討を行った(Okanda, Somogyi, & Itakura, 2012)。大神田と板倉(Okanda & Itakura, 2008)と同じ対象物を用いて日本とハンガリーの2～5歳の子どもに肯定バイアステストを実施し,その結果を比較した(図4-2)。ハンガリーにおいても2歳児は身近な物と身近でない物の両方に強い肯定バイアスを示し,3歳児は身近な物に関する質問にのみ肯定バイアスを示した。一方,4歳以上の子どもには文化差がみられ,日本の子どもは身近な物に肯定バイアスを示したのに対してハンガリーでは身近でない物に否定バイアスを示した。

これらの結果から,肯定バイアスは少なくとも年少の子どもにおいてはどの文化においても一貫してみられるが,4歳以降になると「はい」か「いいえ」のどちらを答えるかという判断に文化差が生じはじめることがいえそうである。

次節以降では私たちがこれまで行ってきた研究について，主に2つの視点から紹介したい。1つは，子どもの反応バイアスのメカニズムを探ることを目的とした研究を元に，年齢ごとに異なる子どものコミュニケーションスタイルについて考察する。もう1つは，子どもの反応バイアスの文化差を明らかにした研究を元に，なぜ文化差が生じるようになるのかについて議論する。

3　なぜ「うん」と答えるのか

(1) 認知能力との関連の可能性

　私たちは肯定バイアスが生じる要因として，認知能力の発達に焦点を当てた。そこで冒頭の話に戻るのであるが，2～3歳頃の子どもにとって「はい」という反応は，「いいえ」に比べて優位，つまり言いやすい反応である可能性が高い。たとえば大人は素直に「うん」と頷く子どもは良い子だと感じてしまう。また，大人は2歳頃の子どもに対して「うん」と答えそうな質問をすることは多くても，敢えて「ううん」と答えさせることは稀である。たとえば夜遅くに眠そうな顔をしている子どもに対して「おなかすいた？」と聞くよりは「眠い？」と聞くだろうし，お腹が痛いと言っている子どもに「お菓子食べる？」と聞くことは少し空気の読めない質問である。つまり幼い子どもは日常生活において圧倒的に「うん」と答える経験のほうが多いはずである。子どもは質問をされるとなにか答えないといけないという思いから（Steffensen, 1978），とっさに「うん」と答えるのではないだろうか。言い換えると年少の子どもにとって「うん」は抑制しにくい反応である可能性が高い。さらに「うん」と答える場合はコミュニケーションが円滑に進むが，「ううん」と答えるとコミュニケーションがとまってしまう場合もあり，そのために子どもは「うん」と答えることを好むのかもしれない。これは特に質問の内容がよく理解できていないときに起こりやすいようである。その例を挙げると，京都大学の周囲にある保育園には，留学あるいは研究のために来日した両親に伴われて日本にやってき

た外国人の子どもたちが在籍している。実験は基本的にすべての園児に平等に行うため，ときどきこうした外国から来た子どもに質問をすることがある。こうした子どものうち何人かは，おそらく実験者である私の質問の意味がわからないためだと思われるのだが，「うん」とも「ううん」とも言わないで黙っている。しかし質問を繰り返し聞かれているうちに，おそるおそる頷く。すると私が次の質問をするので，ほっとしたように次から躊躇なく「うん」と答えるようになる。こうしたことは，たとえば早口の英語で外国人に話しかけられた私たち日本人が，あまり意味がわかっていない場合でもついつい「イエスイエス」と言ってしまう場合と似ているのかもしれない。こうした場合の「イエス」は相手に対して好意をもっていることの表れではないかと思う。また「ノー」と言ってしまうと，目の前の外国人が失望してしまうと思い，「イエス」と言うのではないだろうか。「イエス」は相手に何かしてあげたい気持ちの表れのように思う。

　こうした仮説とともに，私たちはいくつかの実験を行い，就学前児の肯定バイアスのメカニズムに迫ってきた。まず紹介するのは肯定バイアスとその他の認知能力，すなわち抑制機能，言語能力，心の理論との関連を調べた研究である。3，4歳児に24問のYN質問を聞く肯定バイアステスト，抑制機能を調べるカード分類課題（a Dimensional Card Sorting Task：e.g., Zelazo, Frye, & Rapus, 1996；詳しくは第5章参照），絵画語い発達検査（上野・撫尾・飯長，1991），および心の理論課題である位置変化課題（Wimmer & Perner, 1983）と内容変化課題（Perner, Leekam, & Wimmer, 1987）を与えた。すると反応バイアススコアは心の理論課題とは関係がみられなかったが，このスコアが高い（つまり肯定バイアスが強い）子どもほど，カード分類課題と絵画語い発達検査の成績が低いという結果が得られた。つまり私たちが予測したとおり，「はい」を抑制できない，あるいは質問を理解することが難しい場合に肯定バイアスは示されるようである。肯定バイアスは就学期を通して年齢とともに弱くなるが，抑制機能（e.g., Moriguchi, Lee, & Itakura, 2007；Okanda & Itakura, 2010b；Zelazo et al., 1996）や会話

理解能力（Siegal, Iozzi, & Surian, 2009 ; Siegal, Surian, Matsuo, Geraci, Iozzi, Okumura, & Itakura, 2010）も同じようにこの時期に飛躍的に発達する。そのことからも，年少児の肯定バイアスとこれら認知能力の関連は矛盾しない。

　つまり年少児は認知能力の未発達によりかなり自動的に肯定バイアスを示している可能性が高い。このことを明らかにするため，私たちは3歳から6歳児のYN質問に答えるまでの反応時間を計測した（Okanda & Itakura, 2011）。その結果，3歳児は5, 6歳児よりも反応バイアススコアが高く，より強い肯定バイアスをもっており，さらに6歳児に比べて統計的に有意に短い反応時間を示した。換言すると，年少の子どもは質問の内容を吟味して正しく答えようとするより，相手の質問にとりあえず「うん」と答えることを優先する（see also Steffensen, 1978）可能性が高いことが示唆された。

　言語能力と肯定バイアスの関連性については別の研究からも示唆されている。私たちはフランスに住む日仏バイリンガル児の反応バイアスについても検討を行った（Okanda & Itakura, 2010a）。実験はすべて日本語で行い，手続きは大神田と板倉（Okanda and Itakura, 2008）と同じで，異なる点はそれぞれの家庭に訪問して実験を行ったところであった。参加児は2歳から5歳で，すべての参加児の母親は日本人であり，さらに半数以上の子ども（参加児52名中30名）が国際結婚の家庭の子どもであった。私たちは肯定バイアステストに加えて絵画語い発達検査（上野ら，1991）も実施し，子どもの日本語の言語能力についても調べた。これは両親とも日本人なのか，あるいは父親がフランス人なのか，家庭では主にどちらの言語が使われているか，現地の学校あるいは日本人学校に通っているかどうかなど様々な要因によって子どもの日本語能力に差があるのではないかと考えたからである。久津木（2011）によるとバイリンガル児は必ずしもモノリンガル児と同じように語彙を獲得するわけではなく，また，片方の言語が日本語である場合，家庭における言語の入力はどちらか一方の言語に偏っていることが多いという。さらに彼女の研究ではバイリンガル児の育つ環境や言語の入力はかなり可変的であり，子どもの言語知識もこうした要因に

よって柔軟に変化すること，および親が子どもの言語知識にあわせて家庭で使用する言語を意識的に変えることもわかっている。大神田と板倉（Okanda & Itakura, 2010a）では参加児が家庭と学校で日本語とフランス語をどの程度使用しているかについて母親に質問紙で確認したところ，予測したとおり言語の入力環境にばらつきがみられた。

　この実験ではすべての年齢群で肯定バイアスがみられ，また日本語の言語能力は必ずしも生活年齢と相関していないようであったため，絵画語い発達検査の得点の高い群と低い群の反応バイアススコアを比較した。すると，絵画語い発達検査の得点の低い群の子どもは高い群の子どもよりも肯定バイアスが強いことがわかった。したがって肯定バイアスと言語能力との関連性はこの研究からも示唆できた。また，参加児は必ずしも日本語が優位ではなく，中にはsilent bilingual と呼ばれる日本語がわかっていてもフランス語でしか答えない子どももいた（silent bilingual については久津木，2011も参照してほしい）ため，参加児の日本語の能力は生活年齢が同じ日本語モノリンガル児よりは限定されていたケースも多かったと考えられる。先述したように，バイリンガル児も日本に住む外国人の子どもや不意に外国人に話しかけられた大人と同様に，状況的には相手と仲良くしたほうが良い場面で，しかし言語がよくわからない場合に，相手の質問に「うん」と答える，あるいは頷くことで相手と良い関係を築こうとしているのかもしれない。この知見は 2 歳前後の子どもが「イヤイヤ期」であっても肯定バイアステストには「うん」と答えることもうまく説明する。つまりイヤイヤ期は自己主張のために，特に親に対してなんでも「イヤ！」と言っていることが多いが，そのためかこうした「イヤ」は「自分でできる」ことを主張するような場面でよくみられるようである。しかし自分という存在を主張しなくてもいい場面，たとえばわれわれの実験のように自分の知識について問われている場合には，ついつい自動的に言ってしまう「うん」を抑制できない，あるいは相手と仲良くしようという気持ちもあって無意識のうちに「うん」と答える戦略をとっているのかもしれない。実際に 2 歳頃の子どもに「前

も会ったよね，覚えてる？」といったようなことを聞いた場合，ほとんどの子どもが「うん」と答えてくれる。年少児の肯定バイアスはかなり自動的なものであるが，だからといって何も考えていないわけではなく，そこには「良い子なんだよ」「話を聞いているよ」というコミュニケーションを維持したいという気持ちがあるのかもしれない。こうした点については今後検討していくべきである。

（2）肯定バイアスは誰に対してどのような状況で生じるのか

次に紹介するのは，誰に対し・どのような状況で・どのような質問に子どもが肯定バイアスを示すのかについて調べた研究である。誰に肯定バイアスを示すかの検討では，まず子どもにとってもっとも身近な大人である母親を質問者とした研究を紹介する（Okanda & Itakura, 2007 ; Okanda et al., 2012）。母親は自宅で子どもと2人きりのときに24問からなる肯定バイアステストを実施し，子どもの回答を記録するように求められた。ちなみにこのときに使用した質問の対象物は大神田と板倉（Okanda & Itakura, 2008）で使用した物とは少し異なったが，先述したとおり，対象物が異なる場合でも2歳児が同様に肯定バイアスを示すことが明らかにされているため（Fritzley & Lee, 2003），本実験でも異なる物を使用した。その際に，子どもが身近な物と身近でない物をそうと認識しているか確認するため，物の名前と機能を実験の最後に聞き，子どもが身近な物はよく知っているが，身近でない物はあまりよく知らないことを再確認した。

これらの実験では，2,3歳児は母親の質問に肯定バイアスを示し（Okanda & Itakura, 2007），4歳児は示さないことがわかった（Okanda et al., 2012）。また2歳児の肯定バイアススコアは3歳児よりも高く，2歳児がより強い肯定バイアスを示すことが明らかとなった（Okanda & Itakura, 2007）。この実験から年少児の肯定バイアスは見知らぬ実験者によって聞かれる質問，つまり実験状況においてのみ生じるのではなく，家庭内で母親に質問をされるというより日常的な状況でも生じることがわかった。換言すると，年少児の肯定バイアスは認知

能力に関連しているため，より一般的な状況においても生じるといえる。一方，年長児の結果はかなり興味深いものであった。日本ではこれまで見知らぬ大人が質問者である場合には肯定バイアスを示すことがしばしば発見されたが（Okanda & Itakura, 2008, 2010b；Okanda et al., 2012），身近な大人である母親が質問者である場合には肯定バイアスがみられなかった。それどころか身近でない物に関する質問には否定バイアスさえ示すということがわかった。これはどういうことを示しているのだろうか。4歳以上の子どもは社会的圧力を感じにくい場合には「いいえ」と答えることができるのではないだろうか。

　社会的圧力による年長児の肯定バイアスについてさらに検討するため，私たちは新たな質問者としてロボットを，さらに社会的圧力を感じにくい質問状況としてビデオによるインタビューを用いた研究を行った（Okanda, Kanda, Ishiguro, & Itakura, 2013）。ロボットは子どもにとってアニメや映画などですでに身近な存在になっており，見知らぬ大人よりも友だちのような存在であると考えられる。またビデオを用いたインタビューは，子どもの緊張などをほぐし，被暗示性を低くする効果があることが指摘されている（Goodman, Tobey, Batterman-Faunce, Orcutt, Thomas, Shapiro, & Sachsenmaier, 1998）。もし年少児の肯定バイアスが認知能力の未発達により自動的に生じるのであれば，質問者や質問状況にかかわらないはずである。また，もし日本の年長児の肯定バイアスが社会的・文化的な理由に影響を受けるものであるとすれば，年長児は社会的圧力をもっとも感じるだろう対面の大人には肯定バイアスを示すが，比較的友だちに近い存在のロボットやビデオの中の大人には示さないはずである。

　ビデオ条件で用いられた刺激は，ロボットあるいは人間の大人（女性）が対象物を1つずつ手にとり，質問をしている姿をビデオで撮影，編集したものであった。ロボットあるいは人間はまずまっすぐ正面を向き，子どもを見る。次に手にした対象物を探索し（ロボットの場合は頭を左右と下に動かした），また正面を向く。そして動きながら「これは食べるもの？」など4つの質問をした（図4-3）。子どもにその映像を呈示する際には，実験者ではなくビデオの中の

第4章 質問のやりとりというコミュニケーション

(a)

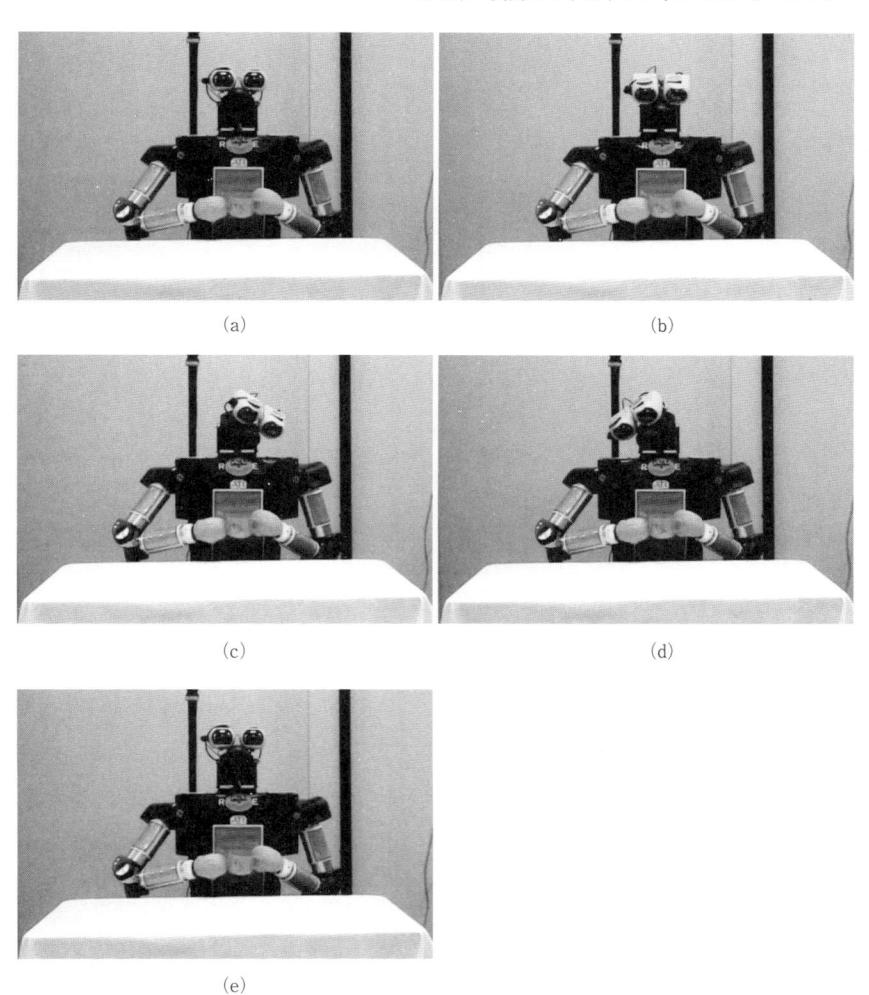

(b)

(c)

(d)

(e)

図4-3 ロボット質問者の様子

注：ロボットは1つの物につき4つの質問をする前に，対象物を手に持ち探索行動を示した。(a) ロボットはまず正面を向き子どもを見た。(b) 次に顔を下げて物を見た。(c) そして顔を左に動かし，(d) 右に動かした後に，(e) 正面を向き子どもを見た。

ロボットは Intelligent Robotics and Communication Laboratories (IRC), ATR によって開発されたロボビー。

出所：Okanda, et al. (2013) を和訳。

ロボットあるいは人間に「はい」か「いいえ」を答えるように教示した。さらに対面の大人が質問をする条件も加え，これら3つの条件における3，4歳児の反応バイアスを検討したところ，3歳児はすべての条件において肯定バイアスを示したが，4歳児は予測したとおり対面の大人の条件でのみ肯定バイアスを示した。さらに4歳児は対面の母親と同様に（Okanda et al., 2012），ビデオのロボット，ビデオの大人に対し，身近でない物に関する質問に否定バイアスを示した。総合すると，4歳以降，子どもは質問者が誰であるかによって反応傾向を変え，社会的圧力を感じない相手には比較的簡単に「いいえ」と言うことができるといえそうである。日本の年長児の肯定バイアスは，認知能力の発達が他の国の子どもに比べて遅いためではなく，質問者との社会的関係を考慮するなど文化的規範に起因するものではないだろうか。

（3）肯定バイアスはどのような質問に生じるのか

次に，子どもがどのような質問に肯定バイアスを示すかについて検討した研究を紹介する。これまでの研究では物の知識に関する質問が用いられてきたが，この理由の1つに，フリッツリーとリー（Fritzley & Lee, 2003）が主張しているように，就学前児を対象とした発達心理学研究では質問が頻繁に用いられており，中でも特にYN質問が多用されてきたことが挙げられる。しかし年少の子どもはYN質問など回答が限定された閉ざされた質問（closed question）に正しく答えられないことが指摘されているため（e.g., Peterson, Dowden, & Tobin, 1999；Siegel & Goldstein, 1969；Waterman, Blades, & Spencer, 2000, 2001a；Waterman, Blades, & Spencer, 2004），子どものYN質問に対する回答能力や発達過程を調べることは非常に重要である。また，発達心理学研究で用いられる質問の多くは，子どもの知識を確認する知識探索型の質問である。つまり，物の機能や特徴といった知識に関するYN質問に就学前の子どもがどう答えるかという研究は，発達心理学研究に必要不可欠なものである（詳しくはFritzley & Lee（2003）を参照のこと）。

一方，私たちのこれまでの研究からは，年少児が肯定バイアスを示す要因の1つに認知能力の未発達が浮かび上がってきた。もしそうであれば，年少児は質問者や状況にかかわらずに肯定バイアスを示したように，異なる種類の質問にも肯定バイアスを示すはずである。しかし認知能力の発達している年長児は，質問の内容を理解しているため，質問内容によって回答を変える可能性が高い。私たちは一歩進み，この問題を明らかにするため，従来の物の知識に関する質問に加えて新しい種類の質問に対する子どもの反応バイアスを検討することにした。物の知識に関する質問には必ず正答と誤答がある。しかし物に関する好き嫌いには正答はなく，子どもは主観的判断で好きに答えることができる。また，物の知識ではなく，より子どもに身近な質問の場合はどうだろうか。大人は普段めったに赤いりんごを見せて「これは緑？」と聞くことはない。しかし，身近なキャラクターなどの表情の場合はどうだろうか。たとえば母親が子どもに絵本を読み聞かせる場合，登場人物を指さし，その人物が嬉しいか悲しいか聞くことはよくあることのようである。そこで大神田と板倉（Okanda & Itakura, 2010b）では物の知識に関する質問に加え，物の好き嫌い（「これは好き？」「これは嫌い？」）と線描画の表情（たとえば笑っている顔を見せて「これは嬉しい？」「これは悲しい？」）に関するYN質問を用いた。すると3歳児はほとんどすべての質問に肯定バイアスを示したが，4歳以上の子どもは物の知識に関する質問以外には肯定バイアスを示さなかった。6歳児は表情に関する質問に否定バイアスを示す傾向をみせた。質問者や質問状況と同様に，年少児はいかなる質問にも肯定バイアスを示すが，4歳以上の子どもは質問内容が異なると異なる反応傾向を示すようである。このことは，4歳以上の子どもが質問の内容を理解し，正しく答えようとしていることの表れではないだろうか。その証拠に，6歳児が表情に関する質問に否定バイアスを示したのは，たとえば笑っている顔について「これは嬉しい？」と聞いた場合に「ううん，それは楽しい」と少しだけ訂正するようなものであった。

　この研究ではさらに，3歳児が肯定バイアスを示すのは質問の回答を知らな

いからか，それとも回答を知っているにもかかわらず，YN形式の質問には「うん」と答えてしまうのかを明らかにするため，子どもにたとえば赤いりんごと緑のりんごを呈示し，「どっちが赤い？」や「どっちが緑？」と聞き，言語反応あるいは指さしで回答を求めた。すると3歳児は物の機能や特徴，あるいは表情に関する知識をもっていることが確認され，年少児が質問の回答がわからないために肯定バイアスを示している可能性が排除された。この結果は肯定バイアスが質問内容に関する知識とは関係のない抑制機能や言語能力といった認知能力と関連しているという知見と矛盾しない。

またフリッツリーら（Fritzley, Lindsay, & Lee, 2013）は，知識探索型の質問であるが，人の動作に関する質問に対し，就学前児が肯定バイアスを示すか検討している。これらの質問は，ある物に対して典型的に行う行動（期待された行動）に関する質問（たとえば「わたしはコップから飲んだ？」）と，普通は行わない行動（期待されない行動）に関する質問（たとえば「わたしはりんごに座った？」）を聞くものであった。実験者がそれぞれ物に対して期待された行動，期待されない行動をとった後に，子どもに3つの質問を聞いた。1つ目は「はい」が正しい質問，2つ目は「いいえ」が正しい質問，3つ目は回答不可能な質問であった。回答不可能な質問は，たとえばボールについて「Did I twireno the ball?」と無意味語を混ぜて聞くものであった。これまでの研究と同様，2歳児は一貫して強い肯定バイアスを示し，年長児は回答不可能な質問や，1週間後にインタビューをされた場合にのみ否定バイアスを示した。

（4）反応バイアスと文化差

ここまで紹介してきた研究を総合すると，年少児は質問者，質問状況，質問内容にかかわらず，一貫して肯定バイアスを示すといえる。これはどの国の子どもでも同じようである。一方，おおむね4歳以上の子どもは，誰が質問者であるのか，どのような質問状況なのか，どういう質問をされるのかによって反応バイアスが異なるか，あるいは反応バイアスをまったくみせない。私たちは，

第4章　質問のやりとりというコミュニケーション

この年長児の回答のゆらぎが社会的，もっと言えば文化的な理由によって起こるのではないかと考えている。特に注目したのが，日本の4歳以上の子どもが見知らぬ大人にのみ肯定バイアスを示す点である。私たち日本人は普段，特に目上の人に向かってなかなか否定的な回答をすることはない。また同じ目上の人でも両親には反抗的な態度をとれるが，先生や先輩，会社の上司には，嘘でも「はい」と答えてしまうことがあるだろう。嘘には相手を欺くための嘘と，相手のためにつく白い嘘がある。白い嘘は就学前期の子どもにもみられ，たとえば望まなかったプレゼントをもらった場合でもそのプレゼントを好きと答えることが報告されている（Talwar & Lee, 2002；Talwar, Murphy, & Lee, 2007）。日本の年長児が肯定バイアスを示す背景には，明らかに事実と異なること（赤いりんごについて「これは緑？」と聞くなど）を聞く相手に対し，遠慮のほかにも思いやりや同調してあげようという気持ちが存在しているのかもしれない。その証拠に，年長児の中には，りんごのお尻を指さして「ここは緑」と答える子どももいるのである。相手のためにうそでも，あるいは相手になんとか合わせてあげようという日本人らしい思いやりなのだろうか。次節では，私たちが行ってきた比較研究を元に，コミュニケーションの文化差について議論したい。

4　なぜ文化差が生じるのか

（1）反応バイアスには文化差があるのか

　これまでの研究をまとめると，年長児の反応バイアスには文化差がある，といえそうである。また，3歳頃までの肯定バイアスはかなり自動的に生じるものであり，その要因は認知能力の未発達によるが，その後，4歳前後に自動的な肯定バイアスが消えるという質的変化が起こるという発達過程がみえてくる。
　文化差は，この質的変化が起こる時期から顕著に表れてくるようである。これまでの肯定バイアスに関する文化比較研究はすべて見知らぬ大人によるインタビューで，その質問はすべて物の知識に関するものであった。今後，他の条

件について他国でのさらなる研究が必要であるが，現時点でわかっている事実の中でも興味深いのは，上述したように日本の年長児が「はい」か「いいえ」のどちらを多く答えるかというと「はい」である点である。そして，それは見知らぬ大人が質問者である場合にのみみられる。しかしこの結果に違和感を覚える日本人は少ないだろう。それは私たち日本人は目上の親しくない相手に対しては遠慮してしまうことが想像できるからである。これまで私が行ってきた日本の研究で子どもに質問をした実験者は，定期的に幼稚園や保育園に通っているわけではなく，子どもにとってはほとんど初対面といっていい相手であった。そうした相手だからこそ，年長児は肯定バイアスを示すのではないだろうか。また同じ見知らぬ大人でも，研究によっては肯定バイアスがみられる場合（e.g., Okanda & Itakura, 2008；Okanda et al., 2012）とみられない場合（e.g., Okanda & Itakura, 2011）があるなど結果も混在している。子どもと実験者の関係が，たとえば初日の実験と何日か通った後の実験では少しだけ異なる場合もある。そうした小さな要因がこれら研究結果の不一致となっている可能性もある。

　相手の質問に「はい」と答えることは協調性や従順性が高いということであるだろう。イランの研究者メハラニは，協調性や従順性は相互協調的文化圏（e.g., Markus & Kitayama, 1998）ではかなり初期の時点で学習されることを指摘している（Mehrani, 2011）。実際に彼の研究ではイランの就学前児を対象に肯定文と否定文の物の知識に関する YN 質問をし，肯定文には「はい」，否定文には「いいえ」と答える追従バイアス（compliance bias）がみられたことが報告されている。日本も相互協調的文化圏に含まれるため，年長児が協調的や従順的にふるまっても不思議ではないだろう。一方，カナダやハンガリーでは，おそらく「いいえ」と答えることが日本よりも社会的に認められているため，見知らぬ大人が質問者であっても「いいえ」と答えることができる可能性が高い。文化の特徴と反応バイアスの関連性についてのより詳細な議論はフリッツリーら（Fritzley, Okanda, Itakura, & Lee, 2011）を参照されたい。

　言語的コミュニケーションは言語を使う以上は文化差が生じやすいものであ

ると考えられる。詳しくは大神田（2010）を参照してもらいたいが，英語，日本語，ハンガリー語，ベトナム語はそれぞれ異なる言語族に属しており，言葉の使い方も異なっている[2]。またこちらも詳しい議論はフリッツリーら（Fritzley et al., 2011）を参照してもらいたいが，たとえば必要な量の情報を伝えよ，偽の情報を与えるな，などといった4つの格率からなるグライスの格率（Grice, 1975）といった会話のルールが異なる文化圏では異なる可能性も指摘されているため（e.g., Clyne, 1991 ; Hymes, 1986），やはり質問のやりとりにおいてどういった回答が好まれるかには文化差があっても驚きはないだろう。私たちの研究で明らかになった重要な点は，文化差はさまざまな社会的認知能力が発達しはじめる4歳頃から少しずつみられるようになってくることである。こうした知見は，たとえば英語圏の発達心理学研究で用いられている課題のうち，言語質問を用いているものを日本で使用する場合に，聞き方など実験状況について工夫する際に役立つだろう。

（2）「はい」「いいえ」以外の回答

最後に，YN質問に答える方法は「はい」か「いいえ」だけではなく，その他の答え方もあり，そこにも文化差があることを述べたい。英語圏の子どもや大人は，一部の研究（e.g., Moston, 1987 ; 1990）を除き，回答がわからない質問やそもそも回答できないような質問に対してもなかなか「わからない」と答えないことが指摘されているうえに，「わからなければわからないと言ってもよい」という教示を与えても「わからない」という反応は増えないことが報告されている（e.g., Fritzley et al., 2013 ; Hughes & Grieve, 1980 ; Peterson & Grant, 2001 ; Pratt, 1990 ; Waterman et al., 2000, 2001a, 2004）。たとえばフリッツリーとリー（Fritzley & Lee, 2003）では実験1において半数の子どもに，実験2では無意味語を含んだ回答不可能質問条件も入れたため，すべての子どもに「わからなければわからないと言ってもよい」という教示を与えたが，カナダのほとんどの子どもはどの質問にも「わからない」と答えることはなかった。日本では母親

が質問者の場合には「わからない」反応が全体の6.8％ほどみられ，その他の研究では3％前後あるいはそれ以下の頻度でみられた。こうした結果はカナダの子どもよりは日本の子どものほうが自発的に「わからない」と答えやすいことを示唆していそうである。それはハンガリーの子どもにも同じであった。

　まだデータの収集がすべて終わっていないが，私たちは日本とハンガリーで無意味語を含んだ YN 質問と通常の YN 質問に子どもがどのような反応バイアスを示すかと，「わからなければわからないと言ってもよい」という教示が有効かどうかを調べる研究を現在行っている（Okanda & Somogyi, 2013；大神田, 2012）[3]。どちらの国でも2歳児は回答不可能な質問および回答可能な通常の質問に肯定バイアスを示した。また興味深いことに回答可能質問を聞かれた際に，見知らぬ大人には肯定バイアスを示しがちであった日本の年長児は，回答不可能質問にはハンガリーの子どもや先行研究のカナダの子ども（Fritzley & Lee, 2003）と同じく否定バイアスを示すことがわかった。さらに，日本でもハンガリーでも「わからなければわからないと言ってもよい」という教示は有効で，「わからない」反応は特に回答不可能質問で増加した。フリッツリーとリー（Fritzley & Lee, 2003）は欧米などでは自尊心や self-confidence を示す必要があるため，「わからない」と言うことで自分の無知を示すことは避けるが，遠慮や謙遜を重んじるアジアでは異なる結果が出るのではないかと述べていた。実際にこの予測は正しく，日本では質問がより難しくなった（今回では無意味語が含まれていたために質問の意味がわからなくなった）場合に「わからない」反応がみられ，「わからなければわからないと言ってもよい」という教示によってその反応は増加した。そして文化圏でいえば西洋に入るが，言語形態でいうと日本語と同じ膠着語に分類されるハンガリーにおいても「わからない」反応がみられた。また日本とハンガリーでは不確定さや曖昧さに耐性が高いといわれており（Hofstede 2010），このことからも「わからない」反応が多いという結果はこうした事実と相反しない。さらに，こうした傾向はそれぞれの国の大人の選好と一致していることがわかってきている。私たちは日本とハンガリーの大学

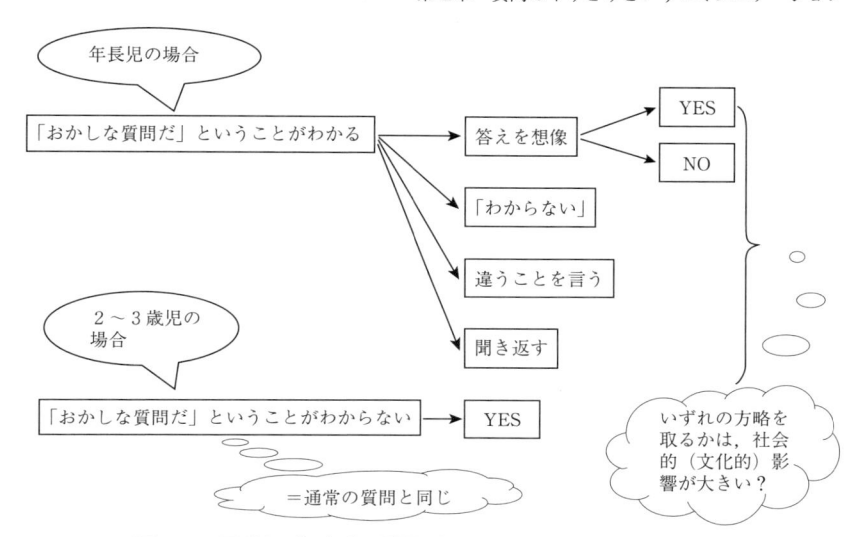

第4章 質問のやりとりというコミュニケーション

図4-4　子どもが無意味語質問を聞かれた際にどう答えるかの図式

（年長児の場合）
「おかしな質問だ」ということがわかる → 答えを想像 → YES / NO
　　　　　　　　　　　　　　　　　→ 「わからない」
　　　　　　　　　　　　　　　　　→ 違うことを言う
　　　　　　　　　　　　　　　　　→ 聞き返す

（2～3歳児の場合）
「おかしな質問だ」ということがわからない → YES
＝通常の質問と同じ

いずれの方略を取るかは，社会的（文化的）影響が大きい？

生を対象に，質問者が回答を知らない情報探索型の質問（たとえば「美術館へ行く道はこの道ですか？」），質問者は答えを知っているが相手の知識状態を確認するために聞く知識探索型の質問（たとえば「これはなにか知っている？」），および社会的状況における質問（たとえば「わたしの授業は好きかしら？」）に対し，回答者が「わからない」と答えた場合と「はい」あるいは「いいえ」と答えた場合の好ましさについて，質問紙評定を行った。すると日本とハンガリーの大人は知識探索型の質問には「わからない」と答えることを好むことがわかってきた。付け加えると，日本では情報探索型の質問についても「わからない」反応を好む傾向にあるが，ハンガリーではその反対の傾向がみられた。

こうした結果をふまえると，子どもは2，3歳頃にはどの文化においても肯定バイアスを示すが，4歳頃からそれぞれの文化圏の大人の態度を学ぶとともに，それぞれの文化において好まれるような会話をするようになると結論づけられそうである。子どもの回答不可能な YN 質問に対する回答のフローチャートを図4-4に示す。英語圏，特に北米では，学校などで先生が積極的

に「わからない」と言ってはいけないことを教育する。そのため，たとえ YN 質問の回答がわからない場合でも「はい」か「いいえ」を答えようとし，その傾向は子どもだけでなく大人にもみられる（Pratt, 1990 ; Waterman et al., 2001a）。しかし日本では「わからない」ということは謙虚さを示す態度であり，一種の美徳でもある。日本では，特に年長の子どもの中には無意味語の意味を知りたがる子どもが多く，また「あ，それは英語？ 英語はわからへんねん……」と言うなどとにかく一生懸命に質問に答えようとし，また「わからなければわからないと言ってもえーんよ」と言われた場合には，かなり安心したように「わからへん」と答える子どもも多かった。つまり日本では回答がわからない質問に対して自分で「はい」か「いいえ」を想像して答えるのではなく，自分なりに考えた結果，わからないものはやはりわからないと素直に言おうとする子どもが多いようである。

5　コミュニケーション研究の未来

　YN 質問に対して子どもがどう答えるかという問いはシンプルなようでいて，かなり奥が深い。これまで国内外でさまざまな研究が行われてきたが，まだまだその全容を明らかにするには至っていない。冒頭でも述べたが，たとえば「はい」や「いいえ」という言葉には多数の意味が含まれている。また，「わからない」という言葉にも多数の意味があるだろう。たとえば「わからない」には「あなたの質問がわからない」から「考えたくない」という拒否までさまざまな意味がこめられているはずである。これが日常生活の会話の一部であるならば，私たちは文脈の中から発話者の意図を推測することができる。しかしこれまでの反応バイアスに関連する研究では，私たちはこうした会話の文脈から切り離した質問を用いて，子どもの反応を記録し，分類し，年齢ごとになぜそうした反応をするのかについて分析してきた。そうすることで，子どもの言語コミュニケーションの発達とその他の認知能力の発達との関連が明らかになっ

第4章　質問のやりとりというコミュニケーション

てきたのであるが，より深く子どものコミュニケーション能力を明らかにするためには，今後は子どもの語用論的理解も含めて検討していくべきであるだろう。たとえば子どもがなぜ「はい」「いいえ」「わからない」と答えたのかについても研究を広げるなど (see also Waterman, Blades, & Spencer, 2001b)，質問者（大人）の意図と回答者（子ども）の意図がどの時期からどのように同じものになっていくかなどについて，今後，明らかにしていきたいものである。

注
(1) ただしベトナムではりんごは輸入食品であるために正確な名前を言えなかった子どもが少数いた。しかしフルーツであり食べるものであることは全員が理解していたため，身近な物として使用することに問題がないと判断した。
(2) ペルシャ語は英語と同じインド・ヨーロッパ語族に属するため，前述した追従バイアスについては文化と言語の要因についてさらなる検討が必要である。
(3) この研究は現在進行形の研究ではあるが，ほとんどの年齢群と条件群のデータの収集は終わっており，現在得られている結果はおそらく大きく変化することはないと思われる。

引用文献

Clyne, M. (1991). Culture and discourse structure. *Journal of Pragmatics*, **5**, 61-66.
Fritzley, V. H., & Lee, K. (2003). Do young children always say yes to yes-no question? A metadevelopmental study of the affirmation bias. *Child Development*, **74**, 1297-1313.
Fritzley, V. H., Lindsay, R. C. L., & Lee, K. (2013). Young children's response tendencies toward yes-no questions concerning actions. *Child Development*, **84**, 711-725.
Fritzley, V. H., Okanda, M., Itakura, S., & Lee, K. (2011). Children's responses to yes-no questions. In M. Siegal & L. Surian (Eds.), *Access to Language and Cognitive Development*. Oxford: Oxford University Press.
Fu, G., Lee, K., & Cameron, C. A. (2001). Chinese and Canadian adults' categorization and evaluation of lie- and truth-telling about prosocial and antisocial behaviors. *Journal of Cross-Cultural Psychology*, **32**, 740-747.
Goodman, G., Tobey, A., Batterman-Faunce, J., Orcutt, H., Thomas, S., Shapiro, C., et

al. (1998). Face-to-face confrontation : Effects of closed-circuit technology on children's eyewitness testimony and jurors' decisions. *Law and Human Behavior*, **22**, 165-203.

Grice, H. P. (1975). Logic and conversation. In P. Cole & J. J. Morgan (Eds.), *Syntax and semantics 3 : Speech acts*. New York : Academic Press, pp. 41-58.

Hofstede, G. (2010). Geert Hofstede cultural dimensions. Available at www.geert-hofstede.com/ Retrieved 4, September 2010

Hughes, M., & Grieve, R. (1980). On asking children bizarre questions. *First Language*, **1**, 149-160.

Hymes , D. H. (1986). Discourse : Scope without depth. *International Journal of the Sociology of Language*, **57**, 49-89.

Kuhl, P. K., Stevens, E., Hayashi, A., Deguchi, T., Kiritani, S., & Iverson, P. (2006). Infants show a facilitation effect for native language phonetic perception between 6 and 12 months. *Developmental Science*, **9**, F13-F21.

Kuhl, P. K., Tsao, F.-M., & Liu, H.-M. (2003). Foreign-language experience in infancy : Effects of short-term exposure and social interaction on phonetic learning. *Proceedings of the National Academy of Sciences*, **100**, 9096-9101.

久津木文（2011）．バイリンガル児の語彙量と言語環境の変化についての予備的検討　トークス，**14**，15-22．

Lee, K., Cameron, C. A., Xu, F., Fu, G., & Board, J. (1997). Chinese and Canadian children's evaluations of lying and truth telling : Similarities and differences in the context of pro- and antisocial behaviors. *Child Development*, **68**, 924-934.

Markus, H. R., & Kitayama, S. (1998). The cultural psychology of personality. *Journal of Cross-Cultural Psychology*, **29**, 63-87.

Mehrani, M. B. (2011). What is biased ? Children's strategies or the structure of yes/no questions ? *First Language*, **31**, 214-221.

Moriguchi, Y., Lee, K., & Itakura, S. (2007). Social transmission of disinhibition in young children. *Developmental Science*, **10**, 481-491.

Moston, S. (1987). The suggestibility of children in interview studies. *First Language*, **7**, 67-78.

Moston, S. (1990). How children interpret and respond to questions : Situational sources of suggestibility in eyewitness interviews. *Social Behaviour*, **5**, 155-167.

大神田麻子（2010）．就学前児における反応バイアスの発達的変化　心理学評論，**53**，545-561．

大神田麻子（2012）．日本の子どもは「はい／いいえ」質問に「分からない」と言う

のか？　日本発達心理学会第23回大会

Okanda, M., & Itakura, S. (2007). Do Japanese children say 'yes' to their mothers? A naturalistic study of response bias in parent-toddler conversations. *First Language*, **27**, 421-429.

Okanda, M., & Itakura, S. (2008). Children in Asian cultures say yes to yes-no questions: Common and cultural differences between Vietnamese and Japanese children. *International Journal of Behavioral Development*, **32**, 131-136.

Okanda, M., & Itakura, S. (2010a). Do bilingual children exhibit a yes bias to yes-no questions?: Relationship between children's yes bias and verbal ability. *International Journal of Bilingualism*, **14**, 1-9.

Okanda, M., & Itakura, S. (2010b). When do children exhibit a "yes" bias? *Child Development*, **81**, 568-580.

Okanda, M., & Itakura, S. (2011). Do young and old preschoolers exhibit response bias due to different mechanisms? Investigating children's response time. *Journal of Experimental Child Psychology*, **110**, 453-460.

Okanda, M., Kanda, T., Ishiguro, H., & Itakura, S. (2013). Three- and 4-year-old children's response tendencies to various interviewers. *Journal of Experimental Child Psychology*, **116**, 68-77.

Okanda, M., & Somogyi, E. (2013). *Do Japanese and Hungarian 3- to 5-year-olds exhibit response biases to incomprehensible yes-no questions?* Paper presented at the 2013 Budapest CEU Conference on Cognitive Development.

Okanda, M., Somogyi, E., & Itakura, S. (2012). Differences in response bias among younger and older preschoolers: Investigating Japanese and Hungarian preschoolers. *Journal of Cross-Cultural Psychology*, **43**, 1325-1338.

Perner, J., Leekam, S. R., & Wimmer, H. (1987). Three-year-olds' difficulty with false belief: the case for a conceptual deficit. *British journal of developmental psychology*, **5**, 125-137.

Peterson, C., Dowden, C., & Tobin, J. (1999). Interviewing preschoolers: Comparisons of yes/no and wh- questions. *Law and Human Behavior*, **23**, 539-555.

Peterson, C., & Grant, M. (2001). Forced-choice: Are forensic interviewers asking the right questions? *Canadian Journal of Behavioral Science*, **33**, 118-127.

Pratt, C. (1990). On asking children -and adults- bizarre questions. *First Language*, **10**, 167-175.

Siegal, M., Iozzi, L., & Surian, L. (2009). Bilingualism and conversational understanding in young children. *Cognition*, **110**, 115-122.

Siegal, M., Surian, L., Matsuo, A., Geraci, A., Iozzi, L., Okumura, Y., & Itakura, S. (2010). Bilingualism accentuates children's conversational understanding. *PLoS ONE*, **5**, e9004.

Siegel, L. S., & Goldstein, A. G. (1969). Conservation of number in young children: Recency versus relational response strategies. *Developmental Psychology*, **1**, 128-130.

Steffensen, M. S. (1978). Satisfying inquisitive adults: some simple methods of answering yes/no questions. *Journal of Child Language*, **5**, 221-236.

Talwar, V., & Lee, K. (2002). Emergence of white lie-telling in children between 3 and 7 years of age. *Merrill-Palmer Quarterly*, **48**, 160-181.

Talwar, V., Murphy, S. M., & Lee, K. (2007). White lie-telling in children for politeness purposes. *International Jounal of Behavioral Development*, **31**, 1-11.

上野一彦・撫尾知信・飯長喜一郎（1991）．PVT 絵画語い発達検査——1991年度修正版　日本文化科学社

Waterman, A. H., Blades, M., & Spencer, C. (2000). Do children try to answer nonsensical questions? *British Journal of Developmental Psychology*, **18**, 211-225.

Waterman, A. H., Blades, M., & Spencer, C. (2001a). Interviewing children and adults: The effect of question format on the tendency to speculate. *Applied Cognitive Psychology*, **15**, 521-531.

Waterman, A. H., Blades, M., & Spencer, C. (2001b). Is a jumper angrier than a tree? *Psychologist*, **14**, 474-477.

Waterman, A. H., Blades, M., & Spencer, C. (2004). Indicating when you do not know the answer: The effect of question format and interviewer knowledge on children's 'don't know' responses. *British Jounal of Developmental Psychology*, **22**, 335-348.

Wimmer, H., & Perner, J. (1983). Beliefs about beliefs: Representation and constraining function of wrong beliefs in young children's understanding of deception. *Cognition*, **13**, 103-128.

Zelazo, P. D., Frye, D., & Rapus, T. (1996). An age-related dissociation between knowing rules and using them. *Cognitive Development*, **11**, 37-63.

第5章
乳幼児期の自己制御と実行機能

森口佑介

ヒトが自己概念を形成するのは，2歳頃だとされる。鏡に映った像が，自分であると認識できるのだ。近年は，より原初的な自己認識は新生児においてもみられる可能性が示されているが，自己を表象し，対象として捉えるには生後数年かかるのは間違いない。自己を対象として捉えることができれば，コントロールすることもできるようになる。自己制御のはじまりである。近年の研究は，自己制御は幼児期に著しい変化を遂げ，この時期の自己制御能力は生涯を通じて影響を及ぼす可能性を示している。本章では，実行機能という概念に着目し，乳幼児期の自己制御の発達について論じていく。

1 実行機能

認知発達研究が20世紀前半から本格的にはじまったことは周知の通りである。とりわけ，子どもの論理的思考の発達を扱うピアジェの認知発達理論は，広く受け入れられた。しかしながら，20世紀中盤から後半にかけて，ピアジェの認知発達理論では説明できない知見が報告されるようになり，認知発達理論は再考を迫られることになった。当時は認知心理学や認知科学が勃興していた時代だったため，情報処理という視点から子どもを捉えようとする動きがでてきたのである。実行機能は，ピアジェ理論の後継理論ともいえる情報処理理論の中に位置づけられる（詳細は，森口（2014）を参照）。

（1）実行機能とは

　ごく簡単にいって，実行機能は，目標を達成するために行動を制御する能力である（森口，2012）。何の障害もない，目標に単純に到達できるような場合や習慣化された行動を選択する場合には実行機能は必要とされない。新しい問題を解決するとき，ミスが許されないとき，目標到達を阻害する要因があるとき，実行機能は必要とされる。実行機能の中心的要素として抑制機能が挙げられることも多いが，実行機能でもっとも重要なのは目標を保持し，その目標を到達するために行動を制御する点だということは強調しておきたい。

　実行機能は広範なプロセスを含む非常にあいまいな概念だと批判されることも多く，近年は実行機能をいくつかの下位要素に分類する試みが盛んである。下位要素としては，プランニング，抑制機能，切り替え，更新，注意柔軟性，等々があるが，異なった分野では異なった用語やモデルが使われるため，モデルが統一されることが望ましい。心理学の分野では，三宅ら（Miyake et al., 2000）のモデルが広く受け入れられている。このモデルでは抑制機能，切り替え，更新の３要素からなる。抑制機能とは，優位な行動や思考を抑制する能力である。切り替えとは，課題を柔軟に切り替える能力である。更新とは，ワーキングメモリに保持されている情報を監視し，更新する能力である。実行機能研究はこのモデルに基づいて進展してきたが，近年同じグループの分析で，共通実行機能要素，切り替え，更新のほうがよりよくデータを説明できることが示されており，「実行機能」という領域一般の能力を想定したほうがいいという考えもある（Miyake & Friedman, 2012）。

　発達心理学の分野においては，三宅ら（Miyake et al., 2000）のモデルが子どもや高齢者に適用可能か否かが検討されている。それらの結果を総合すると，おおむね児童期以降の子どもや高齢者には，三宅ら（Miyake et al., 2000）のモデルが適用可能であることが示されている（Lehto, Juujarvi, Kooistra, & Pulkkinen, 2003）。一方で，幼児では，このようなモデルをそのままあてはめることはできない。幼児を対象にした研究で同じ分析を実施した場合には，３つの要素に

分かれるというよりは，1つの「実行機能」を想定したほうがデータをよりよく説明できそうである（Wiebe, Espy, & Charak, 2008）。

（2）時間的側面

このような実行機能のモデルを構築する試みとは別に，実行機能の時間的側面に注目した研究も近年報告されている。それが，予測的制御（proactive control）と反応的制御（reactive control）の2つのモードについての研究である。予測的制御とは，課題解決に必要な情報を，認知的負荷がかかるイベントの前に，予測的に保持することを指す。一定の時間を要する目標志向的行動の実現に役割を果たすことが知られる（Braver, Paxton, Locke, & Barch, 2009）。たとえば，回転寿司に行ったとしよう。最近の回転寿司では，タッチパネルを使って注文することができるが，自分の注文した寿司がくる際に，ブザーで教えてくれる。ここでの目標は，注文したオニオンサーモンを取ることだとしよう。われわれは，自分のところのブザーが鳴った後にオニオンサーモンが流れてきたら目標を達成できる。ブザーが鳴らずにオニオンサーモンがきたら，それは自分が注文したオニオンサーモンではないので，そのオニオンサーモンを取る行動を抑制しなければならない。オニオンサーモンは人気商品だから仕方がない。ブザーが鳴ったら，われわれは，次にオニオンサーモンがくることを予想し，それを取得するための準備に入る。そこでかっぱ巻きがきたら，それもおいしそうだと思いつつ，それを取る行動を抑制し，次にくるオニオンサーモンのために準備しなければならない。そうしたら目標を達成できるだろう。この例でみられるように，われわれは，目標を設定すると，それに到達するために事前に準備をし，円滑に行動や思考の制御をできる。このような事前に準備をするタイプの認知過程が予測的制御なのである。成人は事前に準備ができる。

子どもはどうだろうか。ムナカタらのグループ（Chatham, Frank, & Munakata, 2009）は，子どもが不得手なのは，この事前の準備だと主張した。どう違うのかというと，成人が事前に予想するのに対し，子どもは場当たり的に対処する

ということだ。先ほどの寿司の例でいえば，成人は，ブザーを聞くとオニオンサーモンがすぐにくることを予測し，その予測のおかげで，かっぱ巻きに手を出したり，自分が注文していないオニオンサーモンに手を出したりすることはない。しかし，子どもは，オニオンサーモンがきた時点で，「そういえば，先ほどブザーなったかな」と考えるらしいのだ。つまり，事前に予測をできず，事態が進展した後に場当たり的に行動や思考を制御しようとするわけだ。成人とは順番が逆なのである。このような過程を反応的制御という。このことは，AX-CPT 課題で示されている。課題の構造は，回転寿司の例と同じである。この課題では，A，Bのいずれかの刺激が提示された後に，X，Yのいずれかの刺激が連続で提示される。たとえば，Aの次にXが出たり，Bの次にYが出たりする。参加者は，Aが出てきたあとにXが提示されれば（AXの場合は）ボタン1を押し，そうでないときにはボタン2を押すように教示される。当然，Aが出てきたときは次にXが提示されるかどうかを事前に準備をし，Bのときには準備する必要はない。予測される結果は，AYのときは，BXやBYよりもエラーが増え，反応時間も長くなるということだ。ムナカタら（Chatham, Frank, & Munakata, 2009）によると，8歳児はこのパタンを示したが，3歳児はこのパタンを示さなかった。3歳児は，どの場合もほとんど変わらなかった。つまり，8歳児はAが提示されたため事前に準備にはいり，そのためYに反応してしまうこともある。予測的に制御しようとしている。一方，3歳児は場当たり的なので，どの刺激でもエラーがかわらないのである。

2　実行機能の発達の脳内基盤

次に，実行機能の脳内基盤をみていこう。実行機能の脳内基盤は比較的知られており，前頭葉と頭頂葉を含めたネットワークとの関連が繰り返し指摘されている。ここでは前頭葉に絞って話を進めたい。伝統的に，神経心理学的な研究から，実行機能は前頭葉との関連が強いことが示されてきた。たとえば，

Wisconsin Card Sorting Test（WCST）では，参加者は，色・形・数などのルールに従って，カードを分類するように求められる。参加者は，実験者のフィードバック（「正解」か「不正解」）を手がかりとして，正しいルールを推測しなければならない。たとえば，色が正しいルールであるとき，カードを形で分類したら，実験者は「不正解」と告げ，色の標的のところにカードを分類したら，「正解」と告げるのである。実験の途中で，実験者はルールを頻繁に変える。色ルールから数ルールへ，数ルールから形ルールへと，実験の中で正しいルールが変わっていくのである。この課題では，主に切り替え能力が必要になるが，前頭葉損傷患者はこの課題が難しく，ルールを柔軟に切り替えることができない（Milner, 1963）。また，fMRI等の神経イメージング法を用いた研究から，健常な成人がこの課題においてルールを切り替えるとき，左右の下前頭領域（前頭前野の一部）を活動させていることが明らかになっている（Konishi et al., 1998）。

（1）構造的発達

　成人においては実行機能と前頭前野の一部の活動が関連していることは疑いない。それでは，このような関連は発達的にどのように変化していくのだろうか。まず，前頭葉の構造的発達についてみていこう。前頭前野は，他の脳領域と比べて，その構造の成熟に時間を要する領域の1つである。たとえば，シナプスは，発達早期に互いに結合した後，不要なものが除去されていくというプロセスを辿るが，前頭前野は視覚野などの感覚野に比べると数年程度時間を要する（Huttenlocher & Dabholkar, 1997）。また，近年のMRI研究からも，前頭前野の灰白質の成熟は他の脳領域と比べて，長期間を要することも示されている（Gogtay et al., 2004）。一方で，たとえば，ヒトの前頭前野のⅢ層にある樹状突起は，生後1年の間に著しい成長がみられることからも（Koenderink, Uylings, & Mrzljak, 1994），成熟自体は発達早期からはじまっていることが示唆される。まとめると，前頭前野は生後早期から青年期に至るまで長い期間をかけて成熟す

るといえよう。

(2) 機能的側面の発達

次に，前頭前野がいかに機能するかという，機能的側面の発達についてである。脳の機能的発達について，現在主に3つの考えが提唱されている。成熟説，スキル学習説，相互作用説である（Johnson, 2011）。ここでは成熟説と相互作用説を対比させてみていこう。成熟説は，その名の通り成熟を重視する考え方で，ある年齢になると前頭葉が機能するようになるという考え方である。この考えに立てば，実行機能の課題を与えた場合に，ある年齢までは前頭葉は活動することはなく，前頭葉が活動するようになってから課題の成績が向上することが予測される。脳の構造の発達がそのまま機能の発達だと考える研究者も多い。

もう1つの相互作用説は少々ややこしいので詳しく説明しよう。この考えは，脳の各領域がそれぞれ相互作用しながら発達していくという考えである。相互作用説によると，大脳皮質内のいくつかの脳領域においては，脳領域同士が相互作用し，競合することによって，機能がある領域に特化（専門化）していく。言い換えると，発達早期は，脳は比較的機能が特化しておらず，ある領域はいかなる情報に対しても活動していたのが，発達とともに特化していき，特定の情報に対してのみ活動するようになるのである。実行機能で考えると，実行機能には抑制機能や切り替えなどの下位要素があるが，年少の子どもの場合は，あまり専門化していないため，抑制機能の課題でも切り替えの課題でも，同じように前頭葉を全般的に活動させる。それが発達とともに，ある領域は抑制機能を，別の領域は切り替えを担うように特化していくのである。実行機能が発達とともにいくつかの要素に分かれていくという上記の研究結果と一致するようにも思える。

この点に関して，児童期以降を対象にした研究では，相互作用説が支持されている（Durston et al., 2006）。Go/Nogo課題を用いた研究では，ある刺激が出された場合，実験参加者はボタンを押し，別の刺激が出された場合は，ボタン

を押さないように求められる。実験参加者は9歳と11歳のときにこの課題を与えられたのだが，9歳時と比べて，11歳時においては下前頭領域の活動が強くなった。課題の成績とこの領域の活動に関連がみられたことから，この領域の活動が課題の成績の向上に関連していると考えられる。また，9歳時に比べて，11歳時において背側前頭前野を含めた他の脳領域の活動が弱まったことも示された。この結果は，同じ課題を与えられても，年少の子どもはより広範な脳領域を活動させ，年齢とともに局所的な活動に変化していくことを示している。

　ただし，幼児を対象にした研究では，成熟説と相互作用説のいずれがよりよく説明できるかは明らかではない。筆者らの研究グループは，WCSTと類似したDimensional Change Card Sort（DCCS）課題中の脳活動を計測した。この課題では，色・形などの2つの属性を含むカードを用いる（Zelazo, 2006）。たとえば，「赤いきつね」と「緑のたぬき」のカードを用意し，これをターゲットとする。参加児にこのターゲットとは色と形の組み合わせが異なる「赤いたぬき」と「緑のきつね」を提示し，それらを分類するように求める。第1段階では，2つの属性のうち1つのルール（たとえば，色）で分類させ，第2段階では，1つ目とは異なるルールで分類させる（たとえば，形）。大半の4，5歳児はこの課題に通過できるが，3歳児は第2段階でも，最初のルールでカードを分類してしまう。たとえば，第1段階で，色ルールを用いると，第2段階で形ルールを用いるべきときにも，色ルールを用いて分類してしまうのである。

　この課題を3歳と5歳に与え，近赤外分光法という乳幼児の脳機能計測に適した方法で前頭葉の活動を計測した（Moriguchi & Hiraki, 2009）。行動レベルでは，5歳児は課題に通過できたが，3歳児の半数が課題に通過できなかった。脳活動レベルでは，5歳児は左右の下前頭領域を活動させたのに対して，課題に通過できた3歳児は右の下前頭領域のみを活動させていた。課題に通過できなかった3歳児においては有意な前頭葉の活動がみられなかった。さらに，課題に通過できた3歳児を縦断的に追跡し，4歳になったときの脳活動を計測し

たところ，4歳児は左右の下前頭領域を活動させた。興味深いことに，3歳時点で課題に通過しなかった子どもは，4歳時点では課題に通過でき，左のみの下前頭領域を活動させた（Moriguchi & Hiraki, 2011）。これらの結果は，少なくともこの課題において，年少の子どもは狭い脳領域を活動させていたのに対して，年長の子どもは広範な領域を活動させたことを示している。つまり，相互作用説で想定されるような発達とともに特化するというパタンではない。もっとも，この研究では前頭葉の活動しか計測していないので，他の領域の活動を計測した場合には，相互作用説を支持する結果になる可能性もある。また，3歳から5歳にかけては前頭葉の広い領域が活動するようになり，それ以降の年齢ではまた局在化していくという逆U字の発達プロセスの可能性もある。今後はこれらの点を検討していく必要がある。

いずれの研究も，実行機能の発達と前頭葉の活動に関連があることを示唆している。しかしながら，前頭葉だけが実行機能に関わるわけではないし，まだまだ知見も少ないので，今後もさまざまな手段を用いて検討する必要があるだろう。

3 社会的世界における実行機能の発達

(1) 過剰すぎる社会性

筆者は，これまでの研究において，人間特有の社会的環境に適応するために，実行機能がいかに寄与するかという問題に関心をもってきた。この問題は，近年急速に関心が集まりつつある，社会的知性や社会脳の研究に大きな影響を受けている。ヒトの知性がいかに進化してきたのかという問いに対してはさまざまな議論があるが，20世紀末から，社会的知性仮説が注目されている（Whiten & Byrne, 1997）。ヒトは相対的に大きな脳をもっているが，社会的知性仮説によれば，それはヒトが同種のヒトとの間で社会的世界を構築している社会的動物であるからだという。言い換えると，同種であるヒトに対処するためには，モ

第5章 乳幼児期の自己制御と実行機能

ノに対処するよりも高次な知性が必要であるということである。当然，ヒトのみが社会的知性や社会集団を発達させているわけではないが，ヒトは，他の生物に比べて，高度な社会的知性をもち，社会的世界の中で生活しているのもまた事実である。これらのことを考慮して，筆者はヒト特有の社会的世界に実行機能は何らかの役割を果たしているのではないかと考えた。

それでは，どのような役割を果たしているのであろう。一言でいえば，筆者は過剰すぎる社会性を抑える役割を果たしているのではないかと考えている。過剰すぎる社会性などあるのかと思われるかもしれないが，近年の乳幼児研究が示してきたのは，まさにこのことである。乳幼児は，生後まもなく，生物らしい動きを好み，他者の行動に随伴的に反応し，顔に対する選択的な反応を示す（Johnson, Dziurawiec, Ellis, & Morton, 1991）。その後も早期から他者に対する感受性が発達し続けていくことには疑いがない。このように早期から他者という刺激そのものや他者の行動に敏感であることは，ヒトという種にとってはきわめて重要であるが，他者を過剰に信頼したり他者の行動に過剰に反応したりするとなると話は別である。そのような現象の1つに，過剰模倣や社会的感染と言われる現象がある。要は，他者の行動に強く影響を受けることである。

（2）他者と実行機能

筆者らは，DCCS を基に観察版 DCCS 課題を考案した（Moriguchi, Lee, & Itakura, 2007）。使用するのは，2つのルールをもつターゲット（「赤い家」「青いコップ」）と分類カード（「赤いコップ」「青い星」）である。この課題には，実験者と子ども，成人のモデルが参加する。この課題では，DCCS とは異なり，子どもは1つ目の属性を自分では使用しない。モデルがカードを分類する様子を観察するだけである。たとえば，子どもは，モデルが色ルールで分類する様子を観察する。観察後，子どもは観察したものとは異なった形ルールによってカードを分類するように教示される。この課題を，3，4，5歳児に与えたところ，ほとんどの3歳児が，モデルと同じルールでカードを分類してしまった。

たとえば，モデルが色ルールでカードを分類したのであれば，3歳児は，形ルールで分類するように教示されているにもかかわらず，色ルールでカードを分類してしまったのである。彼らは，DCCSにおいて自らが使用した最初の属性に固執してしまったのと同様に，他者の行動を観察すると，その行動を選択し続けてしまい，その傾向を抑止できなかった。一方，4，5歳児は正しくカードを分類することができた。モデルの行動からはあまり影響を受けなかったのである。

　しかし，これだけでは，子どもが他者に対して過剰に反応しているのかどうかは明らかではない。そこで筆者らは，ロボットを用いた実験を行った。使用したロボットは，目や手をもち，自律的に動くロボットである。この研究では，ロボット条件とヒト条件を直接比較した（Moriguchi, Kanda, Ishiguro, & Itakura, 2010）。ヒト条件では，子どもは，実験者がモデルにカードを渡し，モデルが1つのルール（たとえば，色）でカードを分類するビデオを観察した。ロボット条件では，子どもは，実験者がロボットにカードを渡し，ロボットが1つのルールでカードを分類する様子を観察した。この実験の結果，ヒト条件では，約半数の3歳児が，ヒトのモデルが使用したのと同じルールでカードを分類し続けた。一方，ロボット条件では，ほとんどの3歳児が正しくカードを分類することができた。つまり，3歳児は，ロボットが1つのルール（たとえば，色）でカードを分類する様子を見た後でも，正しく2つ目のルール（たとえば，形）でカードを分類することができたのである。どうやら，子どもはヒトの行動は過剰に真似するが，ロボットの行動は真似しないらしい。

（3）過剰模倣

　これらの実験結果をまとめると以下のようになる。まず，3歳児は，他者の行動を観察すると過剰にその行動を真似してしまうこと，ロボットの影響は受けないことが明らかになった。このような傾向は，筆者らの研究以外でも報告されている（Lyons, Young, & Keil, 2007）。年少の子どもは，他者の行動に過剰に

影響を受けるのである。そして、5歳頃までにはそのような影響はほとんど受けなくなることも明らかになった。これらの結果は、実行機能の発達によって、子どもは他者の行動を真似る傾向を制御できる可能性を示している。

　実は、前頭葉損傷患者でも類似した傾向がみられる。前頭葉損傷と実行機能不全が関連することについてはこれまで述べてきたとおりだが、前頭葉損傷と過剰な模倣傾向にも関連がある。レルミットら (Lhermitte, Pillon, & Serdaru, 1986) は、前頭葉損傷の患者が、他者の行動の真似を抑制できないことを報告した。その患者は、他者が口に手を当てたり、手を振ったりすると、その行動とまったく同じ行動を産出してしまう。下村・森 (Shimomura & Mori, 1998) は、前頭葉損傷患者と、アルツハイマー病患者を対象に同様の実験を行った。この研究では、検査者がまず患者に何も告げずに、VサインやOKサインをした。もしこの時点で患者が真似した場合は、検査者は患者に真似をしないように教示した。この時点で真似することをやめた場合と、教示してもやめることができない場合を区別して分析した。その結果統制群として参加した健常な成人、アルツハイマー病患者および前頭葉損傷患者ともに、何も告げられなかった場合には検査者の行動を模倣してしまったが、模倣しないように教示されたにもかかわらず模倣してしまったのは前頭葉損傷患者だけであった。これらの結果は、前頭葉と過剰な模倣傾向が関連していることを強く示唆している。

　過剰な社会性は、模倣傾向以外にもみられる。たとえば、トマセロ (Tomasello, 2009) によれば、乳児は生後早期においては、誰に対しても見境なく協力性を示すが、幼児期に至るまでに互恵性が見込めそうな他者に対してのみ協力的にふるまうようになるという。このような選別過程にはさまざまな要因が絡んでいると思われるが、実行機能が関与することによって、見境のない過剰な社会性が制御されるという可能性もありうる。ヒトが本質的に社会的な存在であるのは間違いないが、実行機能が関与することによって、より社会的世界にうまく適応できるようになるのではないかと筆者は推察している。

4 ふり遊びと実行機能の発達

　今後研究が増えると考えられるのが，実行機能とふり遊びの発達的関連についての研究である。ふり遊びは，ピアジェが象徴的機能の出現との関連を指摘することで関心を呼んだ。ふり遊びでは，木の棒を剣に見立て，自分を聖闘士星矢に見立てるように，あるものを，別の何かに見立てるという性質がある。描画や言語にみられるように，ふり遊びにも象徴的機能がある。ふり遊びは，2歳頃になると頻繁に観察されるようになるが，近年は心の理論や自閉症との関連で注目を集めている。

（1）理論的側面
　ふり遊びが，実行機能といかに関わるのだろうか。この問題は，ヴィゴツキーに遡ることができる（Vygotsky, 1967）。ヴィゴツキーにとって，遊びは，現実場面からの解放に役立つ。発達早期の子どもは，視覚的刺激に束縛されている。ところが，遊び，特にふり遊びでは外的対象が存在しないため，視覚ではなく認識や思考によって行動することを学ぶことにつながる。もちろん，棒が馬を意味し，ティッシュ箱が馬を意味しないように，視覚的な対象にある程度の影響を受けるものの，ヴィゴツキーはふり遊びにおける視覚的刺激から解放され，抽象的思考を発達させるという側面に注目した。このように現実の刺激から解放される中で，思考に柔軟性（切り替えと関連）が身につくというのである。もう1点，ふり遊びと実行機能（ヴィゴツキーの場合は自己制御だが）の関連について，役割遊びのような社会的ふり遊びに従事することで，社会的なルールに従うことの重要性を指摘している。ままごとなどの他者とともに取り組むふり遊びにおいては，自分が思うままに行動することはできない。たとえばお母さん役になる場合は，その役割に徹しなければならず，（本来の自分のように）わがままを言うことは許されない。このように，ふり遊びの中では自己

制御が鍛えられるのである。

　最近では，象徴的思考と認知的柔軟性という視点から両者の関連は語られている（Carlson & Zelazo, 2008）。この考えでは，象徴的思考は，問題解決における手際の良さや柔軟性によって特徴づけられる。ある問題を首尾よく解決するためには，その問題を複数の角度から表象し，糸口を探らねばならないのである。また，ヴィゴツキーの考えを進展させ，より具体的に実行機能とふり遊びの関連を論ずる向きもある。たとえば，ふり遊びの中でぬらりひょん役を演じる場合，ぬらりひょんならどのように考え，感じ，行動するかというように，ぬらりひょんの視点に立たねばならない。このとき，自分の視点とぬらりひょんの視点を柔軟に切り替えなければならない。また，バナナを電話に見立てるとき，実際のバナナに対する行動を抑制し，それを電話のように扱わなければならないだろう。このような柔軟性や行動の抑制が，実行機能における切り替えや抑制と共通するのではないかというのである。

　両者の関連についての実証的な知見はそれほど多くない。古典的な研究では，ふりをすることで，自己制御が高まることが示されてきた。たとえば，現在は"Hot"な側面（情動や報酬が関わる）の実行機能と言われることも多い満足の遅延課題では，子どもは目の前にお菓子などの報酬が置かれた状況で，実験者が部屋から出て行ったあと，報酬に対する衝動性を抑制しなければならない（満足を遅延させなければならない）。この課題で報酬としてマシュマロを使った場合に，子どもに対して，マシュマロが白い雲だと想像させると，そうしない場合よりも，子どもは満足を遅延させることができたという（Mischel & Baker, 1975）。

（2）空想の友だちと実行機能

　個人的に興味があるのが，空想の友だちと実行機能の関係である。空想の友だちとは，子どもにとっては名前があり，性格があり，視覚的な像がある，目に見えない友だちのことである。日本ではあまりなじみがない概念だが，欧米

では比較的一般的で，子どもは日常的に空想の友だちと遊び，寝食を共にする。以前学会で話したイギリス人の研究者によると，イギリスの保育園では多くの子どもが空想の友だちをもっており，園の先生は実際の子どもの倍の子どもの対応をしなければならないから大変だと言っていた。子どもは目に見えない友だちの席をとったり，食事を用意したりするのである。伝統的には目に見えない存在のことを空想の友だちだとしていたが，最近はぬいぐるみなどのように，人格を付与された物体も空想の友だちだとみなす傾向にある。たとえば，テディベアを抱え，話しかける子どもの姿は，しばしば見かけることである。空想の友だちの話をすると，解離性障害や統合失調症の兆候ではないかという人もいるが，最近の研究から，普通の子どもが行う，普通の現象であることが示されている（Taylor, 1999）。北米の研究から，おおよそ半分の幼児が空想の友だちをもっていることが示されており，内訳としては，目に見えないタイプとぬいぐるみタイプが半々といったところである。日本でもいくつか研究が実施されているが，空想の友だちをもつ子どもの割合自体は北米とそれほど変わらない。ところが，日本の場合，目に見えないタイプは少なく，ほとんどがぬいぐるみタイプである。全体の子どもの割合からすると，目に見えないタイプは１割程度で，残りはぬいぐるみタイプである（Moriguchi & Shinohara, 2012）。このような違いについて，目に見えない友だちという概念の有無や，保護者の関わり方の問題などが影響していると考えられるが，筆者は個人的には宗教観も重要ではないかと考えている。ただ，詳細については不明なのが現状である。

　空想の友だちはふり遊びの一種だと考えられている。子どもが実際には存在しない友だちがいるふりをしているためである。筆者としては，空想の友だちはたしかにふり遊びであるが，子どもが空想の友だちにリアリティを感じていると考えている。ここでのリアリティとは，実際にそこにいるかのような「気配」らしきものを感じることである。これでは実証的な検討はできないので，筆者は現実に他者に対するのと同じような行動を空想の友だちに示すことをもって，子どもがリアリティを感じていると定義している。ただ，子どもは空

想の友だちと遊んでいるところをなかなか調査中に見せてくれない。そこで，筆者らは，実験的に空想の友だちを扱うための手法を考案した。筆者らは，子どもの空想の友だちではなく，第三者のもつ空想の友だちに対して，子どもがどのように反応するかを検討している。この研究では，実験者が「ヒカル」という目に見えない友だちをもっていることを子どもに告げた（Moriguchi & Shinohara, 2012）。この目に見えないヒカルという対象に対して，子どもがどのようにふるまうかを調べた。具体的には，子どもが，実際の人間，普通のボール，ヒカルの三者に対して，生物学的な特徴（歩くか）や心理学的な特徴（怒るか）を帰属させるかを質問した。その結果，空想の友だちをもつ子どもも，もたない子どもも，実際の人間にはすべての特徴を帰属させ，ボールにはすべての特徴を帰属させなかった。これは先行研究通りである。ヒカルへの反応では，空想の友だちをもつ子どもは，ヒカルにも生物学的，心理学的特徴を帰属させたが，空想の友だちをもたない子どもは，そのような特徴を帰属させなかった。つまり，空想の友だちをもつ子どもは，実際の人間と同様に，ヒカルにも生物学的・心理学的な特徴を帰属させたのである。もっとも，これらの研究は子どもの言語反応に依存しているため，現在，言語指標に頼らない研究を進めているところである。

　少し話が逸れたが，ふり遊びと実行機能の関連について，空想の友だちをもつことと実行機能と関連するか否かが調べられている。現在出版されている論文は少ないが，この関連については興味深い結果が報告されている。まず，空想の友だちをもつ子どもは，全般的に抑制機能が高いという報告がある（Carlson & White, 2013）。これは前述のように，ふりをする子どもは，現実世界に対する抑制が必要であるという考えと一致するであろう。一方で，空想の友だちをもつ子どもは，実行機能が低いという報告もある。空想の友だち研究の大家であるテイラー（Taylor, M）博士らは，空想の友だちをもつ子どもは，そうでない子どもよりも，満足を遅延させることができなかったり，抑制機能の課題の成績が悪かったりすることを報告している。ここで重要なのが，空想の

友だちの質である。空想の友だちと一口に言っても，さまざまな種類が存在するらしい。テイラー博士の研究では，空想の友だちが自律性をもっていたのである（Taylor, Carlson, & Shawber, 2007）。多くの場合，空想の友だちは子どもが制御できる存在である。自分の言うことを聞き，自分の考えどおりに行動をする。ところが，テイラー博士の研究では，空想の友だちは，子どもが制御できる存在ではなかったようだ。空想の友だちは自律性をもち，自ら行動をするというのである。このような空想の友だちをもつ子どもにおいては，実行機能はむしろ低かったのである。この場合，実行機能が低い子どもにおいて，空想の友だちを制御できなかったと考えられるかもしれない。自律性をもつ空想の友だちとは少々奇異に感じられるかもしれないが，多くの作家が，小説を書いているときに登場人物は自律性をもち，作家の手を離れるという報告をしていることを考えると，それほど奇妙なことではないのかもしれない。

　これ以外にも，ふり遊びと実行機能の関連は検討されている。たとえば，ある対象が他のものに見立てられることを理解できる子どもは実行機能課題の成績が良いことが報告されている（Albertson & Shore, 2009）。また，ふり文脈にいざなうことによって，子どもの実行機能課題の成績が向上することも示されている（Carlson, Davis, & Leach, 2005）。さらに，ふり遊びをした後に実行機能課題を与えられた場合に，実行機能課題のみを与えられた場合よりも，課題の成績が向上することも報告されている。この場合，ふり遊びと実行機能には共通の認知・神経機構が存在し，ふり遊びをすることが一種のプライミングになった可能性が考えられる。2013年の Society for Research on Child Development においてふり遊びと実行機能の関連についてのシンポジウムが開かれていたことから，今後もこのような研究は増えていくと考えられる。

5　実行機能の訓練

　さて，実行機能の研究において現在もっともホットなトピックは，実行機能

の訓練である。これは，いわゆる英才教育のように，裕福な家庭の子どもが親の自己満足のために与えられる訓練というよりは，貧困層やある種の障害によって実行機能の発達に困難を抱える子どもたちへの応用や療育への寄与という意義があるのだ。実行機能の訓練がこれほどまで注目を集めるようになったのは，ここ数年で相次いで発表された，非常に衝撃的な2本の論文のためである。いずれの論文も共通して示しているのは，幼児期の実行機能や自己制御能力が，その後の人生における成功を左右しかねないという可能性である。とりわけ衝撃的だったのが，モフィットら (Moffitt et al., 2011) の研究である。この研究は，1000人の子どもを誕生から32歳まで縦断的に追跡し，3歳から11歳までの自己制御能力が，32歳になったときの，健康，財政，犯罪などの指標をいかに予測するかを調べた。この研究における子どもの自己制御能力は基本的に養育者や教師の評定によって測定されているので，妥当性には多少の疑問があることは記しておく。32歳になったときの指標は，血液検査などを用いた比較的科学的な指標である。この研究の結果，ごく簡単に言って，子ども時代の自己制御能力は，IQや子ども期の社会経済的地位などの変数を制御しても，32歳のときの健康状態，年収や職業などの財政状態，結婚などの社会状態，さらには犯罪確率までを見事なまでに予測したのである。あまりに結果が明確なので信じがたい思いではある。ちなみに，3歳から5歳までの早期の自己制御能力だけを取り出しても，効果量は下がるものの，十分に成人期の結果を予測することも記されている。

　また，この研究では同じ家庭で育てられた双子の研究も実施しており，自己制御能力の低い方の子どもは，高い方の子どもよりも，12歳の時点でより喫煙をしたり，学校の成績が悪かったりすることも示している。この結果をみると，子どものときにすべて決まっているかのように感じてしまうが，そうではない。この研究では，自己制御能力が子ども期から青年期の間に比較的高まった子どもでは，32歳時点での各指標の結果はよくなることも示されている。

　この研究では幼児期の指標が質問紙であったが，行動実験で測定された自己

制御能力が40年後の自己制御能力を予測するという研究も報告されている（Casey et al., 2011）。このような研究には統計的な問題や方法論の問題はあるだろうし，わが国ではこういう研究自体が受け入れられないかもしれない。しかしながら，さまざまな研究グループが一貫してこのような研究結果を報告していること，幼児期の実行機能や自己制御が学童期の学業成績を予測することなどを考慮すると，このような結果を無視していいはずがない。残念ながらこのような研究はわが国ではほとんど知られておらず，研究を実施するグループも存在しない。本気でこのような研究結果を受け止めなければならないだろう。

　幸いなことに，自己制御や実行機能は，IQなどと比べて比較的介入がしやすいことが知られている。そのため，現在幼児期の実行機能に介入する試みがさまざまになされているのである。最近では，幼児教育学者のモンテッソーリが提唱した教育方法（モンテッソーリ教育）が実行機能の発達に効果があることが示されている。モンテッソーリ教育は，子どもを中心に据えた幼児教育の方法であり，特に子どもの自発的な活動を重要視する。具体的には，縦割りクラスなどの特徴がある。リラードら（Lillard & Else-Quest, 2006）は，このモンテッソーリ教育を施した子どもと別の方法を施した子どもを比べた際に，前者の方が実行機能課題を含む複数の課題において成績が高いことを示した。ただし，実行機能以外の心の理論課題などの成績も向上したことから，どのような要因に影響を与えているかは不明である。また，ヴィゴツキーの理論に基づいた訓練も抑制機能の発達に効果があることが示されている。ヴィゴツキーは，上述のようなふり遊びと実行機能の関係だけではなく，社会や文化が子どもの認知発達に及ぼす影響を強調し，対人間の交流によって自己制御が促進されると主張した。具体的には，他者との交流の中で，子どもが注意や記憶を補助するための外的装置の利用方法を教えられたり，自己制御のための独り言の使用を教えられたりすることなどをさす。ダイアモンドら（Diamond et al., 2007）は，これらに焦点をあてたカリキュラム（Tools of the Mind）が，幼児の実行機能課題

の成績を向上させることを示している。ただし，この結果は必ずしも追試されていない。それ以外にも，子どもの内省を促すトレーニングも提唱されている。子どもが実行機能の課題でミスをするたびに，どのように間違ったかを内省させ，実験者が補助をすることによって訓練するものである（Espinet, Anderson, & Zelazo, 2012）。この訓練をしたところ，課題の成績のみならず，脳活動にも変化がみられた。これらの方法は，長期的な評価はまだなされていないものの，少なくとも短期的には幼児の実行機能を向上させることができる。今後は長期的に続けられる評価方法を開発するべきだと考えられる。

6　実行機能研究の今後に向けて

　以上のように，筆者が関心をもっている点を中心に実行機能の発達研究を紹介してきた。もちろん，これ以外にもさまざまな重要な研究がある。たとえば，本書では詳しく紹介できなかったが，近年は乳児の実行機能研究も着手されているし，自閉症などを含めた発達障害において実行機能がどのような役割を果たすかについても議論されている。発達障害については，かつて実行機能は自閉症や注意欠陥多動性症候群などにおける中心的な問題だと考えられていたが，近年はある種の媒介変数になっている可能性が指摘されている。ジョンソン（Johnson, 2012）は，実行機能は前頭前野と関連しており，前頭前野はさまざまな脳領域との連結をもつために，実行機能が障害を補償している可能性を示唆している。つまり，別の脳領域の欠損が発達障害の中心的な問題であるが，実行機能や前頭前野が十分に機能していれば，さまざまな脳領域と結合しているため，脳内回路を再編成することでその障害を補うことができる。しかしながら，ある脳領域が欠損しており，しかも実行機能にも障害がある場合，そのような補償が果たせず，障害が顕在化するのではないかというのである。この仮説には十分な根拠はないものの，実行機能がさまざまな障害と関連している一方で，中心的な問題ともいえない現状をうまく説明するかもしれない。いずれ

にしても，今後の研究に期待したいところである。

引用文献

Albertson, K., & Shore, C. (2009). Holding in mind conflicting information : Pretending, working memory, and executive control. *Journal of Cognition and Development*, **9** (4), 390-410.

Braver, T. S., Paxton, J. L., Locke, H. S., & Barch, D. M. (2009). Flexible neural mechanisms of cognitive control within human prefrontal cortex. *Proceedings of the National Academy of Sciences*, **106** (18), 7351-7356.

Carlson, S. M., Davis, A. C., & Leach, J. G. (2005). Less is more — Executive function and symbolic representation in preschool children. *Psychological Science*, **16** (8), 609-616.

Carlson, S. M., & White, R. E. (2013). Executive function, pretend play, and imagination. In M. Taylor (Ed.), *The Oxford handbook of the development of imagination*. New York : Oxford University Press, pp. 161-174.

Carlson, S. M., & Zelazo, P. (2008). Symbolic thought. *Encyclopedia of Infant and Early Childhood Development*, **3**, 288-297.

Casey, B., Somerville, L. H., Gotlib, I. H., Ayduk, O., Franklin, N. T., Askren, M. K., Jonides, J., Berman, M. G., Wilson, N. L., Teslovich, T., Glover, G., Zayas, V., Mischel, W., & Shoda, Y. (2011). Behavioral and neural correlates of delay of gratification 40 years later. *Proceedings of the National Academy of Sciences*, **108** (36), 14998-15003.

Chatham, C. H., Frank, M. J., & Munakata, Y. (2009). Pupillometric and behavioral markers of a developmental shift in the temporal dynamics of cognitive control. *Proceedings of the National Academy of Sciences*, **106** (14), 5529-5533.

Diamond, A., Barnett, W. S., Thomas, J., & Munro, S. (2007). The early years — Preschool program improves cognitive control. *Science*, **318** (5855), 1387-1388.

Durston, S., Davidson, M. C., Tottenham, N., Galvan, A., Spicer, J., Fossella, J. A., & Casey, B. J. (2006). A shift from diffuse to focal cortical activity with development. *Developmental Science*, **9** (1), 1-8.

Espinet, S. D., Anderson, J. E., & Zelazo, P. D. (2012). N2 amplitude as a neural marker of executive function in young children : an ERP study of children who switch versus perseverate on the dimensional change card sort. *Developmental Cognitive Neuroscience*, **2**, S49-S58.

Gogtay, N., Giedd, J. N., Lusk, L., Hayashi, K. M., Greenstein, D., Vaituzis, A. C., Nugent, T. F., Herman, D. H., Clasen, L. S., Toga, A. W., Rapoport, J. L., Thompson, P. M. (2004). Dynamic mapping of human cortical development during childhood through early adulthood. *Proceedings of the National Academy of Sciences of the United States of America*, **101** (21), 8174-8179.

Huttenlocher, P. R., & Dabholkar, A. S. (1997). Regional differences in synaptogenesis in human cerebral cortex. *Journal of Comparative Neurology*, **387** (2), 167-178.

Johnson, M. H. (2011). Interactive specialization: a domain-general framework for human functional brain development? *Developmental Cognitive Neuroscience*, **1** (1), 7-21.

Johnson, M. H. (2012). Executive function and developmental disorders: the flip side of the coin. *Trends in Cognitive Sciences*, **16** (9), 454-457.

Johnson, M. H., Dziurawiec, S., Ellis, H., & Morton, J. (1991). Newborns' preferential tracking of face-like stimuli and its subsequent decline. *Cognition*, **40** (1), 1-19.

Koenderink, M., Uylings, H., & Mrzljak, L. (1994). Postnatal maturation of the layer III pyramidal neurons in the human prefrontal cortex: a quantitative Golgi analysis. *Brain Research*, **653** (1), 173-182.

Konishi, S., Nakajima, K., Uchida, I., Kameyama, M., Nakahara, K., Sekihara, K., & Miyashita, Y. (1998). Transient activation of inferior prefrontal cortex during cognitive set shifting. *Nature Neuroscience*, **1** (1), 80-84.

Lehto, J. E., Juujarvi, P., Kooistra, L., & Pulkkinen, L. (2003). Dimensions of executive functioning: Evidence from children. *British Journal of Developmental Psychology*, **21**, 59-80.

Lhermitte, F., Pillon, B., & Serdaru, M. (1986). Human autonomy and the frontal lobes. Part I: Imitation and utilization behavior: A neuropsychological study of 75 patients. *Annals of Neurology*, **19** (4), 326-334.

Lillard, A., & Else-Quest, N. (2006). The Early Years: Evaluating Montessori. *Science*, **313** (5795), 1893-1894.

Lyons, D. E., Young, A. G., & Keil, F. C. (2007). The hidden structure of overimitation. *Proceedings of the National Academy of Sciences*, **104** (50), 19751-19756.

Milner, B. (1963). Effects of different brain lesions on card sorting: The role of the frontal lobes. *Archives of Neurology*, **9** (1), 90.

Mischel, W., & Baker, N. (1975). Cognitive appraisals and transformations in delay behavior. *Journal of Personality and Social Psychology*, **31** (2), 254.

Miyake, A., & Friedman, N. P. (2012). The Nature and Organization of Individual

Differences in Executive Functions: Four General Conclusions. *Current Directions in Psychological Science*, **21** (1), 8-14.

Miyake, A., Friedman, N. P., Emerson, M. J., Witzki, A. H., Howerter, A., & Wager, T. D. (2000). The unity and diversity of executive functions and their contributions to complex "frontal lobe" tasks: A latent variable analysis. *Cognitive Psychology*, **41** (1), 49-100.

Moffitt, T. E., Arseneault, L., Belsky, D., Dickson, N., Hancox, R. J., Harrington, H., Houts, R., Poulton. R., Roberts. B. W., Sears. M. R., Tomson. W. M., Caspi. A., & Ross, S. (2011). A gradient of childhood self-control predicts health, wealth, and public safety. *Proceedings of the National Academy of Sciences*, **108** (7), 2693-2698.

森口佑介（2012）．わたしを律するわたし——子どもの抑制機能の発達　京都大学学術出版会

森口佑介（2014）．おさなごころを科学する　新曜社

Moriguchi, Y., & Hiraki, K. (2009). Neural origin of cognitive shifting in young children. *Proceedings of the National Academy of Sciences*, **106** (14), 6017-6021.

Moriguchi, Y., & Hiraki, K. (2011). Longitudinal development of prefrontal function during early childhood. *Developmental Cognitive Neuroscience*, **1** (2), 153-162.

Moriguchi, Y., Kanda, T., Ishiguro, H., & Itakura, S. (2010). Children perseverate to a human's actions but not to a robot's actions. *Developmental Science*, **13** (1), 62-68.

Moriguchi, Y., Lee, K., & Itakura, S. (2007). Social transmission of disinhibition in young children. *Developmental Science*, **10** (4), 481-491.

Moriguchi, Y., & Shinohara, I. (2012). My Neighbor: Children's Perception of Agency in Interaction with an Imaginary Agent. *PLoS ONE*, **7** (9), e44463.

Shimomura, T., & Mori, E. (1998). Obstinate imitation behaviour in differentiation of frontotemporal dementia from Alzheimer's disease. *The Lancet*, **352** (9128), 623-624.

Taylor, M. (1999). *Imaginary companions and the children who create them*: Oxford University Press.

Taylor, M., Carlson, S. M., & Shawber, A. B. (2007). *Autonomy and control in children's interactions with imaginary companions.* Paper presented at the PROCEEDINGS-BRITISH ACADEMY.

Tomasello, M. (2009). *Why we cooperate* (Vol. 206): MIT press Cambridge.

Vygotsky, L. S. (1967). Play and its role in the mental development of the child. *Journal of Russian and East European Psychology*, **5** (3), 6-18.

Whiten, A., & Byrne, R. W. (1997). *Machiavellian intelligence II: Extensions and evaluations* (Vol. 2): Cambridge University Press.

Wiebe, S. A., Espy, K. A., & Charak, D. (2008). Using confirmatory factor analysis to understand executive control in preschool children: I. Latent structure. *Developmental Psychology*, **44** (2), 575-587.

Zelazo, P. D. (2006). The Dimensional Change Card Sort (DCCS): a method of assessing executive function in children. *Nature Protocols*, **1** (1), 297-301.

第6章
成人による乳児の身体と心への注目
――乳幼児との相互作用を支えるものとは――

篠原郁子

1 魅惑する乳児

（1）乳児の身体的特徴

　私たちは，なぜ乳児を乳児だとわかるのだろうか。なぜ，という問いは難解すぎるかもしれないが，私たちは乳児と大人を簡単に見分けることができる。この区別を可能にしている理由の1つに，乳児の身体は大人の身体とまるで違うということが挙げられるだろう。無論，乳児は大人よりも身体がうんと小さいが，違いは単純な大きさだけではない。

　まず，乳児と大人はプロポーション，すなわち身長に占める頭部や胴，手足の割合が異なっている。乳児や幼児は頭部の割合が大きく，0歳で4頭身，2歳でも5頭身である。これに対し，成人は8頭身となる（ポルトマン，1961）。成人にも個人差はあるだろうが，ともかく乳幼児は頭が大きい。さらに，ローレンツ（Lorenz, 1943）はヒト以外の動物も含めて広く幼体と成体の比較を行い，幼体の身体が全体的に丸く，手足が太いことなどを挙げ，幼体に独特の身体的特徴を乳児図式と呼んでいる。乳児図式の中でも特に，幼体がもつ顔の特徴は興味深い。幼体の顔は丸く，目が大きく，頬と額が膨らんでいて，目，鼻，口は顔の下寄りに集まって配置されている。ローレンツは，こうした乳児図式が成体の関心を引きつけ，養育に対する動機を高めるような働きをもっているの

ではないかと論じている。確かに，多くの成人はヒト乳児だけなく，ウサギの赤ちゃんや子犬を見ても「かわいい」と感じてしまうだろうし，ちょっと触ってみようかな，という気にもなるだろう。

　乳児図式には，養育されることを必要としている幼体に成体を惹きつけ，必要な世話を引き出す巧みな効果があるというローレンツの説は，その提唱から長い月日を経た現在，再び注目を集めている。近年になって，乳児の顔がもつ効果を実証した研究が相次いで報告されているのである。まず，そもそも乳児の顔は，成人の顔よりも，本当に成人の視覚的注意を引きつけやすいのだろうか。ブロッシュら（Brosh et al., 2007）は，成人男女に，乳児の顔刺激と成人の顔刺激を対呈示し，ドットプローブ課題によってどちらの顔刺激が成人の注意を捕捉する効果を強くもつのかを検討している。ドットプローブ課題では，画面の左右に対呈示された2つの顔が消失した後，画面の左右どちらかに小さなドットが一瞬，呈示される。実験参加者は，ドットが右側に呈示されたのか，左側に呈示されたのか，できるだけ速やかに，また，正確に，キーボードのボタンを押すことで回答することが求められる。この課題において，仮に画面右側に乳児顔が，左側に成人顔が示されたとしよう。もし，実験参加者の注意が，成人顔よりも乳児顔の方に惹きつけられ，画面右側に視線を走らせているならば，顔刺激が消えた後にドットが画面の右側に出る試行において，ドットが呈示されてからボタンを押すまでの反応時間は短くなると予想される。逆に，ドットが画面左側に出ると，そちらには視覚的注意を向けていなかったために，ドットの検出が遅れてボタン押しの反応時間は長くなると推測される。こうした実験パラダイムにより，成人顔と乳児顔による成人の注意捕捉効果が検討された結果，確かに成人の注意は乳児顔に引きつけられやすいことが見出されたのである。ブロッシュらの結果は，実験参加者の左視野に乳児顔が呈示された場合，という限定的な結果ではあるのだが，これはローレンツが示した乳児図式の機能について初の実証的知見として注目されている。

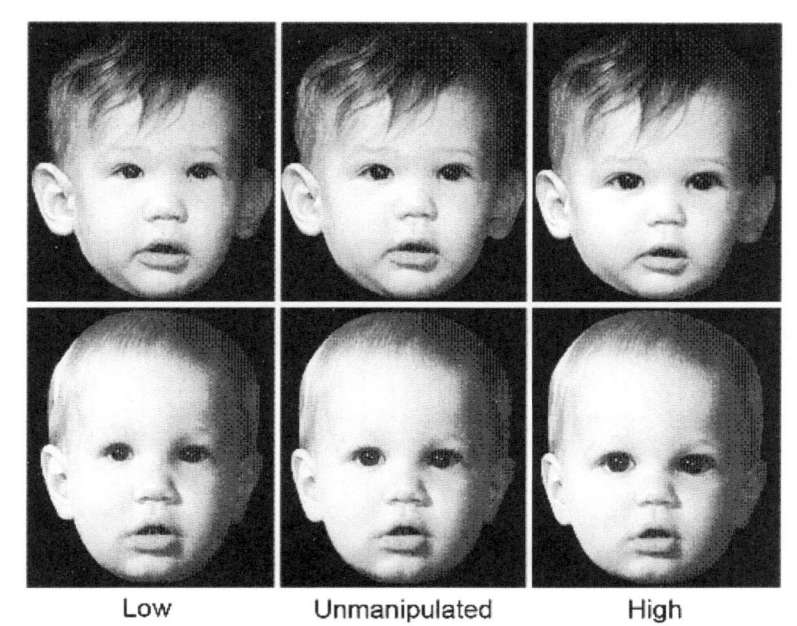

第❻章　成人による乳児の身体と心への注目

Low　　　　Unmanipulated　　　　High
図6-1　乳児図式について修正を加えた写真刺激の例
出所：Glocker, Labgleben, Rubarel, Loughead, Valdez, Griffin & Gur (2009) より引用。

（2）乳児の顔を見る大人

　乳児図式の対成人効果に関しては，より詳細な検討も進んでいる。その中で，乳児の顔刺激を加工して，「乳児らしさ」を強調したり，減少させたりした画像を使った実験も実施されている。たとえば，本来の乳児の自然な顔画像（図6-1の中央列）を加工して瞳を大きくし，鼻や口を小さくし，顔に占める額の長さを拡大する（目や鼻の顔全体における位置が下方に寄る）と，乳児図式を強調した顔刺激になる（図6-1の右列）。反対に，瞳を小さく，鼻と口を大きくして，額を狭くするといった加工をすると乳児らしさが減少する（図6-1の左列）。グロッカーら（Glocker, Langleben, Ruparel, Loughead, Gur & Sacher, 2009）は，成人を対象に，こうした加工によって乳児図式を増減させた乳児顔刺激を呈示し，「かわいいと思う程度」と「世話をしたいと思う程度」を評定させている。

153

その結果，乳児図式を強調した刺激は，未加工の元々の顔刺激よりも「かわいい」「世話をしたい」という評価を得ることが見出されたのである。一方，乳児図式を減少させた刺激は，未加工の元々の顔刺激よりも，かわいさや，養育の動機について低い評価しか与えられなかった。さらにグロッカーら（Glocker, Langleben, Ruparel, Laughead, Valdez, Griffin, Sachser & Gur, 2009）は，乳児図式の特徴を強くもつ写真を見ることと，脳の報酬系の活動の関連も見出している。他にも，こういった乳児顔の加工刺激を用いた複数の研究からは，乳児らしさを強調した刺激の方が一貫して「かわいい」と評価されることが報告されている（Sprengelmeyer et al., 2009）。さらに，顔刺激の呈示時間を実験参加者自身が操作をすることで，顔刺激を見る時間を調整できるようにすると，成人の実験参加者は乳児図式を強くもつ顔刺激や，「かわいい」と評価される顔刺激をより長く見ようとすることも示されており（Parsons et al., 2011；Sprengelmeyer et al., 2013），乳児図式は成人の注視や肯定的感情を喚起するものと考えられている。

　これら一連の知見から，乳児図式という身体的特徴は，確かに成人の注意を捕捉し，かわいさを知覚させ，養育動機を高める効果をもつことが示唆される。乳児図式が成人に対してこのような効果をもつことは，乳児にとって，きわめて有利であると思われる。特にヒト乳児の場合，誕生時の身体能力は未熟であり，自分の力で移動することはおろか，姿勢を保持する能力も十分ではない。栄養摂取や体温保持も自力ではままならないために，消化機能の発達にあわせた食べ物を与え，体毛の消失した皮膚表面からの体温消失を防ぐために身体を暖かく保ってくれる養育者の存在なくして，乳児の生存と発達はありえない（ヒト乳児の特徴については，竹下，2009などを参照のこと）。したがって，乳児図式，特に乳児の顔という刺激が，われわれ成人の視覚的注意を引きつけることは，養育されることを必要としている幼い命を維持することを支える機序になっていると考えられるのである。

（3）乳児の心を覗く大人

　前節では，乳児図式という乳児の身体的特徴が，われわれの視覚的注意を引きつけ，肯定的感情を引き出す効果を実証する複数の実験結果を紹介した。一方，乳児と大人のやりとり場面を観察した研究からは，もう1つの興味深い指摘がされている。われわれ大人は，乳児の身体のみならず，身体の内側にある心の状態にまで視線を注ぐという特徴である。たとえば，乳児がガラガラを落として視線を床に向けていると，大人は「とってほしいの？」と声をかけるだろう。物言わぬ乳児の視線に触れると，大人はそこに意図を感じとってしまう。筆者は以前，玄関先で母親に抱かれた乳児が右手を軽く上げた動作に対して，「あらー，上手にバイバイしてくれたのね。また会おうね，バイバイ」とにこやかに話しかける祖母の様子を見たことがある。乳児の右手の動きに，実際にバイバイの意図があったのか，正直なところそれは筆者にはわからない。けれども，祖母が乳児の行為を解釈し，バイバイという発話でその解釈を表現したことは，乳児の動きに随伴した返事のように聞こえたし，何より祖母の発話によって乳児が別れ際の社会的やりとりの中に正当に，一人前の参加者として位置づけられたようにみえた。

　乳児の行為を見たときに，大人がその行為の内側に乳児の感情や，意図や欲求をさまざまに読み込んで解釈をする様子は，旧来，多くの発達心理学者によって指摘をされてきた。トレヴァーセン（Trevarthen, 1988）は，乳児の行為に意味を与える「意味の管理人」としての大人のこうしたふるまいを印象的に描き，アダムソン（Adamson, 1995/1999）は乳児の行為は大人の解釈によって「有意味性（meaningfulness）」をもつと述べている。ブルーナー（Bruner, 1983）もまた，乳児自身が言葉を使って自分の意図や欲求を伝えるようになるずっと前から，乳児の行為を解釈した大人が乳児の心を言語化して通訳する様子を指摘している。さらに，アダムソンら（Adamson et al., 1987）やレツニク（Reznick, 1999）は，大人に乳児のさまざまな行動をビデオで呈示して，その行為が意図や意味をもって産出されたものだと思うかどうかを評定させている。その結果，

大人たちは乳児の多くの行為を，意味のある，そして乳児自身の意図をともなって産出されたと評価するバイアスをもっていることが見出された。また，幼い乳児の前言語的な発声を刺激として呈示する実験からも，大人たちは，何かを伝えようとするコミュニケーション意図を伴った音声であると解釈しやすいことが明らかにされている（Beaumont & Bloom, 1993）。このように，大人は乳児の行動や発声にふれるとそこに意図や意味を見つけてしまう，つまりある意味では，乳児の心の中を覗き込んでしまうという特徴があると考えられるのである。

2　乳児と大人の相互作用

（1）養育と発達

　ここまで，大人は乳児の身体に注意を引きつけられ，さらに乳児の心の中までを覗き込んでしまうという特徴をもつことを示してきた。前者についての研究は主に視覚的注意のメカニズムや進化心理学の領域において近年精力的に進められており，後者は主に，発達心理学や親子臨床の領域における観察研究をベースに進展してきた。研究の背景はそれぞれ異なるが，共通して意識されているのは，成人がもっている乳児に対する反応の癖が，乳児の養育や発達にどのように貢献するのかという問いである。たとえば，乳児図式が成人の視覚的注意の捕捉効果をもつという現象は，環境内にある多種多様な刺激の中で大人の関心を乳児に引きつけ，養育行動の実践の基盤となることで乳児の生存に有利に働くと予想されるため，適応価が高いと考察されるのである（Brosh et al., 2009）。

　ここで，乳児にとって養育されることの意味について考えてみたい。特にヒト乳児にとって，成人から養育されることは，生命の維持，成長という点で第一に重要である。しかし，それと同時に，人間社会の中で生きていくための社会性を発達させていくうえでも必要不可欠のものといえる。たとえばマターナ

ルデプリヴェーション（母性的養育の剥奪，ただし母親にかぎらず，養育者との関係性の剥奪を指す）の問題として指摘されるように，乳幼児の心身の健やかな発達にとって，身体的ケアや栄養の付与だけでは不十分である。それらとあわせて，社会的やりとりの経験，特に，養育者との社会的関係の形成がことに重要なのである。ボウルビィは，発達早期に形成される乳児と養育者の絆（アタッチメント）には，一生涯に亘る心身の健康を支える機能があると唱え，子どもが養育者との間にしっかりと関係を形成することの必要性と重要性を繰り返し説いている。アタッチメントとは，狭義では，子どもが何か不快や不安を感じたときに，養育者に抱き上げてもらうなど，特定の対象との身体的近接を通して，安心感を回復・維持することを指す。そして広い意味では，日常的にこうした経験を繰り返すことを通して，養育者との間に形成する情緒的絆のことを指す（Bowlby, 1969/1982）。子どもがアタッチメントを築くには，子どもの不安や不快を解消してくれる大人の存在，特に，大人の具体的な子どもへの関わりが必要となってくるのである。

　さらに，乳児は養育者をはじめとする他者とのやりとりの中で，自己と他者という存在を学び，自己と他者の間で交わされる意図や情動に出会う。乳幼児期に子どもが経験する対人関係は，自己理解や他者理解の発達を支え促す場として，同時に子どもの自己理解能力や他者理解能力が発揮される場として，きわめて重要なものである。中でも乳児にとって，社会的やりとりを重ねてくれる養育者，成人の存在，そしてその成人の具体的な関わり方の特徴が，大きな影響力をもっていると考えられる（Fonagy et al., 2007）。

　このように，乳児の心理社会的発達という点から考えると，子どもへの養育として，特に，社会的相互作用の実践，その内容までを視野にいれた研究の重要性は高いと考えられるだろう。そこで次に，乳児の社会性の発達を支えるような相互作用という観点に基づき，上述したような，大人による乳児の身体と心への注目という特徴がどのような役割をもっているのかを考えてみたい。

（2）乳児の心への注目と子どもの発達

　まず，大人は乳児の行為を目にすると，つい，乳児の意図や欲求といった心の状態を感じとってしまうことを先述したが，こうした大人の特徴は，乳児との日頃のやりとりを促進したり，また，乳児の社会的発達にも貢献するものとして注目されている。たとえば，マインズ（Meins, 1997）は，幼い乳児のことを「心をもった一人の存在」として捉える傾向を mind-mindedness（心を気遣う傾向；MM）と呼んでいる。そして MM を高くもつ母親は，実際の乳児との相互作用場面において，乳児に対して敏感で応答的な行動を示すことが多いことを明らかにしている（Meins, et al., 2001）。また，篠原（2006；2013）は，子どもが生後6ヶ月時に MM を高くもつ母親は，親子自由遊び場面において，子どもに話しかけたり玩具を示したりといった関わりを示すことが多いことを見出している。

　このように，母親が乳児の心の状態に目を向けることは，乳児への直接的な関わり方と関連しているが，さらに，子どもの社会的発達に促進的効果をもつ様相も明らかにされている。先述のマインズらは，生後6ヶ月時に MM を測定した母親とその子どもの縦断調査を行っており，その結果，MM を高くもつ母親の子どもは，生後12ヶ月時に安定型のアタッチメントをもつことが見出された。ちなみに，子どもが親に向けるアタッチメントは，大きく安定型と不安定型に分類される（Ainsworth et al., 1978）。安定型の子どもは，アタッチメント欲求，すなわち不安や不快を感じた際に養育者に近接しようとする欲求をゆがめることなく表現し，速やかに安心感を回復する様子がみられ，また，十分な安心感をもっているときには，養育者を安全基地として周囲の環境を積極的に探索することがみられる。こうしたアタッチメントの安定性は，他の複数の社会的能力の高さと密接に関連することを多くの研究知見が示しており，旧来，乳幼児期に安定型アタッチメントの発達を支えることが重視されてきた。この安定型アタッチメントの発達には，母親の MM に加えて，オッペンハイム（Oppenheim, D.）らが検討している，養育者が子どもの行動を感情や思考と

いった動機に基づいて理解しようとする傾向（Insightfulness：洞察性；Oppenheim & Koren-Karie, 2002）も促進的な関連をもつことが報告されている。

アタッチメント以外の発達にとっても，養育者が子どもの心の状態に目を向けることは重要である。たとえば，他者理解の発達に関して，乳児期に測定された母親のMMや洞察性は，生後48ヶ月時に子どもが示す誤信念理解の高さを予測することが知られている（Meins et al., 2002；Oppenheim et al, 2005）。くわえて篠原（2011；2013）は，生後6ヶ月時に測定された母親のMMが，生後48ヶ月時の子どもの感情理解能力や語彙発達を長期的に予測することを示した。こうした一連の知見に注目すると，養育者が乳児の心の状態に目を向け，乳児に発達早期から意図や欲求，さらには感情や思考の存在を想定しながら向き合うことは，乳児への豊かな，また応答的で敏感な関わりの実践につながるという意味で非常に重要であるといえよう。さらに，養育者が乳児の心に目を向けることが，おそらくは豊富で敏感な相互作用の実践を通して，子どものアタッチメントや他者理解の発達を促進する機能をもつと考えられる。

（3）乳児の身体への注目と子どもの発達

それでは次に，大人が乳児の身体，特に顔に注目し，乳児をかわいいと感じるという特徴は，子どもとのやりとり実践や，子どもの発達にどのような影響をもっているのだろうか。先述のように，乳児図式の顕著さは，それを見る者の「世話をしたい」という動機を高めることが報告されている（Glocker Langleben, Ruparel, Loughead, Gur & Sachser, 2009）。ただし，少し厳しい見方をするならば，こうした大人の養育に対する意識の自己報告が，実際の乳児への行動とどの程度関連するのかは疑問が残るところであろう。

これに対して，乳児図式が成人の肯定的感情を引き出すことを介して，成人の行動に影響を及ぼすことをより直接的に示唆する知見が報告されている。入戸野ら（Nittono et al., 2012）は，成人に刺激として成体（犬，猫）の写真と，幼体（子犬，子猫）の写真を提示し，写真を見る前と見た後で，実験課題の成績

を比較した。行動の特徴を測定する実験課題として，細かく正確な手先の作業が必要となる「手術ゲーム（ピンセットで玩具の人体模型の臓器をつまんだり移動させたりするゲーム）」が使われた。面白いことに，成人は，成体ではなく幼体，つまり乳児図式を見た後に，繊細で慎重さが求められる行動の成績が向上するのだという。さらに，乳児図式を見た後は，視覚的注意の働きとして，刺激全体を大きく捉える全体処理よりも，刺激の細部に焦点を絞る局所処理が進みやすくなった。これらの実験結果から，乳児図式を見ること，それによって肯定的情動を喚起されることが，慎重な行動，細部への注意深さといった成人のふるまいを促進するというプロセスが考察されている。

実に「The Power of Kawaii」という表題を冠した論文（Nittono et al., 2012）で発表されたこの乳児図式の効果は，確かに，慎重な行為，細部への注意を必要とする乳児の養育場面においても有益に機能することが推測される。しかしながら，実際の養育場面における，子どもへの具体的な行動との関連を直接的に問う検討は行われていない。乳児図式に対する成人の認知的反応が，乳児への実際の養育にどのようにつながるのかは，未だ問われていない。乳児を「見る」ことは，乳児への養育の実践を促進するのだろうか。乳児を「かわいい」，「世話をしたい」と感じるという自己報告は，本当に乳児への養育行動に反映されるのだろうか。これらは未だ検討されていない，大変興味深い問いである。

3　乳児の顔を見ることは，心を見ることか

以上の議論をふまえ，今後，乳児刺激に対する成人の視覚的反応は乳児への具体的な関わり方にどう関係しうるのかを検討することが課題である。そこで，こうした課題への取り組みの一環として，筆者らの研究の1つを紹介したい。筆者は，乳児の顔刺激に視覚的注意を向けることが，乳児との社会的相互作用の実践にどのように寄与するのかに関心をもっている。まず最初の検討として，乳児図式に注意を向ける傾向が，乳児の心に目を向ける傾向とどのような関連

をもつのかを調べることに取り組んできた。先述のように，乳児の心の状態に目を向ける MM といった特徴は，乳児への積極的な関わりや敏感な応答といった具体的な養育行動と関連することが明らかになっている。これまで，乳児図式への注意の向けやすさは，乳児への養育を促進するメカニズムになっていると推測されてきた。筆者らは，そのメカニズムが駆動する過程として，乳児図式への注視が，乳児の心の状態を解釈することにつながっているのではないかと予想し，これを検証することとした（篠原・森口，2012；2013）。

（1）乳児図式への視覚的注意の向けやすさの測定

まず，乳児顔刺激に対する成人の注意の特徴を捉えるために，ブロッシュら（Brosch et al., 2007）を参考に，ドットプローブ実験を計画した。なお，乳児顔を用いた先行研究では感情価を統制したニュートラル表情のみが用いられてきた。しかし，現実の養育場面で接触するような，さまざまな感情を伴った乳児顔に対する検討を行うことも必要だと考える。最近になって，トンプソン＝ブースら（Thompson-Booth et al., 2013）は，笑顔や泣き顔といった表情価を伴う乳児の顔刺激が成人の注意を捕捉するのかを検討している。本検討では特に，乳児顔への注視が，乳児の欲求，意図，そして感情といった心的世界について解釈する傾向と関連しているという仮説を掲げていることから，乳児顔としてニュートラル表情に加え，快表情，不快表情を実験刺激として用いた。

先行研究にならい，乳児の養育経験をもたない成人13名を対象に実験を行った。まず，乳児顔刺激（ニュートラル表情・快表情・不快表情を各6名分）と，大人顔（ニュートラル表情のみ6名分）を対にして呈示する形で，ブロッシュら（Brosch et al., 2007）を参考にドットプローブ課題を実施した。valid 試行では乳児顔が呈示された側に，invalid 試行では成人顔が呈示された側にドット（小さな黒い丸記号）が呈示された。実験参加者にはキーボードを押す反応を求め，ドットが画面の右側に呈示されたときは［M］を，左側に呈示されたときは［C］を，ドットが呈示されなかったときはスペースキーを，できるだけ素早

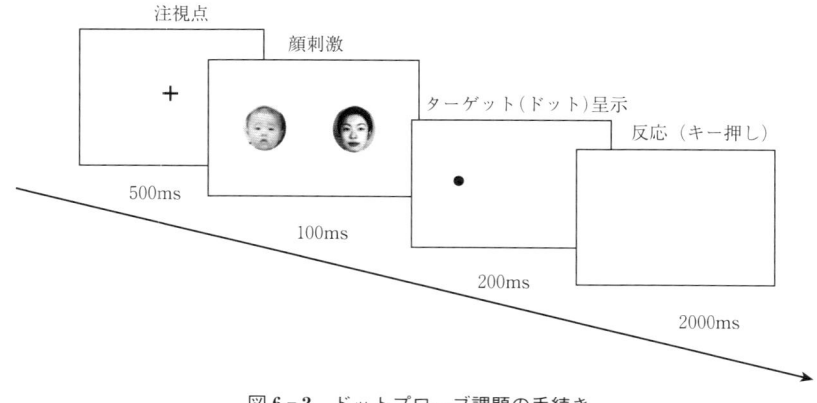

図6-2　ドットプローブ課題の手続き

く正確に押すように教示した（図6-2参照）。

　乳児顔への視覚的注意の向けやすさの指標として，valid 試行に対する正反応の平均反応時間，すなわち，乳児顔刺激の呈示された位置にドットが出てきた試行において，正しくキー押しでの反応を行った場合のみの反応時間の平均を算出した。

　valid 試行全体の平均反応時間は195.78 ms（SD＝51.10）であり，表情別に計算すると，ニュートラル表情試行では197.59 ms（SD＝66.45），快表情試行では195.55 ms（SD＝55.87），不快表情試行では194.20 ms（SD＝34.57）であった。一方，invalid 試行全体の平均は193.98 ms（SD＝48.75）であった。乳児顔による視覚的注意の捕捉効果を確認するため，反応時間の平均について，ターゲット位置（乳児側／成人側）と乳児顔刺激の感情価（快／普通／不快）の2要因分散分析を行った。しかし，ターゲット位置と感情価の主効果，ならびに交互作用のすべてについて，有意な効果が認められなかった。ブロッシュら（Brosch et al., 2007）において，ターゲットが左視野（画面の左側）に示された場合のみ，乳児顔の注意捕捉効果が認められていることから，本実験についても視野別に2要因分散分析を実施した。しかし，ここでも有意な効果は認められ

なかった。ニュートラル，快，不快のいずれの乳児顔刺激においても，valid 試行と invalid 試行の平均反応時間に有意差は認められず，乳児顔に注意が引きつけられていれば，その位置に呈示されるターゲットに対する反応時間が短くなるだろうという予想は支持されなかった。本実験において，先行研究に報告された乳児顔による視覚的注意の捕捉効果は認められなかった点について議論の余地が残る。ただし本検討では，成人一般の特徴というよりも，乳児顔刺激に対する視覚的注意の向けやすさの個人指標として，valid 試行における正反応時間を用いるという新しい試みに着手することを重視した。

（2）乳児の心に注目する傾向の測定

　乳児顔への視覚的注意の向けやすさを測定した実験参加者を対象に，今度は，乳児の心の状態に目を向ける傾向を測定した。実験には，篠原（2006）を参考に mind-mindedness 測定を使用した。実験刺激は，家庭内で撮影された乳児の日常場面のビデオ映像に基づき作成された10のビデオクリップ（各30秒程度）であった。実験は個別に実施し，PC モニター上に乳児ビデオクリップを再生後，登場する乳児に対する心の帰属傾向を測定した。"映像の赤ちゃんは，何か思ったり感じたり考えたりしていると思いますか？"と質問し，乳児に対する心的帰属のしやすさを測定した。最初の5つのビデオクリップに対しては，乳児が心的世界を有していると思うかを8件法で回答するように求めた（1＝乳児は心的状態をまったくもっていない～8＝乳児は心的状態をはっきりともっている）。こうした評定はレツニック（Reznick, 1999）による乳児の行動から意図を読み取る程度を測定する実験で使用されている方法に依拠した。5つのビデオ刺激への評定平均値により MM 評定点を算出した。次に，別のビデオクリップ5つに対しては，具体的に乳児が思ったり考えたりしている内容を口頭で報告するように求めた。参加者の自由回答の中で，乳児の状態を説明するために用いられた心的語彙（感情，意図，欲求，思考状態などを表す語彙：Brown & Dunn, 1991）が使用された数をカウントし，MM 回答数とした。

（3）乳児図式への注意と MM の関連

　乳児の心的状態の想定のしやすさについて MM 評定点の平均は5.30点（SD＝.90），MM 回答数の平均は6.90回（SD＝2.28）であった。乳児顔への反応時間と MM の関連を分析した結果，MM 評定点を高くもつ成人は，乳児顔刺激側に呈示されたターゲットへの反応時間が速いという有意な相関関係が認められた。さらに，乳児顔の中でも快表情への視覚的注意の向けやすさは，乳児の具体的行動に対して感情や欲求など心の状態を読み込む姿勢と，成人の個人内で関連することが示された。しかし同時に，MM 得点を高くもつ成人は，乳児がニュートラル表情であるときのみ，対呈示された成人側に呈示されたターゲットへの正反応時間が短かった。感情を伴わないニュートラル表情の乳児顔については予想とは逆の関連を示す結果であったが，これは乳児の感情がもつ効果を示唆していると考えられる。そして，特に快感情を伴う乳児顔刺激への視覚的注意の向けやすさは，日常的な養育の文脈で見られる乳児の行動に対して，心的状態を帰属しやすいという特徴と関連することが示唆された。

　しかし，乳児刺激に注意を向けやすいことと，MM 自由回答，すなわち，乳児から具体的な心的状態を読み取ることの間に有意な関連が認められなかった。この結果は，乳児顔刺激への視覚的注意の向けやすさは，日常的な養育場面で見られる乳児の行為に対して，具体的な心の状態の読み取りを生起させるものではないことを示していると考えられる。篠原（2006；2011；2013）は，母親が示す MM 評定点と MM 自由回答について，わが子への実際の関わり方や，子どもの社会情緒的発達への長期的影響を縦断的に検討している。その中で，生後6ヶ月時に測定された MM の評定点と自由回答数は双方ともに，同時期に観察された母子自由遊び場面で母親が子どもに積極的に関わる割合と関連することが見出されている。しかし，自由遊び場面でわが子の心の状態について発話をする頻度や，子どもの感情理解の発達などと有意な関連をもっていたのは，母親の MM 自由回答数の方であった。乳児顔への視覚的反応は，確かに乳児への心の帰属のしやすさ（MM 評定点）と関連していたことから，乳児と

実際に接する場面でも，積極的に関わりをもとうとする成人の態度につながりうるのではないかと推測される。しかしながら，乳児顔に注目することは，特定の場面に照らして乳児の具体的な心的状態を思い描くという行為とは関連していないことをふまえると，乳児への視覚的注意が乳児への具体的な養育行動や，子どもの発達を促進するというモデルは今後慎重に検討する必要が残っているといえるだろう。そうした検討において，今後，乳児図式への注意と，成人が子どもに実際に示す養育行動との関連を直接的に明らかにすることが求められる。乳児という刺激に対して成人がもつ反応の特徴が，発達する乳児にとってどのような意味をもつのか，より詳細な検討が待たれるところである。

4　「乳児と大人の組み合わせ」へのこだわり——結びにかえて

　本章では，乳児の身体や心の状態に対して，大人が示すさまざまな癖とも呼べる特徴に注目をして紹介した。他の章では，乳幼児側の特徴や発達の様相が主たる焦点となっているのに対して，違和感をもたれた読者もおられるかもしれない。筆者が感じる発達科学のおもしろさの1つは，さまざまな研究手法によって，乳幼児がもつ秘められた能力，あるいは，知覚や行動の特徴を可視化し，詳らかにしていくことである。その知見は，乳幼児を育てる養育者のみならず，人間とは何かと思考する多くの人を魅了し，乳幼児という存在へのさらなる興味をかき立てる。しかし，先にも示したように，乳幼児はいかなる意味においても，一人で生き，育つことはできない。乳幼児がどのように育っていくのかという発達の様相に迫ろうとするとき，乳幼児とつねに伴走する養育者の存在を切り離すことはできないと考える。

　発達科学の発展において，子ども側の特徴を明らかにすると同時に，その子どもたちにかかわる，特に子どもの発達に責任をもつ大人たちの特徴を，同じくらい丁寧に緻密に明らかにしていく視点をもつことは，きわめて有益であろう。乳幼児への養育行動や養育の質について，まだまだ検討されていない事柄，

明らかになっていない事柄は多くある。驚くべき能力を備えた乳幼児を育てている，成人たちの驚くべき能力に迫ることが，筆者の最大の興味である。子どもと大人の特徴を対として組み合わせて扱うとき，発達を支える関係の科学として，発達科学の意義はより大きなものになるのではないかと考えている。

引用文献

Adamson, L. B. (1995). *Communication development during infancy*. Boulder, Colorado : Westview Press.（アダムソン，L, B. 大藪秦・田中みどり（訳）(1999). 乳児のコミュニケーション発達　川島書店）

Adamson, L. B., Bakeman, R., Smith, C. B., & Walters, A. S. (1987). Adults' interpretation of infants' acts. *Developmental Psychology*, **23**, 383-387.

Ainsworth, M. D. S., Blehar, M. C., Waters, E., & Wall, S. (1978). *Patterns of attachment : A psychological study of the strange situation*. Hillsdale : NJ. Lawrence Erlbaum Associates.

Beaumont, S. L., & Bloom, K. (1993). Adults' attributions of intentionality to vocalizing infants. *First Language*, **13** (38), 235-247.

Bowlby, J. (1969/1982). *Attachment and Loss*. Vol. 1. *Attachment*. New York : Basic Books.

Brosch, T., Sander, D., & Scherer, K. R. (2007). That baby caught my eye... Attention capture by infant faces. *Emotion*. **7**, 685-689.

Brown, J. R., & Dunn, J. (1991). You can cry mam : The social and developmental implications of talk about internal states. *British Journal of Developmental Psychology*, **9**, 237-256.

Bruner, J. (1983). *Child's Talk : Learning to use language*. New York : Norton.

Fonagy, P., Gergely, G., & Target, M. (2007). The parent-infant dyad and the construction of the subjective self. *Journal of Child Psychology and Psychiatry*, **48**, 288-328.

Glocker, M. L., Langleben, D. D., Ruparel, K., Loughead, J. W., Gur, R. C., & Sachser, N. (2009). Baby schema in infant faces induces cuteness perception and motivation for caretaking in adults. *Ethology*, **115** (3), 257-263.

Glocker, M. L., Langleben, D. D., Ruparel, K., Loughead, J. W., Valdez, J. N., Griffin, M. D., & Gur, R. C. (2009). Baby schema modulates the brain reward system in nulliparous women. *Proceedings of the National Academy of Sciences*, **106** (22),

9115-9119.

Kaye, K. (1982). *The mental and social life of babies: How parents create persona.* Chicago: University of Chicago Press.（ケイ, K. 鯨岡 峻・鯨岡和子（訳）(1993). 親はどのようにして赤ちゃんをひとりの人間にするのか　ミネルヴァ書房）

Lorenz, K. (1943). Die angeborenen formen moeglichere erfahrung. *Z. Tierpsychol,* **5**, 235-409.

Meins, E. (1997). *Security of attachment and the social development of cognition.* East Sussex, UK: Psychology Press.

Meins, E., Fernyhough, C., Fradley, E., & Tuckey, M. (2001). Rethinking maternal sensitivity: Mothers' comments on infants' mental processes predict security of attachment at 12 months. *Journal of Child Psychology and Psychiatry and Allied Disciplines,* **42**, 637-648.

Meins, E., Fernyhough, C., Wainwright, R., Clark-Carter, D., Das Gupta, M., Fradley, E., & Tuckey, M. (2003). Pathways to understanding mind: Construct validity and predictive validity of maternal mind-mindedness. *Child Development,* **74**, 1194-1211.

Meins, E., Fernyhough, C., Wainwright, R., Das Gupta, M., Fradley, E., & Tuckey, M. (2002). Maternal mind-mindedness and attachment security as predictors of theory of mind understanding. *Child Development,* **73**, 1715-1726.

Nittono, H., Fukushima, M., Yano, A., & Moriya, H. (2012). The power of kawaii: Viewing cute images promotes a careful behavior and narrows attentional focus. *PLoS ONE,* **7** (9), e46362.

Oppenheim, D., & Koren-Karie, N. (2002). Mothers' insightfulness regarding their children's internal world: The capacity underlying secure child-mother relationships. *Infant Mental Health Journal,* **23**, 593-605.

Oppenheim, D., Koren-Karie, N., Etzin-Carasso, A., & Sagi, A. (2005). *Maternal insightfulness but not infant attachment predicts 4 year old's theory of mind.* Atlanta, Georgia: Paper presented at biennial meeting of the Society for Research in Child Development.

Parsons, C. E., Young, K. S., Kumari, N., Stein, A., & Kringelbach, M. L. (2011). The motivational salience of infant faces is similar for men and women. *PLoS ONE,* **6** (5), e20632.

ポルトマン, A. 高木正孝（訳）(1961). 人間はどこまで動物か──新しい人間像のために　岩波新書

Reznick, J. (1999). Influences on maternal attribution of infant intentionality. In P. D.

Zelazo, J. W. Astington, & D. R. Olson (Eds.), *Developing theories of intention : Social understanding and self-control.* Mahwah, NJ : Lawrence Erlbaum Associates.

篠原郁子（2006）．乳児を持つ母親における mind-mindedness 測定方法の開発──母子相互作用との関連を含めて　心理学研究, **77**（3），244-252．

篠原郁子（2011）．母親の mind-mindedness と子どもの信念・感情理解の発達：生後5年間の縦断調査　発達心理学研究, **22**（3），240-250．

篠原郁子（2013）．心を紡ぐ心──親による乳児の心の想像と心を理解する子どもの発達　ナカニシヤ出版

篠原郁子・森口佑介（2012）．乳児の心を想像する傾向と乳児への視覚的注意　日本心理学会第76回大会ポスター発表，3AMDO5

篠原郁子・森口佑介（2013）．乳児への mind-mindedness と感情を伴う乳児顔への視覚的注意：乳児の喜び顔と悲しみ顔への反応　第24回日本発達心理学会大会ポスター発表，大会論文集363

Sprengelmeyer, R., Lewis, J., Hahn, A., & Perrett, D. I. (2013). Aesthetic and incentive salience of cute infant faces : studies of observer sex, oral contraception and menstrual cycle. *PloS ONE*, **8** (5), e65844.

Sprengelmeyer, R., Perrett, D. I., Fagan, E. C., Cornwell, R. E., Lobmaier, J. S., Sprengelmeyer, A., Black, I. M., Caleron, L. M., Cow, S., Milne, N., Rhodes, E. C., & Young, A. W. (2009). The cutest little baby face a hormonal link to sensitivity to cuteness in Infant Faces. *Psychological Science*, **20** (2), 149-154.

竹下秀子（2009）．あおむけで他者，自己，物とかかわる赤ちゃん──子育ちと子育ての比較行動発達学　発達心理学研究, **20**, 29-41．

Thompson-Booth, C., Viding, E., Mayes, L. C., Rutherford, H. J., Hodsoll, S., & McCrory, E. J. (2013). Here's looking at you, kid : attention to infant emotional faces in mothers and non-mothers. *Developmental Science*, **17** (1), 35-46.

Trevarthen, C. (1988). Universal cooperative motives : How infants begin to Know the language and culture of their parents. In G. Jahoda & I. M. Lewis (Eds.), *Acquiring culture : Cross cultural study in child development.* London : Croom Helm, pp. 37-90.

第7章

子どもの社会性の発達と障害
——自閉症スペクトラム障害とウィリアムス症候群——

浅田晃佑

　子どもは発達のさまざまな側面でその社会性を示す。たとえば，生まれてすぐ人の顔に興味をもったり，生後3ヶ月頃になると親に向かって微笑んだりするようになる。また，1歳頃になると指差しを用いた身振りでのコミュニケーションが上手になり，ことばを発しはじめる。しかし，何らかの要因により，そのような発達に困難を抱える場合もある。自閉症スペクトラム障害は，乳幼児期に社会性の困難を示す代表的なものである。近年，診断数の増加により，国内外ともに注目を集めている（文部科学省，2012；Weintraub, 2011）。

　一方で，人に非常に興味をもち，積極的に人と関わる人たちがいる。このようなウィリアムス症候群という遺伝疾患をもった人たちは，一見社会性に問題を抱えず暮らしているように思える。しかし，積極的な関わりにより問題にまきこまれることもあることが報告されている。ただ，比較的稀な疾患であるため，研究の報告が少なく理解も進んでいない。

　以上のような特性をもつ人たちについて理解を深めることは，発達の過程において社会性がどのように育まれるのかを理解するために重要である。また，社会において理解が広がることで，多様な人がいることを受け入れる社会の形成にもつながるであろう。

　この章では，子どもの社会性の発達と障害について，コミュニケーションや人との関わりに困難を抱える自閉症スペクトラムを中心に紹介し，後半では，人懐っこく，非常に高い社交性を示すウィリアムス症候群についても紹介する。

社会性に困難や特徴が生じる場合，どのようなことがその背景にあるのか，また，どのような過程で生じるのかを知ることがこの章の目的である。

1　自閉症スペクトラム障害とは

　乳幼児期にみられる社会性の障害において，その代表的なものは，自閉症スペクトラム障害（ASD）である（American Psychiatric Association, 2013）。アメリカ精神医学会の診断マニュアル（DSM-V）では，ASD は，社会的コミュニケーションと社会的相互作用における持続的な困難と，行動，興味，活動のパターンが限られていたり，それを繰り返したりするという特性から定義される。ASD を診断するためには，その明確な症状の発現を待つ必要があり，アメリカでは，通常 4 歳から 6 歳頃診断される（Baio, 2012）。

　診断は，医師による子どもの観察や保護者への聞き取りにより行い，また，診断のための補助ツールがある。補助ツールは，子どもを実際に観察するもの（自閉症診断観察スケジュール（ADOS）など；Lord, Rutter, DiLavore, & Risi, 1999），保護者に生育歴や子どもの特徴などについて面接するもの（広汎性発達障害日本自閉症協会評定尺度（PARS）など；発達障害支援のための評価研究会, 2013），保護者に対するアンケート（SCQ 日本語版など；黒田・稲田・内山, 2013）がある。

　ASD の有病率は，研究によって異なる。以前では0.6〜0.7％程度と言われていたが（Fombonne, 2009），最近の研究では2.6％と報告されている（Kim et al., 2011）。男女比は，2.5：1 である（Kim et al., 2011）。発症要因は，生まれつきの遺伝的な素因が，ある一定の環境において発現することによると仮定されているが，現時点では明確に結論づけられていない（Elsabbagh & Johnson, 2010）。1 つの決まった発症メカニズムがあるというよりは ASD を発症するいくつかの道筋があるのではないかという考え方が提案されている（Happe, Ronald, & Plomin, 2006）。

2 自閉症スペクトラム障害の初期徴候

それでは，ASDをもつ乳幼児は，どのような特徴を示すのであろうか。以前は，ASDの診断が通常幼児期以降にしか行われないため，より早期の乳幼児期の特徴についてはあまりわかっていなかった。しかし，近年，研究手法の発展により，発達早期のASDの特徴がわかってきている。

（1）前方視的研究と後方視的研究による初期徴候の解明

初期徴候の解明については，ASDと診断された人の過去の記録を調べる後方視的研究と，これからASDと診断される可能性のある人を追跡調査する前方視的研究により進められている。後方視的研究では，たとえば，後にASDと診断された人の1歳時の誕生日パーティーのビデオ記録を分析し，診断される前の初期徴候を調べる試みがなされている。たとえば，オスターリングら（Osterling, Dawson, & Munson, 2002）は，ASDをもつ子では，他の人を見ることや自分の名前を呼ばれた方向を見ることの頻度が，知的障害をもつ子や定型発達の子よりも少ないことを示している。同様に，バラネク（Baranek, 1999）も，9～12ヶ月時点のASDをもつ子と，ASD以外の発達障害をもつ子の行動をビデオ分析により比較し，ASDをもつ子は他者に触られることを避ける行動が多くみられることや名前を呼んで振り返るまでに他者が何度も呼ぶ必要があることが報告されている。

前方視的研究では，後にASDと診断される可能性のある子ども（ASDと診断された兄・姉がいる子ども）と家族に協力していただき，その子が生まれて早い時期から（たとえば，6ヶ月時）発達の様子を追跡していくという手法がとられる。オゾノフら（Ozonoff et al., 2010）は，後にASDと診断された子どもを6ヶ月時から追跡し，あらかじめ定められた場面で子どもの行動を観察している。その結果，6ヶ月時点で，他者の顔を見ること，微笑みを示すこと，他者

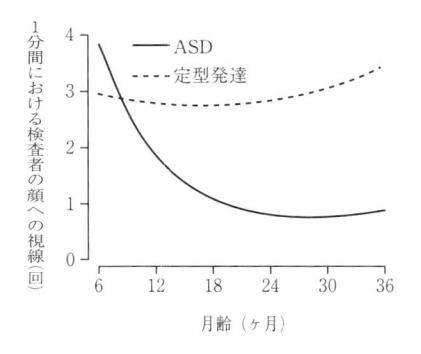

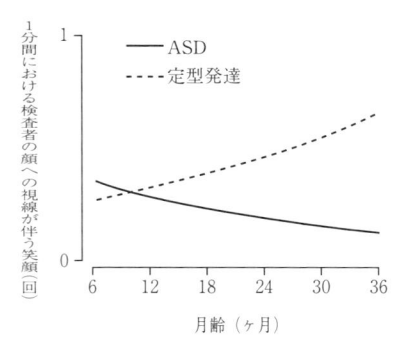

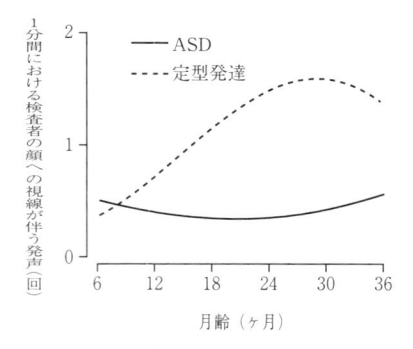

図7-1 自閉症スペクトラム障害と定型発達における6ヶ月時から36ヶ月時の社会的行動の発達

出所：Ozonoff et al. (2010) を一部改変。

に向かって発声することの頻度には，ASDをもつ子と定型発達の子では差がみられなかったが，12ヶ月時からはその差が顕著になっていくことが明らかになった（図7-1）。また，後にASDと診断された子どもを追跡した他のグループの研究でも（Landa, Gross, Stuart, & Faherty, 2013），早期にASDの徴候を示した子どもたち（生後14ヶ月まで），それより後期にASDの徴候を示した子どもたち，ASDの徴候を示さない子どもたちを比較した結果，6ヶ月時点では特徴に差がみられなかった。しかし，早期にASDの徴候を示した群では14ヶ月で，それより後期に徴候を示した群では24ヶ月で，言語能力や社会・コ

ミュニケーションの領域で，ASD でない群との差がみられはじめるとしている。さらに最近では，2ヶ月時から6ヶ月時まで1ヶ月の密な間隔で，後に ASD と診断された子どもの他者の目への注視行動を追跡した研究もある（Jones & Klin, 2013）。この研究では，2ヶ月時では目への注視行動は定型発達の子どもと比べて少なくないものの，6ヶ月時に向かうにしたがって減少していくということが報告されている。

（2）初期徴候のまとめと新たな進展

ツヴァイゲンバウムら（Zwaigenbaum et al., 2009 ; Zwaigenbaum, 2011）は，以上のような2つの方向の研究結果から，1歳台前半でみられる ASD の徴候を以下のようにまとめている。それらは，① 社会コミュニケーション：視線，名前への反応，微笑みの異常，② 言語：喃語・言語の理解と産出，ジェスチャーの遅れ，③ 遊び：運動模倣，おもちゃの機能的操作の遅れ及びおもちゃを使った反復行動，④ 視覚：目で物を追うことや凝視の異常，おもちゃや物体を長く見続ける行動の現れ，⑤ 運動：運動発達の遅れ，特異な運動の現れ，の5つである。

これまで，外部から観測できる行動指標では一部の研究を除き6ヶ月時では ASD の徴候を捉えることが困難であることを示してきた。しかし，一方で，脳機能の計測により行動に現れる前の ASD の徴候を捉える試みも行われている。イギリスのロンドン大学のグループでは，4～6ヶ月時点の ASD をもつ可能性のある子どもは，人の出てくる映像や音声に反応する神経活動が弱いと報告されている（Lloyd-Fox, Blasi, Elwell, Charman, Murphy, & Johnson, 2013）。今後，ASD の初期徴候を脳機能計測により捉える試みは増えていくだろう。

以上のような ASD の初期徴候を調べる試みからは，いくつかの学術上・臨床上の貢献が期待できる。1つは，早期診断の実現である。発達障害をもつ人のサポートとして，できるだけ早く障害の徴候を発見し，その特性を理解し，また特性に合った関わりをすることで，当事者が直面する困難の軽減ができる

可能性がある。ただし，早期診断が差別につながることがあってはならない。もう1つは，障害の発生メカニズムに対する理論の発展である。発達初期の特徴を知ることで，後に現れる症状がどのように形成されたのかを知ることができる可能性がある。

3　自閉症スペクトラム障害のコミュニケーション能力とその発達

これまで，主に，0歳から1歳台の発達初期の徴候についてみてきた。その後の発達では，ASDをもつ人はどのような特徴を示すのであろうか。この節では，コミュニケーションの発達に注目する。この分野では，「共同注意（joint attention）」と「語用能力（pragmatics）」に特に顕著な困難がみられるとされている（Kelly, 2011；Mundy, Sigman, Ungerer, & Sherman, 1986）。

共同注意とは，生後9ヶ月頃からはじまる行動で，他者が話題にしていることに注意を向けることや，自分が話題にしていることを他者に共有してもらう能力である。たとえば，大人がいるときに乳児が大人に見てほしいものを指さす（指差し行動），大人がある対象物を見てそれを乳児も見る（視線追従），乳児がある対象に対する評価を大人の表情などを見ることで参考にする（社会的参照）などがある（Tomasello, 1999）。

中でも，指差し行動の少なさは，ASDにおいて顕著な特徴である。子どもの指差しの機能には大きく分けて，叙述的指差し（declarative pointing）と要求的指差し（imperative pointing）があり，前者は（物体の要求にかかわらない）自分の注目してほしい物を他者と共有するような指差し（例：空を飛んでいる飛行機を指さす），後者は，自分のほしい物を指さす指差し（例：目の前にある食べ物を指さす）である。もっと言えば，前者は，後者とは異なり，ほしい対象が，物ではなく，相手の興味や関心ということになる。クルシオは，ASDをもつ子では要求的指差しはある程度みられるものの，叙述的指差しはみられなかったと報告している（Curcio, 1978）。ASDをもつ子では，特に叙述的指差しに困難

を抱えるようである。

　語用能力とは，文脈に応じて言葉やジェスチャーという行動を適切に行う能力を指す。語用能力に関する研究では，ポール（Paul, Orlovski, Marcinko, & Volkmar, 2009）は，会話分析を行い，話題に合ったコメントをすること，聞き手が何を知っているかを考慮しながら話すことがASDをもつ人は苦手であったと報告している。また，視線の使い方，イントネーションの正しい使用に困難さをもち，急な話題の変更もみられたと報告している。くわえて，キャプスら（Capps, Kehres, & Sigman, 1998）は，ASDをもつ児童が他者の発言に対して無反応であることが多いこと，現在進行中の話題について新たな情報や関連した情報を話すことが少ないことを報告している。

4　自閉症スペクトラム障害の社会的知覚と社会的認知

(1) 社会的知覚に関する研究

　続いて，ASDにおける社会的知覚と社会的認知の特性について紹介する。社会的知覚とは，人間関係構築の手がかりになる情報を見たり聞いたりし知覚する能力である。たとえば，他者の表情の読み取りがこれに当てはまる。

　ASDをもつ人は，社会的な情報を多く含む人の顔をどのように見ているのであろうか。クリンは，ASDをもつ人に対して，映画の会話場面を見せて，その視線パターンを検証している（Klin, Jones, Schultz, Volkmar, & Cohen, 2002）。このような研究では，アイトラッカーという，人がどこを見ているかを画面上に図示できる装置が使用される。その結果，ASDをもつ人は，定型発達の人に比べて，目を見る時間が短く，口を見ている時間が長かった（図7-2）。ASDをもつ人は，顔の中で，感情などの多くの情報を含む目にあまり注意が向かないことをこのことは示している。また，中野らは，会話の場面を見ているときにASDの人が，重要な場面，たとえば，話者が交代するような場面での視線パターンが定型発達の人と異なることを報告している（Nakano et al.,

図7-2　人の顔の見方
注：定型発達の人（左）は目を見るが自閉症スペクトラム障害をもつ人（右）では口を見ている。
出所：Klin et al. (2002) を一部改変。

2010)。具体的には，定型発達の人は見ている映像の中の話者が交替した場合新しい話者に注意を向けるが，ASDをもつ人ではそういった反応があまり見られないことを示している。

　また，ASDをもつ人は，視線方向や目の動きなどといった目の様子から相手が何を考え感じているかを理解することも苦手なようである。バロン゠コーエンは，雑誌から切り抜いた人の顔の目の部分のみを参加者に見せて，「真剣かそうでないか」「考え込んでいるかそうでないか」などを聞いた結果，ASDをもつ人では正答率が低かった（Baron-Cohen, Wheelwright, Hill, Raste, & Plumb, 2001)。発達について考えた場合，このような他者の目を見る傾向と目からの心情理解がどのように関係しているかは，議論の余地がある。つまり，1つの可能性として，ASDをもつ人は元々何らかの物の見方の特性があり，目をあまり見ない。そのことが，目を見る経験の少なさを生み，目からの心情理解が難しくなった可能性がある。もう1つの可能性として，ASDをもつ人は目からの情報が読み取りにくいために，目をあまり見なくなったという可能性がある。この議論については結論が出ているわけではないが，現在行われている乳

児期からの追跡研究が答えを出す可能性がある。

(2) 社会的認知に関する研究

　次は，社会的認知についての研究を紹介する。社会的認知とは，人間関係構築の手がかりになる情報を推論する能力である。たとえば，他者が何を考えているかを推論する能力である心の理論（Theory of Mind）の能力がこれに当てはまる。この分野は，ASD研究でこれまでもっとも注目を集めてきた分野であり，また，他の研究領域にも大きな影響を与えてきた分野である。この分野で，もっとも有名な研究は，ASDをもつ児童が心の理論課題の正答が難しいということを明らかにしたものである（Baron-Cohen, Leslie, & Frith, 1985）。この研究では，ASDをもつ子では，実年齢（発達心理学の分野では，生活年齢と呼ぶ）が一致したダウン症候群をもつ子や言語年齢が一致した定型発達の子よりも心の理論課題である誤信念課題の正答率が低かった。誤信念課題とは，回答者が回答者自身の考え（信念）と他者が異なる考えをもちうることを理解しているかを問うものである。この課題では，人形Aが2つある箱の一方におもちゃを入れる。人形Aが部屋から退室している間に人形Bがやってきておもちゃの場所をもう一方の箱に入れ替える。人形Bが去り，部屋に帰ってきた人形Aはどちらの箱におもちゃを探しに行くかという問いに答えるというものである。およそ4歳を境目とし，それより下の心の理論の理解がまだ難しい子どもでは，状況をすべて見ていて知っている自分の視点に基づいた回答，つまり，新しい箱におもちゃがあると答え，それより上の子どもでは，人形Aの視点に基づき元の箱におもちゃがあると答える。後の研究で，この課題には定型発達の子では4歳レベルの言語能力があれば通過するのに対して，ASDをもつ子では9歳レベルの言語能力が必要であることが報告されており（Happe, 1995），ASDをもつ子が，特にこの能力に苦手さがあることがわかる。また，ASDをもつ成人では，従来の，言葉で行われる心の理論課題では正答するものの，視線を手掛かりとして自発的に正答の方に目を向けるかを分析した場合ランダムに目を

向けるとしており，自発的に素早く状況を理解することに困難を抱えると報告されている（Senju, Southgate, White, & Frith, 2009）。研究者の中には，このような心の理論の能力が，第3節で紹介した語用能力と関係すると考えている者もいる（Happe, 1993 ; Surian, Baron-Cohen, & Van der Lely, 1996）。つまり，他者の状態に応じて上手く言葉を使用する（語用能力）ためには，たとえ他者の心を推測し（心の理論の能力）それにあわせて言葉を選び取る必要があると考えているからである。

これまで，ASD をもつ人の社会性について述べてきた。しかし，ASD がスペクトラムと呼ばれるように，知能や言語能力をみても，その度合いもさまざまである。たとえば，ジョセフによれば，ASD をもつ人の IQ は，重度の知的障害をもつ人から知的障害のない人まで幅広い（Joseph, 2011）。また，ASD の症状の深刻さも人によってさまざまである（Wakabayashi, Baron-Cohen, Wheelwright, & Tojo, 2006）。ASD をもつ人に対する福祉やサポートについて考えるときに，個人差の観点も重要な視点である。

くわえて，近年，社会性の困難を，ASD をもつ人の能力にのみ帰属することに批判的な意見もある。綾屋や熊谷は，コミュニケーションが本人と他者の間で行われるものである以上，コミュニケーションの不全を ASD をもつ当人だけに帰属する点について疑問を呈している（綾屋, 2011 ; 綾屋・熊谷, 2008）。また，ASD コミュニティの参与観察による研究では，ASD をもつ人同士が共有の言語を作り出したり，協働で活動したりするなど，コミュニティ内で社会性を示していることが報告されている（Bagatell, 2010）。ASD をもつ人が抱える困難さについて，個人の能力に目を向けるだけでなく，社会のあり方などどういった要因が困難さを生み出しているのかという視点も重要であろう。

5　正反対の症候群？　ウィリアムス症候群

これまで，社会性の困難を主症状とする ASD をみてきた。続いては，一見，

(a) 言語能力

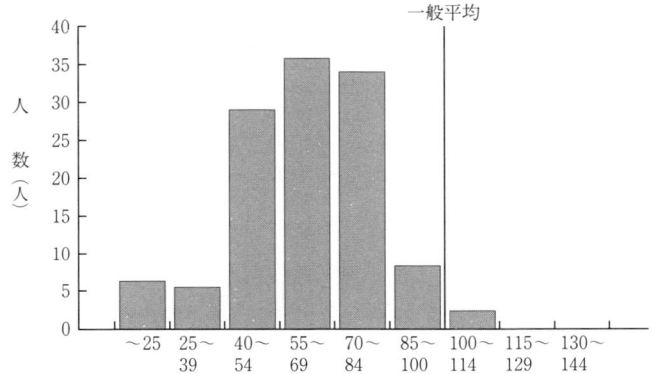

図 7-3 (a) 言語能力の分布（横軸：能力スコア区分 ～25, 25～39, 40～54, 55～69, 70～84, 85～100, 100～114, 115～129, 130～144、縦軸：人数）。一般平均の位置に縦線。

(b) 視空間能力

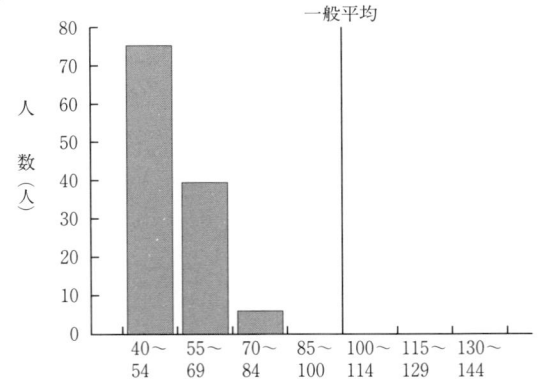

図 7-3 (b) 視空間能力の分布（横軸：40～54, 55～69, 70～84, 85～100, 100～114, 115～129, 130～144、縦軸：人数）。一般平均の位置に縦線。

図7-3 ウィリアムス症候群をもつ人の言語能力と視空間能力の分布

注：ここでの言語能力とは，言葉の知識量である語彙能力を指す。
出所：Bellugi et al. (2000) を一部改変。

社会性に困難を示さず，むしろ対人関係に積極的で，多くの会話を好む特性を伴うとされるウィリアムス症候群についてみていきたい。ウィリアムス症候群とは，2本ある7番染色体のうち1本の一部の遺伝子（20数個の遺伝子と言われている）が欠けてしまうことにより生じる神経発達障害である。以上のことから，発症要因は確定されており，遺伝子診断により診断が下される。ウィリア

ムス症候群をもつ人は，心臓疾患，知的障害，特徴的な顔貌，視空間認知の問題など，さまざまな症状を示すが，特に，社会性の領域では，人懐っこく，よく話すという特徴を示す（山本，2010；Jones et al., 2000）。つまり，ウィリアムス症候群をもつ人は，言語や人との関わりへの積極性などの社会性の領域が得意で，逆に，図形を見て理解する視空間認知や数の処理などの非社会的な領域で苦手な部分があるとされている（Bellugi, Lichtenberger, Jones, Lai, & St. George, 2000；Karmiloff-Smith, 2009）。図7-3は，ウィリアムス症候群をもつ人の，言語能力（単語の知識量を表す語彙能力）と視空間能力の分布を示す。平均スコアが100の検査で，ウィリアムス症候群をもつ人では，言語能力においてスコアが55から69に位置する人がもっとも多いのに対して，視空間能力においてはスコアが40から54に位置する人がもっとも多い。つまり，ウィリアムス症候群をもつ人では，視空間能力に比べて言語能力が優れていることがわかる。ただ，知的障害が伴うので，得意である言語能力でも，平均スコアが100であることが想定される定型発達の人よりは困難さがあることは考慮に入れておくべき点である。

　以上のことから，ジョーンズ（Jones et al., 2000）は，ASDとウィリアムス症候群は正反対の疾患であると報告している。たとえば，親御さんの報告では，初めての人と会ったときにASDをもつ子では促さないと挨拶せず，人に興味を示さないとしている。一方，ウィリアムス症候群をもつ子では，嬉しそうにしていて相手に質問をたくさんするとしている。さらに，ウィリアムス症候群をもつ人は，人の顔にも強い興味があるようである。人の画像を見せた際，ASDをもつ人は，顔をあまり見ないことが報告されているが，ウィリアムス症候群をもつ人は逆によく見ることが報告されている（図7-4；Riby & Hancock, 2008）。

　これまでの研究を総合すると，ウィリアムス症候群をもつ人が他の能力と比べ相対的に言語能力や人との関わりへの積極性という一部の社会性の領域が秀でているということは言えそうである。ただ，より詳細にみていくと，コミュ

第7章 子どもの社会性の発達と障害

図7-4 人の顔を含む風景の見方
注：白くなっているところほど，視線が集中している。(a) 自閉症スペクトラム障害をもつ人は顔をあまり見ないが (b) ウィリアムス症候群をもつ人は顔をよく見る。
出所：Riby & Hancock (2008) を一部改変。

ニケーションにおいて重要な共同注意や語用能力といった点では，ASD 同様苦手さをもつと言われており（Asada, Tomiwa, Okada, & Itakura, 2010a, 2010b），一概に「社会性」に関する能力に秀でているとまとめてしまうわけにはいかないことも報告されている。

　このような社会性の特徴はどのように構成されるのだろうか。特定の遺伝子の欠失というウィリアムス症候群を発症する要因がその原因であると考えられ，現在，ウィリアムス症候群の責任遺伝子が行動特徴にどのように反映されるの

かという研究が始まったばかりである。たとえば，ウィリアムス症候群の責任遺伝子のうち，一部のみが欠失している稀な症例を検討することで，視空間認知障害（*GTF2IRD1* という遺伝子）や積極的な社会行動（*GTF2I* という遺伝子）と関連する遺伝子も解明されつつある（Dai et al., 2009）。今後，ウィリアムス症候群をもつ人の特性と，特性と遺伝子の間の関係への理解は，さらに進んでいくだろう。

6 社会性の障害の発生過程

ここまで，社会性に特徴をもつ例として，ASD とウィリアムス症候群を紹介した。ASD においては，例数が多く研究が進んでいる反面，生物学的な発症要因は解明できていない，ウィリアムス症候群においては，例数が少なく研究が進んでいない反面，遺伝子という生物学的な発症要因は解明されているといった研究の進展状況に差がみられる。初期の行動特徴の解明や縦断研究の進展では ASD において研究が進んでおり，遺伝子と行動特徴の関係ではウィリアムス症候群において研究が進んでいるといえよう。今後，社会性の発達の障害過程をみるために，疾患ごとの研究を行うとともに，疾患間の比較をすることも重要であろう。そのうえで，異なる疾患間で，似たような発達過程があるのか（発達の共通性），異なる場合はどのようなところが異なるのか（発達の相違性）に目を向けることも重要である。

発達の共通性でいえば，ASD とウィリアムス症候群の比較では，共同注意と語用能力の障害という似た特徴をもつが，他のコミュニケーションの発達でも発達段階が似ているという指摘がある（定型発達の子では，指差しが先にできるようになり，その後言葉が出ることが多いが，ASD やウィリアムス症候群をもつ子では逆のことが多い；Asada & Itakura, 2012）。コミュニケーションの障害過程では，ある一定の疾患群で，似たようなプロセスが存在している可能性が仮定できる。発達の相違性でいえば，ASD とウィリアムス症候群における顔への注視と社

会性の関連に注目することが重要である。サウスら（South, Schultz, & Ozonoff, 2011）は，ASDのコミュニケーションの困難さは相手の目を見ないという特徴に起因していると仮説を述べているが，同様にコミュニケーションに困難をもつウィリアムス症候群では，逆に，相手の目をよく見るということから，この仮説はウィリアムス症候群には当てはまらない。以上のように，社会性の発達障害の共通性と相違性に目を向けることで，障害に至るいくつかのメカニズムを想定することが可能になる。

　また，このような研究を続けることで，発達理論の解明にも貢献するだろう。カミロフ＝スミスは，神経構成主義（Neuroconstructivism）という立場に立ち，発達障害を大人の脳損傷のケースと同様に考える危険性を主張している（Karmiloff-Smith, 2007；2009）。つまり，大人の外傷などによって生じた脳損傷では，すでに脳が発達し，機能が分化した後，脳の一部が損傷を受け特定の機能に失調をきたす。しかし，発達障害では，障害がある1つの領域が発達の過程で他の領域にもその影響を及ぼす可能性があり，また逆に，障害のある領域が他の領域によって補償される可能性もある。カミロフ＝スミスは，この現象をカスケード効果という言葉を用いて説明している。カスケードとは，段々に続く滝の連なりを指し，1つの事象が次の事象にどんどん影響を与えることを指す。カスケード効果を直接観察することはかなりの困難を伴うが，発達障害をもつ人の発達過程を追跡する最近の縦断研究は，それに対してある程度のヒントを与えうるかもしれない。ある時点で特定の領域の障害がみられた場合，それがどのように生まれたか，その後，その領域の障害は，他の領域と影響しあう可能性があるかを慎重に考えていく必要がある。

　基礎研究が進み，疾患の解明や認知度が上がるにつれて，今後，さらに，診断数の増加や早期診断の可能性が高まることが考えられる。一方で，どのような支援方法が有効かは基礎研究に比べて研究が進んでおらず，基礎研究と両輪で今後進めていくべきである。また，当事者に対する直接的なサポートだけでなく，基礎研究の知見で解明されたことが世の中に正しい形で広まり，発達障

害をもつ人に対する無理解や誤解がなくなるようにすることも重要である。日本では，英米に比べこの分野では遅れをとっているが，学界や社会が発達障害への理解を深めることを今後も進めていかなくてはならない。

引用文献

American Psychiatric Association. (2013). *Diagnostic and statistical manual of mental disorders* (5th ed.). Arlington, VA : American Psychiatric Association.

Asada, K., & Itakura, S. (2012). Social phenotypes of autism spectrum disorders and Williams syndrome : similarities and differences. *Frontiers in Psychology*, **3**, 247.

Asada, K., Tomiwa, K., Okada, M., & Itakura, S. (2010a). Atypical verbal communication pattern according to others' attention in children with Williams syndrome. *Research in Developmental Disabilities*, **31**, 452-457.

Asada, K., Tomiwa, K., Okada, M., & Itakura, S. (2010b). Fluent language with impaired pragmatics in children with Williams syndrome. *Journal of Neurolinguistics*, **23**, 540-552.

綾屋紗月（2011）．アスペルガー症候群当事者の自己感と当事者研究の可能性　臨床発達心理実践研究，**6**，55-62.

綾屋紗月・熊谷晋一郎（2008）．発達障害当事者研究　医学書院

Bagatell, N. (2010). From cure to community : Transforming notions of autism. *Ethos*, **38**, 33-55.

Baio, J. (2012). Prevalence of autism spectrum disorders- Autism and developmental disabilities monitoring network, 14 sites, United States, 2008. *Centers for Disease Control and Prevention Surveillance Summaries*, **61**, 1-19.

Baranek, G. T. (1999). Autism during infancy : A retrospective video analysis of sensory-motor and social behaviors at 9-12 months of age. *Journal of Autism and Developmental Disorders*, **29**, 213-224.

Baron-Cohen, S., Leslie, A. M., & Frith, U. (1985). Does the autistic child have a "theory of mind"? *Cognition*, **21**, 37-46.

Baron-Cohen, S., Wheelwright, S., Hill, J., Raste, Y., & Plumb, I. (2001). The "reading the mind in the eyes" test revised version : A study with normal adults, and adults with Asperger syndrome or high-functioning autism. *Journal of Child Psychology and Psychiatry*, **42**, 241-251.

Bellugi, U., Lichtenberger, L., Jones, W., Lai, Z., & St. George, M. (2000). The neurocognitive profile of Williams syndrome : A complex pattern of strengths and

weaknesses. *Journal of Cognitive Neuroscience*, **12** (Supplement), 7-29.
Capps, L., Kehres, J., & Sigman, M. (1998). Conversational abilities among children with autism and children with developmental delays. *Autism*, **2**, 325-344.
Curcio, F. (1978). Sensorimotor functioning and communication in mute autistic children. *Journal of Autism and Childhood Schizophrenia*, **8**, 281-292.
Dai, L., Bellugi, U., Chen, X.-N., Pulst-Korenberg, A. M., Järvinen-Pasley, A., Tirosh-Wagner, T., Eis, P. S., Graham, J., Mills, D., Searcy, Y., & Korenberg, J. R. (2009). Is it Williams syndrome? *GTF2IRD1* implicated in visual-spatial construction and *GTF2I* in sociability revealed by high resolution arrays. *American Journal of Medical Genetics Part A*, **149A**, 302-314.
Elsabbagh, M., & Johnson, M. H. (2010). Getting answers from babies about autism. *Trends in Cognitive Sciences*, **14**, 81-87.
Fombonne, E. (2009). Epidemiology of pervasive developmental disorders. *Pediatric Research*, **65**, 591-598.
Happé, F. G. E. (1993). Communicative competence and theory of mind in autism: A test of relevance theory. *Cognition*, **48**, 101-119.
Happé, F. G. E. (1995). The role of age and verbal ability in the theory of mind task performance of subjects with autism. *Child Development*, **66**, 843-855.
Happé, F., Ronald, A., & Plomin, R. (2006). Time to give up on a single explanation for autism. *Nature Neuroscience*, **9**, 1218-1220.
発達障害支援のための評価研究会 (2013). PARSテキスト改訂版 スペクトラム出版社
Jones, W., Bellugi, U., Lai, Z., Chiles, M., Reilly, J., Lincoln, A., & Adolphs, R. (2000). Hypersociability in Williams syndrome. *Journal of Cognitive Neuroscience*, **12** (Supplement), 30-46.
Jones, W., & Klin, A. (2013). Attention to eyes is present but in decline in 2-6-month-old infants later diagnosed with autism. Nature, doi: 10. 1038/nature 12715.
Joseph, R. M. (2011). The significance of IQ and differential cognitive abilities for understanding ASD. In D. Fein (Ed.), *The neuropsychology of autism*. New York, Oxford University Press, pp. 281-294.
Karmiloff-Smith, A. (2007). Atypical epigenesis. *Developmental Science*, **10**, 84-88.
Karmiloff-Smith, A. (2009). Nativism versus neuroconstructivism: Rethinking the study of developmental disorders. *Developmental Psychology*, **45**, 56-63.
Kelly, E. (2011). Language in ASD. In D. Fein (Ed.), *The neuropsychology of autism*. New York, Oxford University Press, pp. 123-137.

Kim, Y. S., Leventhal, B. L., Koh, Y.-J., Fombonne, E., Laska, E., Lim, E.-C., Cheon, K.-A., Kim, S.-J., Kim, Y.-K., Lee, H. K., Song, D.-H., Grinker, R. R. (2011). Prevalence of autism spectrum disorders in a total population sample. *American Journal of Psychiatry*, **168**, 904-912.

Klin, A., Jones, W., Schultz, R., Volkmar, F., & Cohen, D. (2002). Visual fixation patterns during viewing of naturalistic social situations as predictors of social competence in individuals with autism. *Archives of General Psychiatry*, **59**, 809-816.

黒田美保・稲田尚子・内山登紀夫 (2013). SCQ 日本語版　金子書房

Landa, R. J., Gross, A. L., Stuart, E. A., & Faherty, A. (2013). Developmental trajectories in children with and without autism spectrum disorders : The first 3 years. *Child Development*, **84**, 429-442.

Lloyd-Fox, S., Blasi, A., Elwell, C. E., Charman, T., Murphy, D., & Johnson, M. H. (2013). Reduced neural sensitivity to social stimuli in infants at risk for autism. *Proceedings of the Royal Society B : Biological Sciences*, **280** : 20123026.

Lord, C., Rutter, M., DiLavore, P. C., & Risi, S. (1999). *Autism Diagnostic Observation Schedule-WPS (ADOS-WPS)*, Los Angeles, CA : Western Psychological Services.

文部科学省 (2012). 通常の学級に在籍する発達障害の可能性のある特別な教育的支援を必要とする児童生徒に関する調査結果について　http://www.mext.go.jp/a_menu/shotou/tokubetu/material/__icsFiles/afieldfile/2012/12/10/1328729_01.pdf

Mundy, P., Sigman, M., Ungerer, J., & Sherman, T. (1986). Defining the social deficits of autism : The contribution of non-verbal communication measures. *Journal of Child Psychology and Psychiatry*, **27**, 657-669.

Nakano, T., Tanaka, K., Endo, Y., Yamane, Y., Yamamoto, T., Nakano, Y., Ohta, H., Kato, N., & Kitazawa, S. (2010). Atypical gaze patterns in children and adults with autism spectrum disorders dissociated from developmental changes in gaze behaviour. *Proceedings of the Royal Society B : Biological Sciences*, **277**, 2935-2943.

Osterling, J. A., Dawson, G., & Munson, J. A. (2002). Early recognition of 1-year-old infants with autism spectrum disorder versus mental retardation. *Development and Psychopathology*, **14**, 239-251.

Ozonoff, S., Iosif, A.-M., Baguio, F., Cook, I. C., Hill, M. M., Hutman, T., Rogers, S. J., Rozga, A., Sangha, S., Sigman, M., Steinfeld, M. B., & Young, G. S. (2010). A prospective study of the emergence of early behavioral signs of autism. *Journal of the American Academy of Child and Adolescent Psychiatry*, **49**, 256-266.

Paul, R., Orlovski, S. M., Marcinko, H. C., & Volkmar, F. (2009). Conversational behaviors in youth with high-functioning ASD and Asperger syndrome. *Journal of Autism and Developmental Disorders*, **39**, 115-125.

Riby, D. M., & Hancock, P. J. B. (2008). Viewing it differently : Social scene perception in Williams syndrome and autism. *Neuropsychologia*, **46**, 2855-2860.

Senju, A., Southgate, V., White, S., & Frith, U. (2009). Mindblind eyes : An absence of spontaneous theory of mind in Asperger syndrome. *Science*, **325**, 883-885.

South, M., Schultz, R. T., & Ozonoff, S. (2011). Social cognition in ASD. In D. Fein (Ed.), *The neuropsychology of autism*. New York, Oxford University Press, pp. 225-242.

Surian, L., Baron-Cohen, S., & Van der Lely, H. (1996). Are children with autism deaf to Gricean maxims? *Cognitive Neuropsychiatry*, **1**, 55-71.

Tomasello, M. (1999). *The cultural origins of human cognition*. Cambridge, MA : Harvard University Press.

Wakabayashi, A., Baron-Cohen, S., Wheelwright, S., & Tojo, Y. (2006). The autism-spectrum quotient (AQ) in Japan : A cross-cultural comparison. *Journal of Autism and Developmental Disorders*, **36**, 263-270.

Weintraub, K. (2011). Autism counts. *Nature*, **479**, 22-24.

山本俊至（2010）．ウイリアムズ症候群とは　大澤真木子・中西敏雄（監修）松岡瑠美子・砂原眞理子・古谷道子（編）ウイリアムズ症候群ガイドブック　中山書店　pp. 6-9

Zwaigenbaum, L. (2011). Screening, risk and early identification of autism spectrum disorders. In D. G. Amaral, G. Dawson, & D. H. Geschwind (Eds.), *Autism spectrum disorders*. New York : Oxford University Press, pp. 75-89.

Zwaigenbaum, L., Bryson, S., Lord, C., Rogers, S., Carter, A. Carver, L., Chawarska, K., Constantino, J., Dawson, G., Dobkins, K., Fein, D., Iverson, J., Klin, A., Landa, R., Messinger, D., Ozonoff, S., Sigman, M., Stone, W., Tager-Flusberg, H., & Yirmiya, N. (2009). Clinical assessment and management of toddlers with suspected autism spectrum disorder : Insights from studies of high-risk infants. *Pediatrics*, **123**, 1383-1391.

第8章
発達科学はいつから発達科学なのか
——発達科学のこれまでとこれから——

中尾 央

1 発達心理学から発達科学へ？

 「社会心理学から社会科学へ」——こんなフレーズを目にすれば，ほとんどの人は驚くに違いない。歴史的にはむしろ逆のことがこの20世紀に進行し，社会科学は実にさまざまな分野へと分化してきた。もちろん，いくつかの文献では，社会科学を何らかの観点から再統合しようという提言はなされてきているが（e.g., Mesoudi, 2011），今改めて，社会科学の構築を提言しようという動きはほとんどみられない。
 しかし，発達においては，さまざまな文献で「発達科学」の構築が提案され，「発達心理学から発達科学へ」の移行が重要視されはじめている（e.g., Butterworth, 1998；Cairns, Elder, & Costello, 2001；高橋・湯川・安藤・秋山，2012；田島・南，2013）。ここで言われている発達科学（developmental science）とはまさに，発達を対象とした学際的研究領域のことである。たとえば，田島と南（2013, p. 8）は「発達心理学も総合科学としての『発達科学』のジャンルのもとに再編されつつあり，まさに，発達心理学徒は新たな局面を迎えていると言ってもよいであろう」と述べている。高橋ら（2012, p. i）においても，「20世紀後半から，『発達心理学』には革命的とも言える新しい大きなうねりが見え始めた。それが，本シリーズが『発達心理学』ではなく『発達科学』という

新しい名称を採用した理由である」とある。少なくとも，発達心理学が学際的・総合的領域としての発達科学に発展していこうとしている，と捉えられているようだ。

　もちろん，本章ではこうした総合科学の提唱を否定しないし，むしろそれは歓迎されるべきものだろう。ただし，注目したいのは，こうした学際領域としての発達科学の提唱がどれほど新規なものであるのか，あるいはこの提唱をどのように理解するべきなのか，という点である。多くの研究者は「発達心理学から発達科学へ」というフレーズの中で，従来の発達心理学にはなかった（あるいは少なくとも欠けがちであった）学際性・総合性を強調しているようにみえる。しかし，歴史的経緯をみれば，必ずしもそれは正しくなく，むしろ発達心理学あるいは発達研究は初期の頃から学際的・総合的な発達科学を指向し，それが発達心理学を含む発達研究の発展を支える1つの要因になってきたように思われるのである。

　こうした問題意識のもと，本章は特に，科学史・科学哲学というメタ科学の観点から，発達心理学の歴史的展開に焦点を合わせる。科学史・科学哲学の観点から分析するというと，一般的には概念や理論構造，あるいは方法論の分析を思い浮かべられるかもしれないが，ここでは，20世紀の発達心理学における細分化・専門化と学際化・総合化という点を考察する。具体的には，現代における発達心理学研究の源泉の1つとして，現在の発達心理学においても主流となっているジャーナルの歴史的変遷やその内容を確認しながら，1930年代以降の発達心理学の特徴を検討していく（第2節）。次節でも論じるように，こうしたジャーナルの内容やその歴史的変遷をみていくことで，発達心理学はそもそも，かなり初期の頃から学際的・総合的研究を指向し，それと同時に細分化・専門化を進めてきたことがわかってくる。さらにジャーナル以外でも，方法論や扱われているトピックなどといった重要な点で，発達心理学には初期の頃から他分野がかなり大きく貢献してきており，発達心理学は決して独立して閉じた分野ではなかった（第3節参照）。このような歴史的経緯をふまえれば，発達

心理学は初期の頃から学際的・総合的な発達科学を指向しており，また現在提唱されている発達科学は，決して新しいものというわけではなく，むしろ初期から潜在的であった学際的・総合的指向が再度顕在化したものとして捉えるべきなのである。さらに，こうした学際化・総合化と細分化・専門化の両者をバランスよく進行させてきたことで，両者の弊害に囚われることなく，その長所を生かしたまま発達心理学が発展することができたように思われる（第4節参照）。

2 発達心理学の主要ジャーナルからみる学際的発達研究の歴史

ではまず，現在の発達心理学における主要ジャーナルの歴史的変遷をみていこう。ここでは Wiley, Springer, Elsevier, APA (American Psychological Association) などの主要出版社から出版されており，発達心理学 (developmental psychology) というカテゴリーに分類されているジャーナルを表8-1にまとめてある。ただし，発達心理学のジャーナルとして分類されているものの，主な対象が発達的変化以外にあるようなジャーナル，たとえば *Journal of Community Psychology* などは除外している。

この表からは，発達心理学全般を扱う総合誌と特定のトピック（たとえば言語や精神病理など）に焦点を合わせた専門誌が各年代でバランスよく創刊されてきたことがわかる。たとえば，1930年に総合誌である *Child Development* が創刊された後，60年代には *Journal of Experimental Child Psychology* や *Developmental Psychology* といった総合誌と *Journal of Child Psychology and Psychiatry* や *Journal of the American Academy of Child and Adolescent Psychiatry*（1987年までは *Journal of the American Academy of Child Psychiatry*）などの専門誌が創刊される。次に，70年代は自閉症や言語など，個別のトピックに焦点を合わせた専門誌が一気に増加している。実際，こうしたジャーナルの多くでは，研究の多様化に合わせた専門誌の必要性が指摘されており（e.g.,

表 8-1 主に発達研究に焦点を合わせたジャーナル,その発刊年と現在のインパクト・ファクター（IF）

Journal	Since	IF
Child Development	1930-	4.915
The Journal of Genetic Psychology*	1954-	1.333
Journal of Child Psychology and Psychiatry	1960-	5.422
Journal of the American Academy of Child and Adolescent Psychiatry**	1962-	6.97
Journal of Experimental Child Psychology	1964-	2.377
Developmental psychology	1969-	2.976
Child Psychiatry & Human Development	1970-	1.854
Journal of Autism and Developmental Disorders	1971-	3.723
Journal of Abnormal Child Psychology	1973-	3.005
Journal of Child Language	1974-	1.44
Child : Care, Health and Development	1975-	1.7
Infant Behavior and Development	1978-	1.752
International Journal of Behavioral Development	1978-	1.591
Infant Mental Health Journal	1980-	0.988
Developmental Review	1981-	3.452
British Journal of Developmental Psychology	1983-	1.33
Developmental Neuropsychology	1985-	2.899
Early Childhood Research Quarterly	1986-	2.275
Cognitive Development	1986-	1.446
Research in Developmental Disabilities	1987-	2.483
European Child & Adolescent Psychiatry	1992-	3.699
Social Development	1992-	2.045
Infant and Child Development***	1999-	0.867
Developmental Science	1998-	3.628
Infancy	2000-	1.969
Child Development Perspectives	2007-	2.12

注：インパクト・ファクターは発達心理学内部におけるジャーナルの相対的重要性を示唆する指標として提示している。
　＊1891年の創刊から1924年までは The Pedagogical Seminary, 1924年から1954年までは The Pedagogical Seminary and Journal of Genetic Psychology。
　＊＊1987年までは Journal of the American Academy of Child Psychiatry。
　＊＊＊1998年までは Early Development & Parenting : An International Journal of Research and Practice。

Crystal, 1974 ; Lipsitt, 1978 ; Quay, 1973), この時期までに個別トピックに特化した研究が増加しつつあったのだろう。他方，80年代，90年代ともに，総合誌・専門誌のいずれかではなく，60年代と同様に両者が増加している。このように，これまで発刊されてきたジャーナルの種類からは，総合誌と専門誌の両者がかなりバランスよく発刊されてきているようにみえる。

　さらに，注目すべきは多くの総合誌が学際的・総合的研究の掲載を指向していた点である。たとえば，もっとも古い総合誌である *Child Development* を見てみよう。1949年の編集コメント (Richards, 1949, p. 3) では，この雑誌において推奨される研究として5つの研究が挙げられているが，そのうち3つが学際性を強調した研究である。その3つの概略を以下に挙げておくと，

- 幅広い分野の人たちが関心を持つような（ある特定の分野の人たちにしかほとんど意味がないようなものではない）子どもに関する研究。
- それ自体が**学際的な研究**，すなわち，複数分野の専門家の協力的作業による研究。
- 子どもに関する研究で得られた知見を**統合**し，理解を深める，もしくは**分野間の溝を埋めて協力的研究を促進させるような研究**。

などである。また，2013年の次期編集長によるコメント (Coll, 2013) でも同じく，この雑誌が一貫してさまざまな発達過程のいろいろな側面に注意を向けてきたと述べられている。さらに，創刊号の編集者に目を向けてみると，心理学系の研究者 (Buford Johnson, John Anderson, Mandel Sherman) に加え，小児科学 (pediatrics) など医学系の研究者 (E. V. McCollum, Edwards Park, T. Wingate Todd) などが参加しており，第3節で述べるように小児科学も初期の頃から発達心理学と深い関係にあったことが推測できる。このように，発達心理学の中心的（すなわち，もっとも古く，さらにはインパクト・ファクターも高く，発達心理学の中で影響力も高いと推測できるような）ジャーナルにおいて，こうした学際性・総

合性が強調され続けてきていることは注意しておかねばならない。

他にも，*Developmental Psychology*（e.g., McCandless, 1969），*International Journal of Behavioral Development*（e.g., Editorial, 1978）や*Infant and Child Development*（e.g., Hopkins, Koops, Bremner, & Papoušek, 1978，1998年までは*Early Development & Parenting*）といった総合誌においても，これらの雑誌の対象となりうる発達研究の学際性・総合性が指摘されている。そこではたとえば，比較心理学的（comparative）もしくは動物行動学的（ethological）研究（これはおそらく第3節で紹介するボウルビィ（Bowlby, J.）らの愛着理論の発展によるものだろう），さらには文化差に関する研究なども歓迎されると述べられている。最後に，専門誌でもさまざまな分野からの論文が期待されている場合がある。たとえば*Child Psychology and Psychiatry*の編集コメント（1960）では，精神医学（psychiatry），心理学，小児科学，精神分析（psychoanalysis），社会学に加え，文化人類学や動物行動学からの貢献が重要であると述べられている。このように，扱われるトピックが限定されたジャーナルであっても，方法論や研究の観点などに関して，学際性・総合性が望ましいと考えられていたようだ。

最後に，1998年に創刊された*Developmental Science*の学際性・総合性指向はもちろん言うまでもない。高橋（2012, p. 5）も触れているように，このジャーナルこそが近年の学際的・総合的な発達科学の動きを代表するものである。創刊の中心メンバーであるバターワース（Butterworth, 1998）が述べているように，このジャーナルは発達過程を「生物・心理・社会」という幅広い観点から捉えようとすることを目的としており，さらには「ヒトという種内での比較［すなわち，文化間比較］だけでなく，種間での比較［すなわち比較心理学的視点］」も考察の対象としている。とはいえ，ここまで見てきたように，発達心理学の中でこうした学際性はかなり昔からみられるものなのである。

このように，ジャーナルの歴史的変遷，そしてそれぞれのジャーナルが指向していた掲載内容などを見ても，発達心理学はそもそもかなり初期の頃（少なくとも*Child Development*の創刊の頃）から学際的・総合的研究を推奨してきてお

り，その路線の中で細分化・専門化も同時に進行していたと考えられる。すなわち，発達を対象とした学際的研究としての発達科学は決して新しいものではなく，発達心理学そのものが備えていた学際的性格が再度強調されたものと捉えられるだろう。

3　学際領域としての発達心理学

　前節では，発達心理学のジャーナルの歴史的変遷から，発達心理学が初期の頃から学際的・総合的指向性を備え，その指向性とともに細分化・専門化が進んでいったことを確認した。本節ではジャーナル以外の角度から，発達心理学がその初期の頃から学際的であったことを論じよう。

（1）比較心理学との関係

　まずは方法論である。現在の発達心理学では選好注視法（preferential looking method；e.g., Spelke, 1985）が標準的に用いられている。この手法はごく簡単に言えば次のようなものになる。すなわち，馴れたものと新奇なものを見たときの乳幼児の反応が違うという事実をふまえ，乳幼児にさまざまな対象・事象を見せたときの反応から，乳幼児がその対象・事象をどのように理解しているのか判別しようというものである。

　ここで興味深いのは，この手法が考案されたもとの文脈が比較心理学であったという点である。この手法はファンツ（Fantz, R.）によって1950年代後半に生み出されるが（Fantz, 1956），彼がこの手法を開発したのは，ヒヨコの視覚能力（対象の形などを区別できるかどうか）を研究するという文脈の中であった（e.g., Fantz, 1961, p. 66）。もしヒヨコに対象の形の区別がつけられるとすれば，形が異なるものを見せた場合に，彼らの反応が異なってくるはずだと彼は考えたのである。実際，感触や匂いなどの違いが影響しないようプラスチックの透明な入れ物に入れた，形の異なる対象をヒヨコたちの前に置くと（それまでの

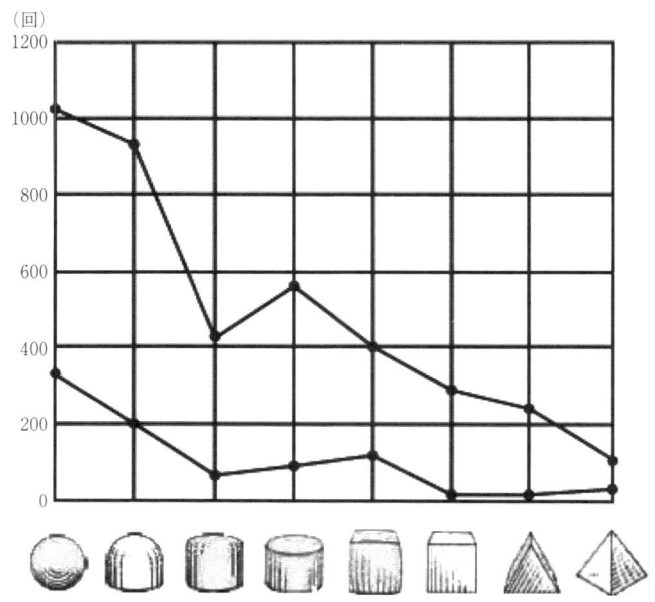

図8-1　ファンツがヒヨコの実験で使った対象とそれをつついた回数
注：上の実線が最初40分間の回数で，下の実線が最初10分間の回数である。

学習経験を排除するため，このヒヨコたちはそれまで暗闇の中で育てられてきている），やはり明らかにつつく回数が対象によって異なっていた（図8-1）。その後，彼はこの手法をチンパンジーや乳幼児に拡大していく（Fantz, 1958a；1958b；1961）。当時，乳幼児はもちろん光や色，運動を知覚できていると考えられていたが，形，パターン，サイズなどを区別できているとは思われていなかった。しかし，ファンツがヒヨコと同様の実験（すなわち，異なる形を見せて注視時間に違いがあるかどうかを測定する）を乳幼児に行うと，乳幼児も異なる形に異なる反応を見せ，やはり対象の形を判別できていることが示唆されたのである。ファンツ以降，先述したような馴化の手続きが付け加えられ，この選好注視法が発達心理学のもっとも基本的な研究手法の1つとして採用されるようになったのである。

ここでは2点，注目すべきことがある。1点は，先述したように選好注視法という発達心理学の基礎手法が比較心理学に由来していたという点である。もう1点は，ファンツが比較心理学から出発し，乳幼児へ対象を広げて発達心理学に参入してきたという点である。後述するように，比較心理学と発達心理学の両側にまたがる研究者は現在でも少なくないが，ファンツはそうした研究者のプロトタイプとみなすこともできる。

（2）小児科学・精神医学との関係

 さらに，発達心理学の主要トピックであり続けてきた自閉症（autism）やアスペルガー症候群（Asperger syndrome）などもまた，そもそもは小児科学や精神医学の文脈で発見された症例である（e.g., Lyons & Fitzgerald, 2007）。自閉症という言葉が最初に使用されてその症例が報告されたのが1943年（Kanner, 1943），そして，アスペルガー症候群の場合は同じく自閉的な症例として，1944年に報告されている（Asperger, 1944）。カナー（Kanner, L.）の報告は非常に興味深いもので，この報告では，対象となっている子どもの両親からの手紙も紹介しながら，たとえば次のような行動を記述している。「『食事』……『は彼にとってつねに問題だった』……他の子どもがキャンディやアイスクリームを食べているのを見ても，彼はまったくそれらを食べたがろうとはしなかった」，「2歳になるまでに，『顔と名前に関してあり得ないような記憶』を持つようになり，街にいる数多くの馬の名前まで知っていた」（Kanner, 1943, p. 217），「2歳頃になると，『回転するブロックや皿など，丸いものに熱狂的になり始めた』」（p. 218）が，それでも，「『いぜんとして周りのほとんどのことに無関心』」（p. 222）である，など。このように，この報告には両親やカナー自身の困惑のようなものが見て取れる記述にあふれている。こうした症例を自閉症という言葉を用いて報告したカナー，そして類似症例を報告したアスペルガー（Asperger, H.）も，小児科医もしくは精神科医であり，発達心理学の重要トピックの1つが別領域から持ち込まれているのである。

もちろん言うまでもなく，自閉症はこの後数十年に渡って発達心理学の中心的トピックであり続けてきた。第2節の表8-1を見てもらえばわかるように，60年代には精神医学と発達の関係に焦点を合わせたジャーナル（*Journal of Child Psychology and Psychiatry* や *Journal of the American Academy of Child Psychiatry*），そして70年代には自閉症にかなり特化したジャーナルも創刊されている（*Journal of Autism and Developmental Disorders*）。さらに，たとえば現在自閉症関連研究の中心的研究者の1人となっているフリス（Frith, U.）などはまさにこうした伝統の中で研究を開始しており（e.g., Frith, 1970；Frith & Hermelin, 1969），彼女が弟子のバロン＝コーエン（Baron-Cohen, S.）たちと書いた，自閉症と心の理論の関係を指摘した論文（Baron-Cohen, Leslie, & Frith, 1985）以降，自閉症やアスペルガー症候群などがさらに広く知られていくようになった（e.g., Baron-Cohen, 1997）。このように，発達心理学の中心的トピックの1つが，発達心理学の外（すなわち精神医学もしくは小児科学）から，しかもそのかなり初期の頃に持ち込まれたものであり，ここからも発達心理学が初期の頃から学際的研究領域になっていたことがわかる。さらに，こうした外から持ち込まれたトピックがその後の発達心理学の展開にとって非常に重要な役割を果たしているのである。

（3）分野を超えた学際的な研究

　自閉症研究は心の理論（theory of mind）と結びついて発達心理学の中でもさらに重要視されるようになったが，この心の理論研究をみても，多分野からの貢献がなされてきている。たとえば心の理論研究それ自体を有名にしたプレマックとウッドラフ（Premack & Woodruf, 1978）はチンパンジーに関する研究であった。そしてこの研究に対する批判的応答として数名の哲学者が誤信念課題（false-belief test）を提案し（e.g., Bennett, 1978；Dennett, 1978；Harman, 1978），それが特に発達心理学における心の理論研究を大きく進展させてきたのである。誤信念課題とは次のような課題である。部屋の中に2人の人物（たとえば，サリーとアン）と人形の入ったカゴAと入っていない箱Bがある。サリーが部屋を出

て行った間に，アンが人形をカゴAから箱Bに移し替える。部屋に帰ってきたサリーは，人形がカゴAか箱Bのどちらにあると考え，どちらを探すだろうか。これを子どもに聞いてみると，4歳以下の子どもは帰ってきたサリーが箱Bを探すと答える。すなわち，この子どもたちはサリーの誤信念（今人形が置かれている場所を正しく理解していないという意味で誤った信念）を正しく理解できていない，ということになる。この課題はさらに，改良されてチンパンジーなどヒト以外の霊長類にまで拡大され（e.g., Hare, Call, & Tomasello, 2001），現在に至るまで研究が蓄積され続けている（e.g., Call & Tomasello, 2008 ; Gomez, 2004）。

　もちろん，この誤信念課題が同時に問題を引き起こしてきたという指摘も可能かもしれない。たとえば，子どもの言語報告に頼ってきたことで，オオニシとベイラージョン（Onish & Baillargeon, 2005）のような研究が報告されるまで，子どもは4歳頃まで心の理論をもたないと考えられていた。しかし，今ではかなり幼い乳幼児（たとえば15ヶ月など）にも何らかの形で心の理論が備わっているだろうと考えられている。とはいえ，誤信念課題の提案によって心の理論研究が拡大してきたことは確かな事実であり，それを否定することはできないだろう。

　また，こうした比較心理学と発達心理学の密接な関係は，現在活躍中の研究者からもみてとれる。代表的なのはトマセロ（Tomasello, M.）で，彼は幼児の言語発達から出発しながら（e.g., Tomasello & Todd, 1983 ; Tomasello & Farrar, 1984），その後比較研究にも手を伸ばし（e.g., Tomasello, George, Kruger, Farrar, & Evans, 1985），現在に至るまで両者にまたがった研究を進めてきている。また，先述したファンツももちろんこうした伝統の先駆けであるし，本書の編者である板倉昭二もまた，チンパンジーなどを中心にした比較心理学（e.g., Itakura, 1987）から発達心理学（e.g., Itakura, 1994）へと軸足を移してきた研究者である。他にもゴメス（Gómez, J. C. ; e.g., Gómez, 2004）など，両者にまたがる研究を蓄積してきている研究者は少なくない。

　もちろん，こうした心の理論研究や，発達心理学と比較心理学の両者にまたがる研究者の登場は70年代以降になってからというかなり近年のものであり，

冒頭で述べた発達科学の提唱に直接つながる背景である。しかし，先述したように，比較心理学や精神医学，小児科学との関連は，発達心理学のかなり初期の頃からみられるもので（たとえば，第2節で確認したように，*Child Development* の編集者に小児科学関連の研究者が入っていることも重要である），それがこうしたより近年の関係の背景にあると考えられるだろう。

　精神医学もしくは精神分析学に由来するもう1つのトピックとしては，愛着理論（attachment theory）を挙げることができる。この理論はボウルビィやエインズワース（Ainsworth, M.）によって60年代以降に発展させられたものだが，その起源はボウルビィの精神科医としての経験に由来している。親から切り離されてしまった子どもに感情の欠落がみえるという経験から，子どもの発達には養育者との密接な関係が必須であるという愛着理論が生まれたのである（e.g., Bowlby, 1951 ; Bretherton, 1992）。この後，ボウルビィの愛着理論は動物行動学（ethology）の観点を取り入れながら発展していく。たとえば，ローレンツ（Lorenz, K.）の刷り込み概念などはボウルビィにとって興味深いものであったようである。アヒルなどの刷り込み現象が，子どもがなぜ愛着を必要とするのか，ということの理由を説明してくれるようにみえたからだろう（Bretheron, 1992）。こうして，精神医学・精神分析学に端を発する愛着理論は，動物行動学とも関連しながら，発達心理学の中心的トピックの1つになっていったのである。

　このように，発達心理学はその初期の頃から非常に学際的・総合的な性格を備えていた。特に，基本的な方法論となった選好注視法は比較心理学由来のものであるし，比較心理学的研究は心の理論や他にもさまざまな研究において（たとえば過剰模倣，overimitation の研究などもそうである，Horner & Whiten, 2005 を参照）発達心理学の中で重要な役割を果たしてきた。さらに，精神医学や小児科学は非常に初期の段階から発達心理学と深い関係にあり，自閉症・アスペルガー症候群研究や愛着理論はその最たる例である。したがって，発達心理学はその研究内容においても，初期の頃からかなり学際的・総合的なものであった

と言え，学際・総合領域としての発達科学は，こうした初期の頃からの傾向性が再度顕在化したものであると考えられるだろう。

4　細分化と総合化——「発達科学」の意義

　ここまで発達心理学が初期の頃から学際性・総合性を指向し，いわば「学際領域としての発達科学」は必ずしも新しいものではなく，初期のころからの指向性が再度顕在化したものである，ということを論じてきた。とはいえ，ここまでの議論は「発達科学」の提唱を否定するものではない。むしろ，学際的・総合的領域としての「発達科学」は非常に重要な視点の1つである。本節ではそれを論じる。

　科学においては，往々にして細分化・専門化と学際化・総合化が繰り返されてきた。それは時には方法論的な切り分けであったり，あるいは仲違いによる喧嘩分かれであったりする場合もあるだろう。たとえば生物学で言えば，ダーウィン（Darwin, C.）のころは密接な関係にあった進化と発生の研究が，ルー（Roux, W., e.g., Roux, 1894 [1986]）とモーガン（Morgan, T. H., e.g., Morgan, 1926）によって切り離されてしまう。たとえばルーは進化のような歴史的視点を切り離して実験的・実証的に発生過程を解明しようとし，さらにはそうした実験的発生学のための専門誌（*Archiv für Entwicklungsmechanik der Organismen*）を創刊している。モーガンは，発生過程を遺伝学から切り離し，遺伝子と形質の関係を簡略化して遺伝学研究を進め，染色体地図の作製などを行うことができた。その後，両者は進化に関わるさまざまな関連分野（遺伝学，分類学，古生物学，植物学など）を総合しようとした進化の現代的総合（the Modern Synthesis, e.g., Mayr & Provine, 1980）の中でも結びつくことはなく，結果的に進化発生生物学（evolutionary developmental biology, e.g., Hall, 1992）として再総合が本格的に行われはじめたのは1990年代のことである。

　では，こうした細分化や総合化にはどのような意味があるのだろうか。もち

ろんそれにはさまざまな意味・意義があるだろうが，その1つは研究の効率化であろう。置かれた条件や作業の内容によっては分業が弊害をもたらしかねないことも確かだが，（特に産業社会で）一般的には分業が作業効率を上げるということは，かなり以前から指摘され続けてきている（e.g., Smith, 1776）。たとえば，生物学における進化と発生の場合，互いを一度切り離し，また簡略化・理想化することで，発生と進化に関する研究が効率よく進んだことは確かだろう。実際，進化学の一部である遺伝学では発生過程を一旦無視することによってさまざまな遺伝子の発見がなされてきたし，進化生態学においても，発生過程や遺伝的背景を棚上げする表現型戦略（phenotypic gambit, e.g., Grafen, 1984）によって行動の進化の研究が大きく発展した。発生学でも進化という歴史的過程への言及を避け，実験的に発生過程の解明を目指すことにより，たとえば形成体（オーガナイザー，e.g., Spemann & Mangold, 1924）の発見など，重要な知見が蓄積されてきたのである。他にもたとえば，データ収集と統計解析の分業のように，知的活動において分業が有効に機能しているケースを挙げればきりがない。このように，産業社会と同様，科学者集団における知識生産においても分業が有効であることは間違いないだろう。

　発達心理学でも同じく，このような知的分業がいくつかの点で行われてきた。それが第2節で示したような，専門誌にみられるトピックごとの細分化である。精神医学あるいは自閉症研究，言語発達の研究，健康研究など，特定のトピックに焦点を合わせた研究が活性化し，60～70年代にみられるような専門誌の創刊に加え，下位研究領域の分化・形成につながっていったのだろうと考えられる。実際，第3節でも指摘したように，その細分化された下位領域から，たとえば自閉症と心の理論の関係が指摘され，発達心理学全体の活性化につながっている。

　しかし，細分化はもちろん弊害をもたらすこともある。細分化された作業をまとめる視点がなければ，細分化された領域の間に溝ができてしまい，結果的に「同じ専門分野に所属しているはずなのに，隣の研究室でやっていることが

わからない」といった状態に陥ってしまう。これは近年科学研究に関してよく投げかけられる典型的な批判の1つである。

　こうした弊害を取り除くには，それぞれの研究をつなぐ総合が必要になる。先述した進化の現代的総合，あるいは進化的視点を人間行動に導入して進化と社会科学を総合しようとした諸研究など (e.g., 長谷川・長谷川, 2000)，進化という総合的視点を導入することによって分断された研究を結びつけ，大きく発展した分野は少なくない。総合的視点の導入により，これまで見えなかったような共通点がみえてきたり，また異分野間の研究者によって新しい領域が形成されたりするというのも，科学研究では非常にありふれたことである (e.g., 中尾・三中, 2012)。

　発達心理学では，上記のような学際的・総合的視点も繰り返し強調されてきた。たとえば，現在発達心理学の基礎となっている手法は，ファンツのような学際的・総合的研究から提供されているのである。さらに，「発達科学」という学際的・総合的領域の提唱は，まさにこうした総合的視点を提供してくれるものだと考えられるだろう。その意味において，発達科学の提唱は実に意義のあるものだといえる。

　もちろん，総合も問題がないわけではない。進化と発生でいえば，ヘッケル (Heckel, E.) による進化と発生の総合は「個体発生は系統発生を繰り返す」という有名なフレーズを生み出したが，もちろんこの主張はすべての場合に当てはまるようなものではなく，発生と進化を結びつける原理としては適切なものではなかった。さらに，現在の進化発生生物学もまた，進化と発生を具体的にどう結びつけて中心的原理を構築していくかに関して，少し停滞がみられることも確かである (吉田・高尾・中尾, 2013)。このように，複数分野や原理を実際に結びつけることができなければ，学際・総合ももちろん失敗するか停滞するしかなく，ほとんど効果がないという結果になってしまう。そうした場合には，ルーやモーガンが採用したような細分化・専門化の道を選ぶ方が適切だろう。

実際，発達心理学では先述したような細分化・専門化と学際的・総合的視点を繰り返し強調することにより，細分化と総合それぞれの弊害を取り除き，それぞれの長所が上手く活かされてきたようにみえる。この理解が正しいとすれば，今後の発達科学はこれまでの発達心理学が繰り返してきた傾向性をそのまま保持しながら，細分化と総合をバランスよく繰り返していくことにより，さらなる発展が期待できるといえるだろう。

5　「発達科学」のメタ科学のこれから——結語

　本章では次のことを論じてきた。近年発達心理学に関して，より学際的・総合的な発達科学への移行が提唱されてきているが，こうした発達科学的性格は発達心理学のかなり初期の頃からつねに指向されてきたものである。これは発達心理学のジャーナルの傾向性，そして発達心理学の方法論やテーマなどから確認できる。細分化と総合のバランスがつねに保たれてきたこと，それが発達心理学の発展を支えてきた1つの要因であったことはおそらく確かだろうし，今後の発達科学もこの細分化と総合のバランスを上手くそのまま維持していくべきだろう。

　最後に，発達科学とメタ科学の今後のついて触れておこう。まず，本稿での分析はかなり一面的かつ定性的なものである。もちろん，今後の分析の出発点として，あるいは定量的分析では捉えきれない側面の分析として，定性的分析も重要ではあるが，多方面から補わなければいけないことも確かである。たとえば，実際に発達心理学の研究内容がどこまで学際的であったのか，それはたとえば計量学的分析（e.g., 調・藤垣・平川・富沢・林・牧野, 2004）などから再考察されねばならないだろう。実際の論文でどのようなトピックが扱われ，またどのような手法が採用されているのかなど，そうした具体的内容を定量的に扱うことが必要になってくる。さらに，発達科学のこれからを考えていくにあたって，「これまでのようにバランス良く」というだけではなく，もう少し踏

み込んだ提案がなされればより良いことは言うまでもない。たとえば細分化と総合のバランスを実際どのようにとって，適切な分業構造を取っていくべきなのかという点について，もう少し確かな分析が必要になるはずである。このような分析を通じて，メタ科学は今後も発達科学に対して有益な提言が可能であろうし，こうした多方面からの検討を行ってはじめて，メタ科学のもっとも基本的な問い，すなわち「科学とは何か」「科学はいかにあるべきか」への回答が可能になるのである。

引用文献

Asperger, H. (1944). Die "Autistischen Psychopathen" im Kindesalter. *Archiv für Psychiatrie und Nervenkrankheiten*, **117**, 76-136.

Baron-Cohen, S. (1997). *Mindblindness: An essay on autism and theory of mind.* Cambridge, MA: MIT Press. (バロン=コーエン, S 長野敬・今野義孝・長畑正道（訳）(2002). 自閉症とマインド・ブラインドネス 青土社)

Baron-Cohen, S., Leslie, A. M., & Frith, U. (1985). Does the autistic child have a "theory of mind"? *Cognition*, **21** (1), 37-46.

Bennett, J. (1978). Some remarks about concepts. *Behavioral and Brain Sciences*, **4**, 557-560.

Bretherton, I. (1992). The origins of attachment theory: John Bowlby and Mary Ainsworth. *Developmental Psychology*, **28**, 759-775.

Bowlby, J. (1951). Maternal care and mental health. *World Health Organization Monograph* (Serial No. 2).

Butterworth, G. (1998). Editorial. *Developmental Science*, **1** (1), iii.

Cairns, R. B., Elder, G. H., & Costello, E. J. (Eds.) (2001). *Developmental Science.* New York: Cambridge University Press. (本田時雄・高梨一彦（監訳）(2006). 発達科学——発達への学際的アプローチ ブレーン出版)

Call, J. & Tomasello, M. (2008). Does the chimpanzee have a theory of mind? 30 years later. *Trends in Cognitive Sciences*, **12** (5), 187-192.

Coll, C. G. (2013). Editorial statement. URL: http://srcd.org/publications/child-development/editorial-board-statement. Last accessed: 2013/09/04.

Crystal, D. (1974). Editorial. *Journal of Child Language*, **1**, i-ii.

Dennett, D. (1978). Beliefs about beliefs. *Behavioral and Brain Sciences*, **4**, 568-570.

Fantz, R. L. (1956). A method for studying early visual development. *Perceptual and Motor Skills*, **6**, 13-15.

Fantz, R. L. (1958a). Patten vision in young infants. *The Psychological Record*, **8**, 43-47.

Fantz, R. L. (1958b). Visual discrimination in a neonate chimpanzee. *Perceptual and Motor Skills*, **8**, 59-66.

Fantz, R. L. (1961). The origin of form perception. *Scientific American*, **204** (5), 66-72.

Frith, U. (1970). Studies in pattern detection in normal and autistic children II. Reproduction and production of color sequences. *Journal of Experimental Child Psychology*, **10** (1), 120-135.

Frith, U. & Hermelin, B. (1969). Role of visual and motor cues for normal, subnormal and autistic children. *Journal of Child Psychology and Psychiatry*, **10** (3), 153-163.

Gómez, J. C. (2004). *Apes, monkeys, children, and the growth of mind*. Cambridge, MA : Harvard University Press. (ゴメス, J. C. 長谷川真理子(訳)(2005). 霊長類のこころ――適応戦略としての認知発達と進化 新曜社)

Grafen, A. (1984). Natural selection, kin selection and group selection. In J. R. Krebs, and N. B. Davies, (Eds). *Behavioural ecology* (2nd ed). Oxford : Blackwell, pp. 62-84.

Hall, B. K. (1992). *Evolutionary developmental biology*. London : Chapman and Hall.

Hare, B., Call, J., & Tomasello, M. (2001). Do chimpanzees know what conspecifics know? *Animal Behaviour*, **61** (1), 139-151.

長谷川眞理子・長谷川寿一(2000). 進化と人間行動 東京大学出版会

Harman, G. (1978). Studying the chimpanzee's theory of mind. *Behavioral and Brain Sciences*, **4**, 576-577.

Hopkins, B., Koops, W., Bremner, G., & Papoušek, H. (1978). Editorial. *Early Development and Parenting*, **1** (1), 1-2.

Horner, V. & Whiten, A. (2005). Causal knowledge and imitation/emulation switching in chimpanzees (Pan troglodytes) and children (Homo sapiens). *Animal Cognition*, **8** (3), 164-181.

Itakura, S. (1987). Mirror guided behavior in Japanese monkeys (Macaca fuscata fuscata). *Primates*, **28** (2), 149-161.

Itakura, S. (1994). An exploratory study of mirror-image shape discrimination in young children : vision and touch. *Perceptual and Motor Skills*, **78**, 83-88.

Kanner, L. (1943). Autistic disturbances of affective contact. *Nervous Child*, **2**, 217-250.

Lipsitt, L. P. (1978). Foreword : A coming out occasion for infants. *Infant Behavior and Development*, **1**, i-ii.

Lyons, V. & Fitzgerald, M. (2007). Asperger (1906-1980) and Kanner (1894-1981), the two pioneers of autism. *Journal of Autism and Developmental Disorders*, **37** (10), 2022-2023.

McCandless, B. R. (1969). Editorial. *Developmental Psychology*, **1** (1), 1.

Mayr, E. & Provine, W. B. (1980). *The evolutionary synthesis: Perspectives on the unification of biology*. Cambridge, MA: Harvard University Press.

Mesoudi, A. (2011). *Cultural evolution: How Darwinian theory can explain human culture and synthesize the social sciences*. Chicago, IL: University of Chicago Press.

Morgan, T. H. (1926). *The theory of the gene*. New Haven, CT: Yale University Press.

中尾央・三中信宏 (2012). 文化系統学への招待——文化の進化的パターンを探る 勁草書房

Onishi, K. H. & Baillargeon, R. (2005). Do 15-month-old infants understand false beliefs? *Science*, **308** (5719), 255-258.

Premack, D. & Woodruff, G. (1978). Does the chimpanzee have a theory of mind? *Behavioral and Brain Sciences*, **4**, 515-526.

Quay, H. C. (1973). Introducing the journal: An editorial. *Journal of Abnormal Child Psychology*, **1** (1), 1.

Richards, T. W. (1949). Editorial comment. *Child Development*, **20** (1), 3-4.

Roux, W. (1894 [1986]). The problems, methods, and scope of developmental mechanics. In J. M. Maienschein (ed.), *Defining biology*, Cambridge, MA: Harvard University Press, pp. 107-148. (Einleitung zum Archiv für Entwicklung smechanik. *Archiv fur Entwicklungsmechanik der Organismen*, **1**, 1-142.)

調麻佐志・藤垣裕子・平川秀幸・富沢宏之・林隆之・牧野淳一郎 (2004). 研究評価・科学論のための科学計量学入門 丸善

Spelke, E. S. (1985). Preferential looking methods as tools for the study of cognition in infancy. In G. Gottlieb & N. Krasnegor (Eds.), *Measurement of audition and vision in the first year of postnatal life*. Norwood, NJ: Ablex, pp. 323-363.

Spemann, H. & Mangold, H. (1924). uber Induktion von Embryonalanlagen durch Implantation artfremder Organisatoren. *Archiv für mikroskopische Anatomie und Entwicklungsmechanik*, **100**, 599-638.

Smith, A. (1776 [1977]). *An inquiry into the nature and causes of the wealth of nations*. Chicago, IL: University of Chicago Press. (スミス, A 大河内一男 (訳) (1978). 国富論 中央公論社)

高橋惠子・湯川良三・安藤寿康・秋山弘子編 (2012). 発達科学入門 [1] 理論と方法 東京大学出版会

高橋惠子（2012）．発達とは　高橋・湯川・安藤・秋山（編）（2012）．発達科学入門　1　理論と方法　東京大学出版会　pp. 3-13.

田島信元・南徹弘（編）（2013）．発達心理学と隣接領域の理論・方法論——発達科学ハンドブック第1巻　新曜社

田島信元・南徹弘（2013）．発達心理学の理論・方法論の変遷と今後の展望——発達科学を目指して　田島・南（編）（2013）発達心理学と隣接領域の理論・方法論——発達科学ハンドブック第1巻　新曜社，pp. 1-16.

Tomasello, M., & Todd, J. (1983). Joint attention and lexical acquisition style. *First Language*, **4**, 197-212.

Tomasello, M., & Farrar, J. (1984). Cognitive bases of lexical development: Object permanence and relational words. *Journal of Child Language*, **11**, 477-493.

Tomasello, M., George, B., Kruger, A., Farrar, J., & Evans, A. (1985). The development of gestural communication in young chimpanzees. *Journal of Human Evolution*, **14**, 175-186.

吉田善也・髙尾克哉・中尾央（2013）．エボデボとエコエボデボ——進化生物学における二つの拡張された総合　科学哲学科学史研究，**7**, 67-77.

著者不明（1960）．Editorial. *Child Psychology and Psychiatry*, **1**, 1-2.

著者不明（1978）．Editorial. *International Journal of Behavioral Development*, **1**, v.

　　　　　　　おわりに

　『発達科学の最前線』と題して，本書が出版された。「最前線」ということばには特に思い入れがある。2009年に，心理学評論で，「赤ちゃん研究の最前線」という特集号を編集したことがある。その際には，さまざまな分野から赤ちゃん学に関わっている方々に執筆いただいた。このときには，異分野交流的に研究が推進されていることを最前線と捉えた。その目論見は，ほぼ達せられたと考えている。今回，最前線ということばを用いた理由は「はじめに」に記した通りであるが，もう1つ別の観点から，最前線であることを伝えたい。それは，執筆者が実際に，最前線の国際学会に積極的に参加したり，さらには最前線の国際誌に論文を投稿したりして，世界に向けて情報を発信し続けているからである。学術雑誌を評価する指標の1つにインパクトファクター（Impact Factor: IF）と呼ばれるものがある。これは，当該学術雑誌の影響度や引用された頻度を測る指標とされ，それに対しては賛否両論あるが，もっともよく引用される指標の1つである。もちろん，IFが研究者の評価のすべてでないことは十分承知しているが，本書の執筆陣は，いずれもIFの高い雑誌に論文を発表しており，論文自体も国際的に高く評価されている。それは，一部分の評価でしかないかもしれないが，やはり，最前線であることの指標にもなると思うのである。

　2013年9月30日，同じミネルヴァ書房から，『ロボットを通して探る子どもの心――ディベロップメンタル・サイバネティクスの挑戦』（板倉昭二・北崎充晃編著）という本が出版された。これは，本書の姉妹書だと私は考えている。この本は，ロボットを用いて行われた学際的領域との融合研究の成果をまとめたものである。その中で私は，子どもにおける，ヒトやヒト以外のエージェン

トの理解や，そうしたエージェントとのコミュニケーションの発達を主な研究項目とするディベロップメンタル・サイバネティクス（Developmental Cybernetics）という新しい学問領域を提唱した。ディベロップメンタル・サイバネティクスは，心の理論，身体の理論，コミュニケーションの理論の3つの柱からなる。本書の各章も，多かれ少なかれ，この3つの柱に何らかの形で帰属されるものである。

　さて，本書は，ミネルヴァ書房の元編集者であった藤原夏葉さんから最初にお話をいただき，それが同じく編集者の丸山碧さんに引き継がれての企画となった。藤原さんは，私の大学の学部の後輩であり，ミネルヴァ書房に勤務するまでは，私の研究室で研究補助を担当してくれていた方である。すでに心理学の修士号を取得しており，研究者としても十分な資質を備えた方なので，強く博士課程の進学を勧めたが，もろもろの事情で，私の願いは叶わなかった。ミネルヴァ書房に職を得てからも，私の研究室にはいつも目をかけてくれており，2012年に名古屋で開催された日本発達心理学会で，本書の執筆者の一人である森口佑介君の企画したラウンドテーブルにも参加してくれた。ラウンドテーブルの終了後，やや興奮した面持ちの藤原さんから，「先生の研究室関係の方で本を書きませんか」と本企画のお誘いをいただいたのである。そして，先に述べた丸山碧さんに，この仕事が引き継がれ，本書が刊行の運びとなった。このような機会をいただいた，藤原さん，丸山さん，そしてミネルヴァ書房に，ここに記して感謝したい。
　執筆陣は，私の研究室にゆかりのある方で固めた。研究室出身の方，出身ではないが，大学院生の頃から大きく研究室と関わってくれた方，さまざまである。いずれも，現在は日本国内のみならず，世界的にも最先端で活躍されている研究者である。こうした若い研究者の活躍する姿を見て嬉しく思うのは，私も多少齢（よわい）を重ねてきたからかもしれない。第1章担当の村井千寿子さんは，私が2000年に京都大学に赴任した当時の博士課程の大学院生で，初め

おわりに

て博士論文の主査を担当させていただいた。ヒトの乳児およびヒト以外の霊長類の乳児を対象として，物の分類に関する研究を行って大きな成果をあげた。第2章担当の鹿子木康弘君には，私が非常勤をさせていただいた立命館大学で出会った。彼が3回生の頃である。熱心に授業に出席し，いつも鋭い質問を投げかけてきて，休み時間まで議論が続いたこともある。その後，当時在籍していた大学院をやめて，私の研究室に大学院生として来てくれた。大学院では，自己の行為と知覚の関係や乳児における同情的行動の研究を行い，マスコミにも大きく取り上げられた。第3章担当の奥村優子さんは，私の研究室の生え抜きで，就職が決まっていた企業をキャンセルして大学院生となった。研究としては，ロボットを用いた乳児の学習に関する研究を行い，まさに，ディベロップメンタル・サイバネティクスの王道を歩いている。第4章担当の大神田麻子さんは，同志社大学からの進学者で，肯定バイアスに関する研究で論文を多数執筆している。彼女は，ベトナムでの調査で初めてこのテーマで実験を行い，それがこの後の優れた業績に繋がった。本当に自分が面白いと思えるテーマに出会うことの重要さをあらためて教えられた。第5章担当の森口佑介君は，学部の2回生の頃から研究室に出入りしてくれた。実習3という科目で，同期の中でただ一人最後まで履修し，単位を取得したという伝説をもつ。一貫して，自己抑制や実行機能の発達に関心をもち，PNASにも論文を掲載している。現在は，発達関係の学会の若きリーダーとしても活躍している。第6章担当の篠原郁子さんは，教育学研究科の大学院生であったが，共同で運営している「赤ちゃん研究員制度」に大きく貢献していただいた。赤ちゃん個人の知覚や認知を研究していたわれわれに，養育者側の視点を取り入れることの大切さを教えていただいた。第7章担当の浅田晃佑君は，私の研究室で，唯一発達障害を研究テーマに選んだ学生であった。しかも，ウィリアムス症候群という非常にまれな患者さんを対象に，これまであまり注目されてこなかった社会性の発達に焦点を当て，優れた成果をあげた。第8章担当の中尾央君は，哲学専修の大学院生であったが，私の研究に関心をもっていただき，ゼミや研究会に参加

してくれた。彼との共著論文は，私にとって哲学者と一緒に執筆した初めての論文である。中尾君は，今や，科学史・科学哲学界のホープとして，精力的に活動を行っている。

　大学の一教員として，自分の指導した学生や関わった学生と本を出版することは大きな喜びとなる。これら精鋭の執筆陣とは，現在でもさまざまな場面でご一緒させていただいている。

　京都大学霊長類研究所でヒト以外の霊長類を対象にして，彼らの認知世界を調べていた私が，発達科学を志し，関連の国際学会に参加するようになったのは，今から20年以上も前のことである。その間，いろいろな発達科学関連の国際学会に参加したが，特に想い出深いのは，2000年に英国のブライトンで開催された国際乳児学会（International Conference on Infant Study：ICIS）である。この年の2月に，私が師と仰ぐジョージ・バターワース教授が亡くなられた。英国ブライトンにあるサセックス大学の教授であったジョージは，この学会がブライトンで開催されるのをすごく楽しみにしていたが，その運営を行うという夢は叶わなかった。ジョージと，オックスフォード大学の大学院生として同期だったアンディ・メルツォフ教授が追悼の辞を述べたのが実に悲しかった。そして，そのときの日本人参加者は，私が覚えている限りでわずか6～7人であった。その方々をあげてみると，赤ちゃん学会理事長の小西行郎先生，九州大学の大神英裕先生，東京大学の多賀厳太郎先生，同じく東京大学の開一夫先生，当時開先生の学生さんであった，旦直子さん，金沢大学の池上貴美子先生であった。ほかにもいらしたかもしれないが，私がその学会でお会いした人たちである。直近の国際乳児学会は，2012年に米国ミネアポリスで開催されたが，きわめて多くの日本人研究者が参加しており，一大勢力のようであった。この10年余りでずいぶん増えたものである。2014年には，ベルリンで同大会が開催されるが，日本人参加者はさらに増えるであろう。日本での発達科学の盛り上がりが反映されたものである。

おわりに

　学問は観念を作り出すものである。したがって，研究していることが人の役に立つかどうかは，研究者の関知するところではない，と私も考えていたころがある。興味の赴くままに，ヒト以外の霊長類の認知世界を探ることから，ヒトの発達研究に視野を広げ，さらにはロボットまでも取り込んで研究を続けてきた。そんな中で，多少なりとも社会への提言ということを意識しはじめたのは，前述した小西行郎先生と大神英裕先生のおかげである。

　本書は，私の研究生活の上で1つの節目となる本である。本書を，私が研究者として影響を受けた2人の先生に捧げたい。前出した，故ジョージ・バターワース教授，そして，2012年に急逝した故マイケル・シーガル教授である。おふたりの先生からは，研究テーマの発見の仕方，研究者としての姿勢，論文の書き方など，多くのことを学ばせていただいた。心より感謝いたします。

2013年12月31日　　　　　　　　　　　　　　　　　　　大晦日の京都にて

　　　　　　　　　　　　　　　　　　　　　　　　　　　　板倉昭二

索　引
(＊印は人名)

あ行

愛着理論　200
アイトラッカー　iii, 7
＊アスペルガー（Asperger, H.）　197
アスペルガー症候群　197, 198, 200
アタッチメント　157, 158
新しい統合（New Synthesis）　ii
＊アリストテレス（Aristotelés）　17
安全基地　158
安定型　158
＊板倉昭二　199
遺伝学　5
遺伝子　5, 27, 29, 179, 181
遺伝と環境　26, 27
意図　102, 122, 155, 158
＊ヴィゴツキー（Vygotsky, L. S.）　138
＊ウィリアム・ジェームス（William, J.）　45
ウィリアムス症候群　15, 169, 179, 181
永続性　32, 33, 35, 36
＊エインズワース（Ainsworth, M.）　200
エージェント　5, 14
奥行き知覚　22

か行

解釈　155
顔の弁別　25
可塑性（plasticity）　3
＊カナー（Kanner, L.）　197
環境因子　3
観察　1
間主観性　58
感情　155
感情伝染　58
感情理解　159

期待違反事象課題　30, 32, 34
期待違反法　iii, 7
機能的磁気共鳴画像法（fMRI）　9
機能的側面　132
究極要因　19
凝集性　31, 35
強制選択法　60
共同注意　15, 76, 174
切り替え　128
近赤外光トポグラフィー（NIRST）　10
近赤外分光法　133
近接要因　19
空想の友だち　139, 140
グライスの格率　119
実行機能の訓練　143
経頭蓋磁気刺激（TMS）　9
系統発生　19, 21
＊ケーラー（Köhler, W.）　34
＊ゲルゲイ（Gergely, G.）　78
原因論的　2
言語　23, 25, 191
言語学習　101
言語獲得　101
言語能力　108
言語発達　202
語彙発達　159
更新　128
後成　27
構造的発達　131
肯定バイアス　103, 121
肯定バイアステスト　103, 108, 111
後方視的研究　171
心の理論　108, 177, 178, 198, 199, 202
誤信念課題　177
誤信念理解　159

固体性　31
個体発生　18, 19
*ゴットリーブ（Gottlieb, G.）　27, 29
コミュニケーション　174, 178, 182
コミュニケーション意図　156
*ゴメス（Gómez, J.C.）　21, 199
語用能力　174, 178
語用論的理解　123
語用論能力　15

　　　　　　さ　行

サーモグラフィー　11-13
自己制御能力　127
自己理解　157
支持関係　33, 35
事象関連電位（ERP）　11
視線追従　36, 76, 77
実行機能　127
自閉症　191, 197, 198, 200, 202
自閉症スペクトラム障害（ASD）　15, 169, 170, 182
シミュレーション　5
社会性　156, 157, 169, 178, 181
社会的圧力　112
社会的エージェント　5
社会的学習　75
社会的知覚　175
社会的知性仮説　134
社会的認知　22, 177
*ジャンヌロー（Jeannerod, M.）　45
馴化法　iii
小児科学　193, 197, 198, 200
情報処理理論　127
白い嘘　117
進化　18, 24, 29
神経構成主義（Neuroconstructivism）　183
スティル・フェイス　12
スティル・フェイス・パラダイム（静止顔パラダイム）　11

ストレンジシチュエーション　12
精神医学　194, 197, 198, 200, 202
前関心　59
前言語期　102
選好注視　30
選好注視法　iii, 7, 60, 195, 196, 200
前成説　28
選択的学習　82
前頭葉　131
前方視的研究　171
相互作用説　132
双生児研究　5

　　　　　　た　行

*ダーウィン（Darwin, C.）　18, 201
胎児　20
ダイレクトマッチング仮説　46, 51
他者理解　157, 159
探索　158
*チブラ（Csibra, G.）　78
注視　30
DSM-V　170
定型発達と非定型発達　15
ディベロップメンタル・サイバネティクス　4, 5, 14, 94
Dimensional Change Card Sort（DCCS）課題　133, 135
*ティンバーゲン（Tinbergen, N.）　19
適応　19
瞳孔　7
瞳孔径　8, 13
洞察性（Insightfulness）　159
動物行動学　194
閉ざされた質問　114
*トマセロ（Tomasello, M.）　137, 199
*トレヴァーセン（Trevarthen, C.）　155

　　　　　　な　行

ナチュラル・ペダゴジー　14

索　引

ナチュラル・ペダゴジー理論　78, 92
乳児図式　151, 156, 159, 160
認識論的　2
認知的表象　32
認知の領域一般説　23
認知の領域固有性　23, 24, 26
認知発達ロボティクス　4
脳機能イメージング　9
脳磁図（MEG）　10
脳内基盤　130
脳波（EEG）　iii, 10

は　行

バイリンガル　109, 110
＊バターワース（Butterworth, G.）　194
　発達科学　i, 189, 190, 194, 195, 201, 204
　発達システムアプローチ　27
　発達障害　173, 183
＊バロン＝コーエン（Baron-Cohen, S.）　198
　反応的制御　129
　反応バイアス　109, 117
＊ピアジェ（Piaget, J.）　23, 32, 127
　比較心理学　194, 195, 199, 200
　光トポグラフィー　iii, 14
　非侵襲的　iii, 3
　否定バイアス　115
　ヒューマノイドロボット　86
＊ピンカー（Pinker, S.）　25, 26
＊ファンツ（Fantz, R. L.）　30, 195
＊フォーダー（Fodor, J. A.）　23
　物理的知識　30, 31
　ふり遊び　138
＊フリス（Frith, U.）　198
＊プリンツ（Prinz, W.）　45
＊ブルーナー（Bruner, J.）　155
＊ベイラージョン（Baillargeon, R.）　32, 33
　方言　84

＊ボウルビィ（Bowlby, J.）　157, 200

ま　行

mind-mindedness（マインドマインデッドネス）
　　15, 158, 163
マザリーズ　29
マターナルデプリヴェーション　156
満足の遅延課題　139
ミューリズム　48
ミラーニューロン　13, 43-45
ミラーニューロンシステム（MNS）　44, 62
ミラーメカニズム　58, 64
無意味語　104, 116
＊モーガン（Morgan, T. H.）　201
　モジュール　23, 25, 30
　模倣　75, 76
＊モンテッソーリ（Montessori, M.）　144

や　行

役割遊び　138
養育　29, 156, 157, 160, 165
養育動機　154
抑制機能　108, 128
予測的制御　129
欲求　155, 158

ら　行

ライフサイクル　i
ライフスパン　ii
リアリティ　140
＊リゾラッティ（Rizzolatti, G.）　58, 62
　理論　1
＊ルー（Roux, W.）　201
　連続性　31, 35
＊ローレンツ（Lorenz, K.）　151
　ロボット　136

217

《執筆者紹介》（執筆順，＊は編著者）

＊板倉昭二（いたくら・しょうじ）　はじめに・序章・おわりに
　　現　在　京都大学大学院文学研究科教授

　村井千寿子（むらい・ちずこ）　第1章
　　現　在　玉川大学脳科学研究所科研費研究員

　鹿子木康弘（かなこぎ・やすひろ）　第2章
　　現　在　京都大学大学院教育学研究科特定助教

　奥村優子（おくむら・ゆうこ）　第3章
　　現　在　NTTコミュニケーション科学基礎研究所メディア情報研究部リサーチ・アソシエイト

　大神田麻子（おおかんだ・まこ）　第4章
　　現　在　神戸大学大学院人間発達環境学研究科特別研究員

　森口佑介（もりぐち・ゆうすけ）　第5章
　　現　在　上越教育大学大学院学校教育研究科准教授

　篠原郁子（しのはら・いくこ）　第6章
　　現　在　文部科学省国立教育政策研究所生徒指導・進路指導研究センター主任研究官

　浅田晃佑（あさだ・こうすけ）　第7章
　　現　在　東京大学先端科学技術研究センター特任研究員

　中尾　央（なかお・ひさし）　第8章
　　現　在　総合研究大学院大学先導科学研究科助教

《編著者紹介》

板倉昭二（いたくら・しょうじ）

京都大学大学院理学研究科博士課程修了　京都大学理学博士
現　在　京都大学大学院文学研究科教授
主　著　『ロボットを通して探る子どもの心』ミネルヴァ書房，2013年
　　　　『心を発見する心の発達』京都大学学術出版会，2007年
　　　　『「私」はいつから生まれるか』ちくま新書，2006年
　　　　『*Origins of social mind: Evolutionary and developmental view*』(Eds.) Springer, 2008

発達科学の最前線

2014年4月10日　初版第1刷発行　　　〈検印省略〉

定価はカバーに表示しています

編著者	板　倉　昭　二	
発行者	杉　田　啓　三	
印刷者	坂　本　喜　杏	

発行所　株式会社　ミネルヴァ書房
607-8494　京都市山科区日ノ岡堤谷町1
電話代表　(075)581-5191
振替口座　01020-0-8076

© 板倉昭二ほか，2014　　冨山房インターナショナル・新生製本

ISBN 978-4-623-07053-4
Printed in Japan

ロボットを通して探る子どもの心 ――ディベロップメンタル・サイバネティクスの挑戦 板倉昭二・北崎充晃 編著	A 5 判　204頁 本　体　3200円
発達心理学の基本を学ぶ ――人間発達の生物学的・文化的基盤 ジョージ・バターワース／マーガレット・ハリス 著 村井潤一 監訳　小山　正／神土陽子／松下　淑 訳	A 5 判　360頁 本　体　3800円
知能の誕生 J. ピアジェ 著　谷村　覚・浜田寿美男 訳	A 5 判　560頁 本　体　6000円
脳科学からみる子どもの心の育ち ――認知発達のルーツをさぐる 乾　敏郎 著	四六判　268頁 本　体　2800円

やわらかアカデミズム・〈わかる〉シリーズ

よくわかる認知科学 乾　敏郎・吉川左紀子・川口　潤 編	B 5 判　196頁 本　体　2500円
よくわかる認知発達とその支援 子安増生 編	B 5 判　216頁 本　体　2400円
よくわかる発達心理学　第 2 版 無藤　隆・岡本祐子・大坪治彦 編	B 5 判　216頁 本　体　2500円
よくわかる乳幼児心理学 内田伸子 編	B 5 判　216頁 本　体　2400円

―― ミネルヴァ書房 ――
http://www.minervashobo.co.jp/